JN093059

中等数学科教育の理論と実践

二澤善紀
［編著］

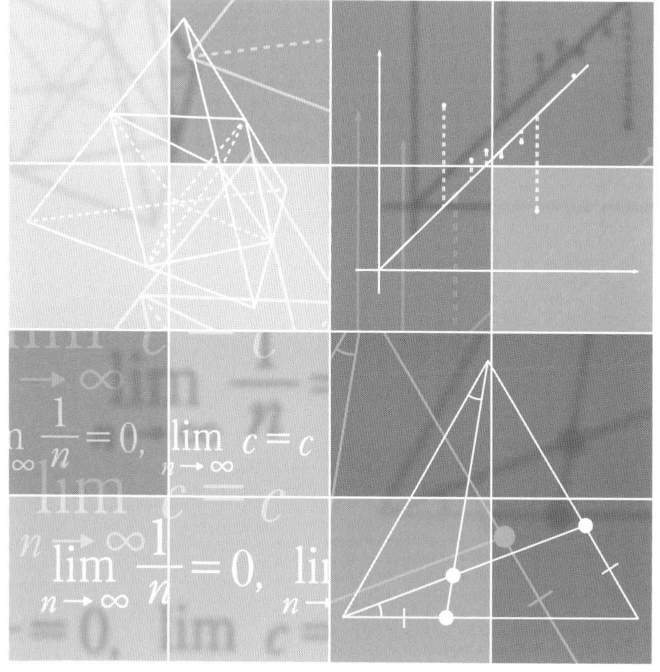

ミネルヴァ書房

はじめに

本書は，学校現場で必要となる数学教育の理論や方法などの基礎的・基本的内容が理解できるようになることを目的としている。そのため必要最小限かつ簡潔明瞭な内容としている。また的確な数学教育の実践を目指すため，客観的でエビデンスに基づいた解説をしている。さらに，学校現場で役立つように実践的な内容を取り入れていることから，数学教育の指導力の向上が期待できる。特に，中学校・高等学校の数学科教員を目指す学生や社会人，また数学教育の指導経験の浅い教員に役立ててもらいたいが，数学教育の指導力のさらなる向上を目指す教員の方にも参考にしていただきたい。

執筆にあたっては，次の点に留意をした。

(i)系統的な数学教育の実践が不可欠であることから，小学校，中学校，高等学校の数学の教育内容を分野ごとに体系的に捉えることができるように配慮した。

(ii)数学の体系と生徒の認知をベースとする数学教育の実践の重要性から，執筆者は数学教育の研究者，数学の研究者，現職の中学校・高等学校教員とし，これまでの数学教育研究の知見を踏まえつつ，実践的な内容を含むようにした。

(iii)数学教育の歴史に基づいた実践の必要性から，数学教育史の章を設けて，これまでの数学教育の変遷を参考にすることができるようにした。

(i)について，数学教育は系統的な教育実践が不可欠なため，中学校数学科教員は小学校算数科における児童の学びを把握し，また中学校の各学習内容が高等学校の学習内容にどのように接続しているのか把握した上で，それを中学校の数学教育で生かすことが重要になる。高等学校の教員も同様に，少なくとも中学校数学科での生徒の学習内容を把握し，また高等学校の学習内容の数学的な背景を十分に理解していることが必要である。したがって，特に第２章から第８章の冒頭には校種ごとの学習内容を整理して示し，各章の内容は学習内容の体系を意識して記述されている。

(ii)について，数学教育は，数学の体系と生徒の認知がベースとなる。そこで，数学の研究者の立場から，数学という学問の体系を意識して数学科教員の資質・能力を伸ばすという観点で内容をまとめている。数学教育の研究者の立場からは，各分野の学習内容，課題，学習指針等について生徒の認知を考慮して整理した。また，学習指導案などの実践的な内容は現職教員が担当している。したがって，数学教育の研究者，数学の研究者，現職教員の三者で協力して執筆しており，このことは本書の最大の特徴であるといえる。

(iii)について，数学教育の実践は数学教育の歴史に基づく必要がある。数学教育は先人の研究・実践が脈々と積み重ねられてきている。それらの成果は膨大で，その時々の社会情勢・時代背景が反映されている。したがって，数学教育の変遷を知ることは，現在の状況を正確に把握する上で参考になるものといえ，全体を俯瞰することができる。

各章は，数学教育に対する基本的な考え方，数学教育の各分野における内容，数学教育史の３つに分けて構成されている（図１）。本書の章構成を参考にして読み進めると，より理解が深まるだろう。また，各章の特定の内容についてさらに深く調べたいときは，引用・参考文献を活用してもらいたい。

次に各章の概要を示す。

序章では，中学生・高校生が数学を学習する意義，中学校・高等学校における数学科教員のあり方などを述べている。

第１章では，数学教育学をはじめ，数学教育の基本的枠組みを概説している。数学教育は生徒の数学に対する認知を考慮することが重要であると考えるため，それらの理論についても触れている。

第２章から第８章までは，中学校・高等学校の学習内容を代数，関数，幾何，微分積分，確率，統計，集合と命題の分野に分けて解説している。各章の前半は数学教育の研究者が各分野の内容構成と学習指導について，後半は数学の研究者が数学的背景を述べている。

第９章では，ICT 活用についての概要と具体的な事例を取り上げて示して

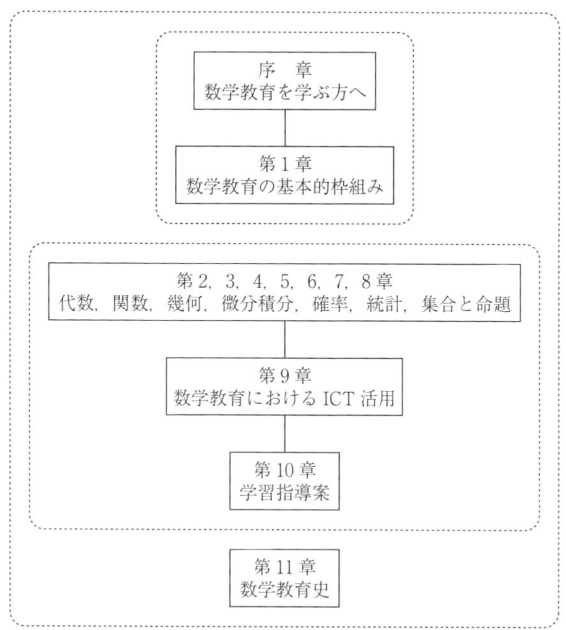

図1　本書の章構成

いる。第10章では，教育実践に直結する学習指導案について具体例を示して解説している。第11章では，数学教育史について，それを学ぶ意義をはじめ，時代を遡るようにまとめられている。

本書を通して，中学校・高等学校の数学科教員として数学教育についての理解を深め，資質や授業実践力を伸ばしていただければ幸いである。

最後に，本書の発刊に際しミネルヴァ書房の神谷透氏，大西光子氏をはじめ，関係の皆様には大変お世話になりましたこと，心より感謝いたします。

2022年7月

編著者　二澤善紀

目　次

序　章

数学教育を学ぶ方へ

日本の中学生・高校生に数学を教えるというのは，どういうことなのだろうか。数学という教科の特性はどこにあるのだろうか。数学を教える教員となったならば，その教育理念，教育哲学が問われることになるだろう。目先の今日の授業だけを考え，その日暮らしとなっている数学教員と，数学について確固とした信念をもち，その精神を伝えようとする数学教員では，教え子の人生，生き方に大きな差が出てくるだろう。教育活動では，教える内容もあるが，教える教員がもっている教育哲学，教える態度や姿勢が，生徒の成長に大きな影響を与えることになる。

何のために数学を教えるのか，数学の本質は何なのか，人が数学に熱中できるのはなぜいかなるときなのか，自らの体験を踏まえて，そのことに確固たる信念をもって，数学教育に携わっていくなら，その答えは自ずと見つかることだろう。

● ● ● 学びのポイント ● ● ●

- 数学の役割についての確固としたイメージをもつ。
- 生徒のどんな能力を育成するのかという目標をもつ。
- 数学を学ぶ原点は知的好奇心にあることを理解する。
- 知的好奇心を阻害する要因について知る。
- 数学の本質は自由性にあることを理解する。
- 生徒に自由で多様な思考を促す手段を考える。

1　なぜ数学を教えるのか

①　日本の学校数学の特徴

数学の教員になるということは，中学生・高校生に数学科教員として数学を教えることを意味している。中学生になった生徒たちは，心新たに数学という教科をその数学科教員から学ぶことになり，担当教員の指導のあり様に大きな影響を受けるだろう。学ぶ数学の内容を理解し，その面白さが伝われば，多くの生徒たちは数学好きになり，前向きに知能を高めていくにちがいない。

しかしながら，日本の現状では，中学生から高校生にかけて数学が理解できなくなり，その結果，数学嫌いとなっていく生徒たちがかなり多い。大学入試の改革等により，高等学校で選択教科の幅が広がり，文系に進む生徒の多くは高等学校第１学年の数学Ⅰを最後に数学から遠ざかっていくことになる。数学とは難解な教科で，覚える公式が多く，学ぶ内容がどこに役立つのかわからず，数学を放棄していく生徒が多いのが現状である。

このような中学生・高校生の理数離れの傾向は，資源のない技術立国の日本にとっては危ういことである。国策により理科大好きイベントやSSH（Super Science High Schools）の指定などが行われ，一定の成果を上げているともいえるが，それ以外の中学校・高等学校数学科の指導内容は従来からほとんど変わっていないのが現状といえる。オランダでは高等学校に文系数学の科目があり，文系に進む生徒にも必要な数学を学ぶ機会が設けられているが，日本では理系に進むための数学が中心で，そのような科目は用意されていない。受験数学という縛りもあり，学校や塾で教えられる数学は，融通の効かない解法のテクニックの羅列となってしまっているのが，戦後の学校数学における一貫した特徴といえるだろう。

②　理数離れと学力差

以前は，小学校の算数については，すべての人にとって必要な内容だから，熱心に教える教員の努力もあり，算数嫌いになる子どもは少なかったように思われるが，最近では，電卓・コンピュータ等の計算機器の普及により計算自体が日常生活にそれほど必要ではなくなり，スポーツを志す子どもやその親のなかには，算数・数学は必要なものと受け取られなくなっている様子も散見される。その結果，小学校段階で算数離れを起こし，中学校で数学を学ぶ段階ではすでに意欲を喪失している生徒たちもかなりいる。小学校から中学校へ上がるときに様々な困難を抱えている子どもが多くなり，中１プロブレムとも呼ばれ，小中一貫校や義務教育学校ができた要因ともなっている。例えば，毎年行われている小学校第６学年の学力調査では，割合に関する問題の正答率は半数程度にとどまり，深く考えずに短絡的に答える児童が多くなっていることもその要因の１つといえる。

中学校で算数から数学へと名前が変わり，より抽象的論理的な思考を求められるなかで，落ちこぼれていく生徒たちは多い。この時期の子どもの成長発達の差は大きく，公立学校の中学３年生ともなると，特に数学科の教員にとって全員を対象とした一斉授業で指導することが難しくなってくる。個別指導に対応するため，学校によっては少人数クラスによって対応するなどの工夫がなされているが，教員にとってはストレスの多い指導時期となっている。

③　実際に使うため

さて，ここで本題にもどり，なぜ数学を教えるのかという疑問について考えてみよう。数学科の教員としては，プロフェッショナルの哲学を問われることになる。受験でこの問題はよく出るから，その的確な解答方法を確実に教えるというのは，個々の目先のゴールであって，その総体としての数学を教える目的としては希薄なものといえる。数学が受験科目からなくなったら，どうなのであろうか。もう数学は教える必要のない科目となってしまうのだろうか。数学がこの世のなかに存在している根本的な存在理由を考える必要があるだろう。

日本で国語（日本語）を教えるのは，そこでの文化を理解し社会生活を営む上で欠かせないからといえる。外国語（例えば英語）を教えるのは，国際理解や人類の課題に協力して挑んでいくためといえるだろう。では，数学はどうなのだろうか。数学は世界中で教えられている世界共通の科目ともいえる。私たちが生きるこの世界では，あらゆる事象現象を理解するためには，数の概念は欠かせない。数を使わずに感覚で表現することもできるかもしれないが，それは受け止め手の感覚によって幅が広がり，共有の客観的な認識とはならないだろう。例えば，COVID-19感染者が単に増えているといっても，接触数，感染率，実効再生産数などの多くの数によるデータがなければ，その事象を客観的に捉えることはできないだろう。したがって，数学を教える第一義は，人がこの世のなかを理解するために数学の概念は欠かせないからということになるだろう。

日本の学習指導要領に数学が含まれているのは，日本は科学技術立国であり，先進国としての現在の地位を維持していくためには，その科学技術力を高め維持していくことが欠かせず，一定の科学技術者を育てておく必要があるからといえる。つまり，日本で数学を教える第二義は，国の科学技術力を維持するためということになるだろう（進歩）。

④　人間性を養うため

教育基本法では，教育の目的は人格の完成にあると規定している。ヒトを人たらしめるための教育ということになるが，基本的人権を守り社会的規範をわきまえたよき市民となるためにも，数学を学ぶことが意味をもつことになっているといえる。差別や偏見の不合理を見抜き，真実は何なのかを考えられる人は，その社会にとって賢人といえ，よりよい社会を築いていくためには善良な理性的市民の育成が欠かせない。つまり，数学を教える第三義は，理性的な市民を育成するためということになるだろう（安定）。以上の第二義と第三義は，国や社会のためということになるかもしれない。

あらゆる学問が歴史的に成長発展してきたと考えられるが，数学もユークリッド幾何，代数学，微分積分，解析学，抽象代数，離散数学等々と，人類の歴史とともに成長し発展してきた学問といえる。人が様々に苦悶し思考してきた結果としての学問を学ぶということは，この人類が築いてきた社会文化を継承発展していくために必要なことといえるだろう。これはすべての人に同様に求められるということではなく，人類全体にとって一部の人に求められていることいえるかもしれない。これは，上に述べた第二義，第三義と重なる部分もあるが，視点が人類になっていることに意味がある。

⑤　思考力をつけるため

最後に，視点を個人に移して考えると，消費者として社会のなかで生きていくために，数学はどこまで学ぶ必要があるのだろうか。学習指導要領にある数学の目標には，論理的思考力の育成がある。情報機器やプログラミングとも関わり，今後の高度情報化社会ではますます論理的な思考力が消費生活のなかでも求められることになるだろう。そして，この論理的思考力の育成に最も有効な科目が数学ということになる。伝統的に，教育には実質陶冶と形式陶冶があり，理科の実験は実質陶冶，数学の式計算などは形式陶冶といえる。実世界の問題に依存せず，どこに役立つのかもわからない数学内容は，すべて形式陶冶にあたり，その形式的な思考が他の何かに転用されるなど，抽象的な概念を形式的に操作する思考力が育成されるということになる。その中心が論理的な思考といえる。

古くはユークリッド幾何学も，その論理体系を学ぶことによって，論理的思考力が身に付き，教養としても人間の知性を高めると考えられていた。それ故，ユークリッド原論は歴史上も聖書に次ぐベストセラーとなっており，論理の循環や無矛盾性など，学問体系を学ぶ基礎となっていたといえる。そこまで高等な目的ではないとしても，数学を教える第四義は，論理的思考力を育成するためということになるだろう。

さらに，個人がこの社会のなかで生きていくために一定の論理的思考力が必要であることと同様に，より幸福な生活を送っていくためには，教養としてピタゴラスの定理など一定の数学内容を知っていることが，健康で文化的な生活につながってくるものと考えられる。つまり，数学を教える意義には，文化的な生活を営むためということもあるだろう。

2　知的好奇心を育てる

① 知徳体の知育

人は生まれながらにして，知的好奇心に満ちているといえるだろう。人類が進化し，道具を使うようになったホモサピエンスたる人は，周りの環境に対して好奇心に満ちていたのではないだろうか。哲学者パスカルの「人は考える葦である」という有名な言葉もある。教育の目的を議論するときに，人間を知・情・意という側面から捉え，よく知・徳・体という3側面から教育を論じているが，数学という教科は知育という側面を最も担っていると考えられる。客観的な思考は，徳育の公平公正ということに派生するとも考えられるが，体育を担っているとはとても考えづらい。もちろん，最近ではスポーツ科学が進歩し，体育を含めてスポーツを科学的に分析し，記録更新や勝敗のために数学を含むサイエンスが貢献していることは否定できず，数学は体育と全く無縁であるともいえないだろう。しかしながら，中学生・高校生に数学を教えるとき，スポーツサイエンスのような内容を扱ったりしない限り，基本的には数学は生徒の知的な成長を求めているといえる。

そこで，中学生・高校生が数学を通して知的な成長を成し遂げていくためには，何が必要となるだろうか。その知識の内容が理解でき，面白さを感じ，疑問を解決したい，さらに深く知りたいという願望が湧き出ることが必要であり，さらにその学習意欲を継続していくことが必要となるのではないだろうか。数学の教員が，すべての生徒に対して，そうなるように教えることができたなら，誰も数学嫌いにはならず，知的好奇心に満ちた生徒たちが育っていくだろうが，現実にはそうはなっていない。どんどん数学の内容についていけず，内容が理解できないことから学ぶ面白さを感じなくなり，学年が進むにつれて数学の学習を放棄していく生徒が多く出てくるのである。

② 中学生・高校生の実態

人間には生まれながらに個性というものがあり，その趣向も様々で，芸術の能力にたけた人がいたり，数理にたけた人がいたりするので，人の成長とともにその趣向も分岐していくのだから，これは仕方のないこと，ごく自然のことだという主張もあるだろう。DNA による遺伝子の問題もあるだろうし，乳幼児期の環境の問題もあるだろうから，そのことは一概に否定できないだろう。そのように決めつけてしまうと，数学嫌いになるのはもう生徒の責任であり，数学教員には関知しないことだということになる。数学の教員がそのように割り切ってしまえば，話は簡単で，興味関心をもつ生徒だけを対象に教えればよいので，その他の生徒は他の道へ進めばよいのである。私塾で出入り自由な教室だったら，それでよいだろう。

しかし，中学校・高等学校の数学の授業では，いつでも出入り自由というわけにはいかない。中学生には義務教育としての数学がすべての生徒に課されており，高校生にも必要な単位として一定の数学が位置付けられている。特別な支援の必要な生徒には，別途の教育プログラムが用意されるかもしれないが，数学に不向きな生徒も含めて普通教室にいる生徒は，すべて数学の教員が指導することになる。

③　数学嫌いとなる理由

理数離れ，数学嫌いになっていく生徒にも様々な理由がある。授業中に先生が説明している内容がわからないとか，定期テストで点数がとれないとか，通知表の数学の評価が低いとか，先生が冷たく感じるとか，理由は様々である。かつて分数のわからない大学生が話題となったが，高校生で分数が理解できていないという事例もある。

以前に大阪府で，このようなスローラーナーを対象とした長期間の教育実践調査が行われたことがある。小学生のときから遡って，十分に数学概念が理解できていないままに授業が進んでいき，取り残されたまま高校生になってしまったため，分数計算も十分に理解できない高校生となったのである。この教育実践では，そのふり返りをじっくりと行ってケアすることによって，かなりの部分が理解に結び付き，数学学習の継続維持につなげることができたと聞いている。

④　教員の対応

このように，生徒たちの概念理解には，抽象的でも直観的にすぐさま理解できる生徒から，具体物を介してじっくり対象をイメージしながら時間をかけてやっと理解できる生徒まで，幅が広くその個人差も大きいことを教える側の教員は理解しておく必要があるだろう。教科書の配当時間数はあくまでも平均的な所要時間であり，理解に必要な時間はその内容によってかなりの個人差があるのである。

いずれにしても，数学を教えるには，時間をかけて生徒の知的好奇心を育てていく努力が必要で，その阻害要件をできるだけ排除し，生徒の関心意欲を高められるように日々の授業を組み立てていくことが求められる。生徒から「よくわからない」という声が出たら，「う～ん，そうだなあ！　確かにここは難しいんだ」という同調の反応を返し，噛み砕いて生徒とともに１つずつ考えを進めていく教員側の忍耐と対応が大切である。もちろん，その場その場の忍耐ではなく，日常的に教員がその数学教材について研究し，生徒に納得させられるような手立てを準備しておくことが望ましく，それが生徒たちから信頼される教員となるための必要十分条件ともいえるだろう。

3　数学の本質はその自由性に

①　数学の自由性

集合論で有名な数学者カントールは「数学の本質はその自由性にある」と述べている。数学は人間が行う精神的な活動であり，個人か集団かを問わず，一定の共通原理（公理，原則）のもとに設定された空間のなかで，その性質や特性を試行錯誤する論理的な学問である。現代数学においては，想定された空間のなかで，種々様々な理論が創られ，キーワードは抽象化と構造化といわれている。数学における探究は，人が抽象的に設定された空間をイメージし，その空間のもっている構造を調べていき，そこでの理論を組み立てる活動といえるだろう。出来上がった理論は，現実世界のなかにいかされるかもしれないし，全く日の目を見ないかもしれない。現代の純粋数学は，そのようななかで成長発展していると考えられる。

例えば，素数について探究するとき，どのように探究するかは自由であり，数学をする人は自由な発想でその性質を調べていくことができる。他の人から考え方を制限されたり規制されたりすることはなく，自由に考えられるというのが基本原則である。もちろん一人で考えていても成果が上がらず，先に進めないこともあるから，先人が研究した成果を調べたり，周りの人の助言を得たりして，様々な思考をめぐらせていくこともあるだろう。誤りを指摘されることもあるだろう。様々な紆余曲折を通して，人々の自由な思考の結晶として，素数についての理論が出来上がっていく。

研究途上では，素数についての個々の理論がどこに役立つのかはわからなかったかもしれないが，今では，高度情報化社会のなかで様々なセキュリティを高めるために暗号化システム等で素数は役立っている。また，離散数学のグラフ理論は，かつては一筆書きの問題などがあったが，現在は高度情報通信社会を支える情報ネットワーク等の発展に役立っている。このように，人々が自由に思考し様々な数学理論を組み立てられるという基盤があってはじめて，その時代の社会が必要とする理論も生まれてくるものと考えられる。数学の自由性は，人類の英知をはかる源ともいえ，その社会を支える重要な柱といえるだろう。

一方で，自由であることの裏返しに責任の問題もある。自由に発言するということは，事と場合によっては，他者を傷つけてしまうことがある。今のSNSの普及したネット社会では，フェイクニュース（偽りの情報），個人への誹謗，中傷が問題となっている。SNSによる批難がもとで自殺者まで出ている。数学を自由に学ぶことが個人批難につながるとは考えにくいが，数理科学の成果が，非人道的な武器開発や種々の災害に関連していたとしたら大問題である。人類を幸福にするはずの科学が，地球を傷つけ人を不幸にするようなことは回避しなければならない。著名な科学者によって創設されたパグウォッシュ会議は，すべての核兵器およびすべての戦争の廃絶を訴えており，科学者の責任の部分を世界に訴えているといえるだろう。

② 学校数学の閉鎖性

日本の学校数学のなかでは，どうだろうか。数学の自由性は担保されているのだろうか。中学校・高等学校で学ぶ数学は，すでに出来上がったもの，確立された内容であり，最先端の理論を探究することとは異なるのだから，定まった既定路線を進んでいくのみで，自由に脇道に入っていくのは時間の無駄だと思われるかもしれない。確かに，一定の理論内容を学び取るには，教員からの講義形式で伝達講習をしていき，生徒はその考えを追体験していくのが能率的だろう。

しかし，それでは，出来上がった数学理論を知ることはできたとしても，その背後にある人の知恵や試行錯誤の努力といった精神活動を知ることはできない。つまり，既存の問題についての対処能力は得られたとしても，未知の問題に直面したときには全くお手上げということになってしまうだろう。

一昔前までの近代工業技術社会なら，既存の製品を間違いなく正確につくれる技術者を養成することが責務とされ，正確な計算と決められた正確な処理を行える技術者を養うため，答えが１つに決まる閉じた数学を教え，教員が教えた正しい解法を間違いなく導ける能力が重視されていたといえる。

しかし，現在の高度情報通信社会では，様々な問題に柔軟に対応する問題解決力を養うことが重視されるようになり，フェルミ推定や数学的モデリングのような問題解決に取り組むことの重要性が指摘されている。現実世界から問題を発見する能力，様々な数学モデルをつくりその解を模索する能力，出た答えや解法過程をふり返り検証する能力などは，今後の社会で必要となる重要な問題解決能力といわれている。学習指導要領においても，「課題学習」が設定されたり，「理数探求」の新科目が設けられたりするなど，多様な思考力を養うための改善策が模索されている。

③ 学校数学での自由性

自由で多様な思考力を養うことは，学校数学のなかで可能なのだろうか。学校数学の内容は，法的拘束力をもつ学習指導要領，教科書によって細かく決められており，指導時間数の枠組みもあるなかで，どこに自由な時間があるのだろうか。新設の「理数探求」や特設の「課題学習」があったとしても，数学の教員が自由に取り扱える時間数には限りがある。確かに学校数学には様々な制約があり，担当教員の自由にはならない部分が多いだろう。

しかし，そこで諦めてしまって機械の歯車の１つとなり，数学を上から教え詰め込む教員となってしまったならば，そこにいる生徒たちにとっては不幸な学校生活といえるだろう。その場にいることも苦痛であるし，将来にいかせる能力も十分に養われないことになるだろう。既定路線を進む授業であったとしても，その途中に脇道があったり，数学者の苦闘があったり，別の問題への入り口があるなど，自由な世界があることを意識しつつ授業を進める教員ならば，生徒にとっても息苦しさはなく，わからない内容があったとしても数学を拒絶することにはならないのではないだろうか。

そして，興味をもった生徒たちには，放課後や長期休暇中を利用した自由研究などに取り組ませるようにすれば，生徒たちの自由で多様な思考を養う機会となるだろう。そのことは，数学に興味を示さない生徒にとっても，学校に自由な気風をもたらし，主体的に数学に取り組まなかったとしても，よき傍観者，理解者として，数学に温かい目を注ぐようになるだろう。多くの偉大な数学者を輩出したドイツでは，街並みの道路に数学者の名前が付けられているなど，数学者は身近な存在として尊敬され親しまれている。決して数学者を奇人変人扱いしてはいない。

④　自由思考の精神を育てる

日本では，数学者はちょっと変わった人と見られ，一般の人とは異なるように扱われていないだろうか。明治維新で近代国家へと生まれ変わるために，西洋の科学技術が取り込まれていったが，その精神風土としての文化はまだまだ日本に根付いていないのかもしれない。イスラム文化など世界には異なる文化圏が存在し，様々な軋轢が生じているのが現代社会である。日本にも固有の文化があり，西洋文化とは相容れないところがあるため，数学の自由に考えるという思想や精神が一般に根付きにくいのかもしれない。

数学者はコスモポリタン（世界人，地球市民）で，数学は世界共通の理念でもある。数学を通して養った自由に考える精神は，世界人類が平和に共存していく糧になるにちがいない。

数学科の教員は，日本の子どもたちが数学の自由な精神をいかにして身に付けていけるのかを探求しつつ教壇に立つ必要があるだろう。

引用・参考文献

Max Stephens，柳本哲（2001）『総合学習に生きる数学教育』明治図書.

中村幸四郎他（1971）『ユークリッド原論 追補版』共立出版.

大阪高等学校数学教育会スローラーナー委員会（1983）「大阪のスローラーナー研究――スローラーナー論序説」.

東大ケーススタディ研究会（2009）『地頭を鍛えるフェルミ推定ノート』東洋経済新報社.

柳本哲編著（2011）『数学的モデリング――本当に役立つ数学の力』明治図書.

（柳本　哲）

第1章
数学教育の基本的枠組み

めまぐるしく社会情勢が変化し，社会の変化の予測が困難な時代に直面している。とりわけ人工知能（AI）の進歩はめまぐるしく，これまで人によってなされていた仕事がロボットなどに置き換わろうとしている。このような状況において，数学の果たす役割はますます重要になってきている。昨今の情勢をみると，学校教育における学習環境も大きく変化しており，数学教育は大きな節目を迎えているといえる。一方で，社会の情勢が変化しようとも，学校という枠組みにおいて数学教育の主体は生徒であるという不易な部分がある。生徒のための数学教育を考え直す必要があるのではないだろうか。

● ● ● 学びのポイント ● ● ●

· 数学教育をめぐる情勢を知る。
· 数学教育学について理解する。
· 学習指導要領における中学校・高等学校の目標などについて理解する。
· 数学教育研究における認知に関する諸理論を知る。
· 評価の考えとその方法について理解する。

1　数学教育をめぐる情勢

現在，社会はグローバル化，情報化や技術革新が急速に進んでいる。これにより，児童生徒を取り巻く状況は常に変化し続けており，予測が困難な時代となっている。学校教育において，直面する様々な社会の変化に積極的に向き合い，主体的に学び続けて自ら能力を引き出し，自分なりに試行錯誤する，多様な他者と協働するなどして，新たな価値を生み出していくために必要な力を身に付けることが欠かせない（中央教育審議会，2016，pp. 10-11）という状況で，究極には人間形成を目標とすることが望まれる。

数学教育では，学習する数学の知識は量から質へと転換され，今日では数学的に考える資質・能力の育成が重視されている（文部科学省，2018；2019)。算数・数学では数学的な見方・考え方を働かせて問題解決するような学習にシフトされている。これまでの数学教育は，解き方があらかじめ定まった問題を効率的に解く，あるいは定められた手続きを効率的にこなすといった，形式的・技術的な目標に偏った傾向があった。つまり，標準的な解法が定まった問題を対象に標準的な解法で解くことができるように取り組まれてきた側面がある。しかし，今後は複雑で見慣れない，標準的な解法の定まっていないような問題を解く方法を学ぶことに関心が移っているという認識が世界に広く共有されつつあり，こうした能力は今後の教育において重視すべき要素になるという見方がある（OECD 教育研究革新センター，2015，p. 3)。

また，学校教育のなかで数学教育を単独で捉えるのではなく，教科横断型のSTEM 教育／STEAM 教育が世界的に注目されている。STEM 教育とは科学（Science)，技術（Technology)，工学（Engineering)，数学（Mathematics）に重点をおいた理数系人材育成で，2010年代半ばよりアメリカ合衆国の主要な教育政策として掲げられている。STEAM 教育は STEM 教育に芸術（Art）を加えた総合的な教育である。これらは，現実の社会における問題を解決する力や創造性豊かな発想を養うことを目的に，探究活動を重視した１つの学習スタイルのフレームワークである。以上のように，数学教育をめぐる情勢は刻々と変化しており，常に数学教育のあるべき姿を検討する必要があり，日々生徒と向き合う数学科教員にとって数学教育研究を継続することは重要といえる。

社会情勢がいかに変化しようとも，生徒の数学学習を支える数学科教員は常に生徒が数学の個々の内容に関して体系的に理解し，関連付けられた知識構造を構築していくことが必要不可欠であるということを忘れてはならない。新しい知識は，すでにもっている知識構造と関連付けられなければ，十分に獲得したとはいえず，１つ１つの知識・公式を生徒が暗記するような学習に陥ってしまうと，関連付けられた知識構造は形成されない。したがって受動的な学習ではなく，生徒が１つ１つの知識を能動的に習得し，既存の知識と関連付けられるような学習が必要となる。その際，数学科教員が少なくとも学校で扱う数学を体系的に理解した上で，これまで積み重ねられてきた先行研究の知見に基づき生徒の学習を支えていく力量を形成しておくことが必須といえる。

2　数学教育学

①　数学教育学とは

数学教育とは，数学を児童生徒に教えるばかりではなく，現実的な課題を創造的に解決する教育，さらには他の教科の内容と統合して，児童生徒の生き方そのものを開拓する教育と捉えることができる（横地，1998）。したがって，横地の考えの根底には，数学教育は児童生徒のまっとうな生き方そのものを開拓するという，児童生徒の well-being を目指した教育があるといえる。また数学教育は，数学的な知識，能力が人間にとって役に立つような形に成長することを助ける人為的なあらゆる営みをさすものである，ともいえる（島田，日本大百科全書）。

こうしたことを考えると，数学教育は配置された数学の知識や技能だけを学習指導するのではない。様々な体験的学習が数学への抽象化の基礎につながり，数学そのものも具体的な興味ある学習の対象になっていく。さらに自然や社会の課題に対し，数学と他教科との連携の中で課題解決の過程を通して，児童生徒の数学の能力をはじめ，各種能力を一層高めていくことになるとみることができる。以上のことから，児童生徒が主体であるという視点が大切になってくる。

数学教育学は，一般に教科教育学に分類され，数学教育[(1)]という営みを研究の対象としている。主に児童生徒のなかで数学的な知識，能力が成長する過程やメカニズムを明らかにし，構造化・理論化することに取り組んでいる。対象となる児童生徒は個人の場合もあれば集団の場合もある。これらの知見をいかして，設定した学習目標のもと，教育内容を決定し，その学習指導の方法を考案して教育実践を行い，その結果を次の研究や教育実践にフィードバックすることになる。ここで，先行研究の分析を十分に行い，その知見を十分にいかして教育実践の考案に取り組むことが重要である。このように捉えると，大学等の研究機関に所属する研究者だけでなく，小中高等学校の教員も日々数学教育の研究に取り組んでいることになる。今後は大学等の研究機関の教員と小中高等学校の教員の連携した研究がこれまで以上に重要になってくると考えられる。

ところで，数学教育は主に教員と児童生徒，児童生徒同士で営まれることに鑑みると，数学教育の研究に取り組む際に，その最も基盤になることとして，数学概念に対する児童生徒の認知があげられる。児童生徒の個々の数学概念に対する捉え方，獲得の過程などについて，教育実践を通して一般的な原則を追求することが重要となるからである。したがって数学教育の研究の目的の１つは一般性の追求にあると捉え，数学教育の「実践等に見られる様々な特徴から，その一般性を見いだすこと」（横地，1978，p. 10）とされている。つまり，数学教育の実践における子どもたちの発達段階における数学概念に対する認知の特徴を明らかにすることである。この目的に取り組むことで，児童生徒の認知発達に見合った教育内容とその方法を構築することにつながり，児童生徒の数学の種々の能力を伸ばすことになる。横地（1962）は関数学習を例に「関数の体系が構想立てられたとしても，それは，子どもの認識を離れ，観念的に頭の中で作られるものであってはならない」（p. 99）と児童生徒の認知や認識を取り入れた数学教育における研究の重点の置き方を示している。

最後に，数学教育学の条件を示す。かつて横地（1980）は，数学教育が数学教育学となるための条件を次のように7つ示しており，これらは現在も多くの数学教育の研究・実践に引き継がれ，日々研究が深まっている。

(1)　特定の研究対象をもつこと。

(2)　専門分野に分かれ，専門的研究がなされること。

(3)　専門分野に応じて，それぞれに研究の方法論があること。

(4)　相当数の研究者がいること。

(5)　研究業績が積み重ねられていること。

(6)　研究が公開され，研究者の討議に付されること。

(7)　研究内容が，外部の力によって，強く左右されないこと。

これら7つの条件を満たしつつ，数学教育に携わる者は，これらをさらに発展させていこうとする姿勢が重要である。

②　数学教育学の研究領域

数学教育学の研究領域は，1959年頃には「(a)心理学的研究　(b)社会的研究　(c)数学教育史　(d)数学史　(e)比較教育学的研究　(f)教育内容の研究　(g)教授課程の研究」とされていたが，各領域の研究の深化により，2001年には「1．目標，2．数学教育史，3．数学教育と文化，4．認知と活動，5．教育内容，6．教育課程，7．福祉的問題，8．学習指導，9．評価，10．市民の数学教育，11．情報機器の発展と数学教育，12．国際交流と協同研究」の12領域に細分化されている（横地，2001，p. 22）。さらに，横地（2008，pp. 21-48）は数学教育学の分野を「A．中心分野」「B．基礎分野」「C．素養分野」の3つに分類し，中心分野は教育課程，教育内容，授業論，評価論，基礎分野は数学，認知論，素養分野は教育史，文化史，数学史，国際的数学教育学と10の領域に整理されている。時代の流れとともに，研究領域の分類は変化しているが，児童生徒の認知，教育内容と方法，数学教育史，国際的視野に立った比較教育などは常に領域の中心となっている。

①と②より，数学教育学は，次の節で述べる学習指導要領を含め広い視野で数学教育を研究対象にしたものであることがわかる。

3　学習指導要領

① 学習指導要領とは

学習指導要領とは，全国のどの地域で教育を受けても，一定の水準の教育を受けられるようにするために，学校教育法等に基づき，各学校で教育課程（カリキュラム）を編成する際の基準を定めたものであり，法的拘束力がある。学習指導要領では，小学校，中学校，高等学校等ごとに，それぞれの教科等の目標や大まかな教育内容を定めている。学習指導要領は約10年ごとに改訂され現在に至る（詳しくは，第11章を参照）。

② 学習指導要領（2017，2018）における目標

2017年，2018年に中学校，高等学校の学習指導要領が改訂されている。これまで以上に「生きる力」の理念を具体化し，育成すべき資質・能力と教育課程とのつながりの明確化を図ったとされている。育成すべき資質・能力は，ア「何を理解しているか，何ができるか（生きて働く「知識・技能」の習得）」，イ「理解していること・できることをどう使うか（未知の状況にも対応できる「思考力・判断力・表現力等」の育成）」，ウ「どのように社会・世界と関わり，よりよい人生を送るか（学びを人生や社会に生かそうとする「学びに向かう力・人間性等」の涵養）」の３つの柱に整理された。これを受けて，児童生徒の「主体的・対話的で深い学び」の実現に向けた授業改善，つまりアクティブ・ラーニングの視点に立った授業改善の推進が求められる。

また，算数・数学に関する課題として国際学力調査から次のように示されている（中央教育審議会，2016）。

> PISA2015では，数学的リテラシーの平均得点は国際的に見ると高く，引き続き上位グループに位置しているなどの成果が見られるが，学力の上位層の割合はトップレベルの国・地域よりも低い結果となっている。また，TIMSS2015では，小・中学生の算数・数学の平均得点は平成７年（1995年）以降の調査において最も良好な結果になっているとともに，中学生は

数学を学ぶ楽しさや，実社会との関連に対して肯定的な回答をする割合も改善が見られる一方で，いまだ諸外国と比べると低い状況にあるなど学習意欲面で課題がある。さらに，小学校と中学校の間で算数・数学の勉強に対する意識に差があり，小学校から中学校に移行すると，数学の学習に対し肯定的な回答をする生徒の割合が低下する傾向にある。

全国学力・学習状況調査等の結果からは次のことがいえる（文部科学省，2016）。

中学校では「数学的な表現を用いた理由の説明」に課題がみられること，高等学校では「数学の学習に対する意欲が高くないこと」や「事象を式で数学的に表現したり論理的に説明したりすること」が指摘されており，学習指導要領の改訂ではこれらの課題に対応できるように改善を図ったとされている。

中学校数学科では，数学的に考える資質・能力を次のように育成することとしている。

１つ目は，数量や図形などについての基礎的・基本的な知識及び技能を確実に習得する。

２つ目は，基礎的・基本的な知識及び技能を活用して問題を解決するために必要な数学的な思考力，判断力，表現力等を育む。

３つ目は，数学のよさを知り，数学と実社会との関連についての理解を深め，数学を主体的に生活や学習に生かそうとしたり，問題解決の過程を評価・改善しようとしたりする。

これに基づき，中学校学習指導要領の数学科の目標は次のように設定されている。

数学的な見方・考え方を働かせ，数学的活動を通して，数学的に考える資質・能力を次のとおり育成することを目指す。

(1)数量や図形などについての基礎的な概念や原理・法則などを理解するとともに，事象を数学化したり，数学的に解釈したり，数学的に表現・処理したりする技能を身に付けるようにする。

(2)数学を活用して事象を論理的に考察する力，数量や図形などの性質を見いだし統合的・発展的に考察する力，数学的な表現を用いて事象を簡潔・明瞭・的確に表現する力を養う。

(3)数学的活動の楽しさや数学のよさを実感して粘り強く考え，数学を生活や学習に生かそうとする態度，問題解決の過程を振り返って評価・改善しようとする態度を養う。

高等学校では，高等学校学習指導要領の数学科の目標は，次のように設定されている[(2)]。

数学的な見方・考え方を働かせ，数学的活動を通して，数学的に考える資質・能力を次のとおり育成することを目指す。

(1)数学における基本的な概念や原理・法則を体系的に理解するとともに，事象を数学化したり，数学的に解釈したり，数学的に表現・処理したりする技能を身に付けるようにする。

(2)数学を活用して事象を論理的に考察する力，事象の本質や他の事象との関係を認識し統合的・発展的に考察する力，数学的な表現を用いて事象を簡潔・明瞭・的確に表現する力を養う。

(3)数学のよさを認識し積極的に数学を活用しようとする態度，粘り強く考え数学的論拠に基づいて判断しようとする態度，問題解決の過程を振り返って考察を深めたり，評価・改善したりしようとする態度や創造性の基礎を養う。

なお高等学校では数学の科目構成が，数学Ⅰ，数学Ⅱ，数学Ⅲ，数学A，数学B，数学Cとなり，数学Cが追加されている。

中学校数学科と高等学校数学科の目標に関し，目標の(1)(2)(3)は，(1)知識及び技能，(2)思考力，判断力，表現力等，(3)学びに向かう力，人間性等の３つの柱に対応して示されている。これらの(1)(2)(3)は，数学的な見方・考え方と数学的活動に関連させながら育成することになる。

数学的な見方・考え方は，数学の学習において，どのような視点で物事を捉え，どのような考え方で思考をしていくのかという，物事の特徴や本質を捉え

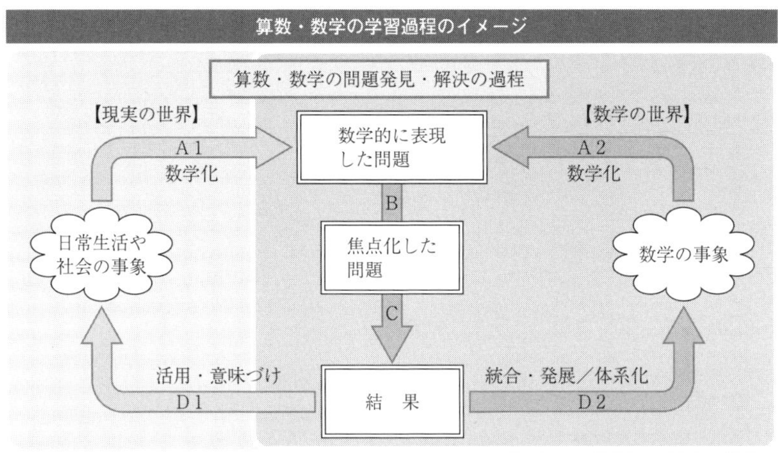

図１－１　数学の学習過程のイメージ図

出所：文部科学省，2018，p. 23；2019，p. 26.

る視点，思考の進め方や方向性を意味するものである。また，習得・活用・探究という学びの過程のなかで働くことで数学的に考える資質・能力の育成につながることから，「知識及び技能」「思考力，判断力，表現力等」及び「学びに向かう力，人間性等」のすべてに働かせるもので，将来にわたって重要な見方・考え方となる。したがって，数学の学習が創造的に行われるために欠かせないものである。

数学的に考える資質・能力の育成には「事象を数理的に捉え，数学の問題を見いだし，問題を自立的，協働的に解決し，解決過程を振り返って概念を形成したり体系化したりする」というような問題発見・解決の過程が重要となる。数学的活動とは，このような過程を自立的，協働的に遂行することである。

問題発見・解決の過程に関し，「日常生活や社会の事象を数理的に捉え，数学的に表現・処理し，問題を解決し，解決過程を振り返り得られた結果の意味を考察する過程」と「数学の事象から問題を見いだし，数学的な推論などによ

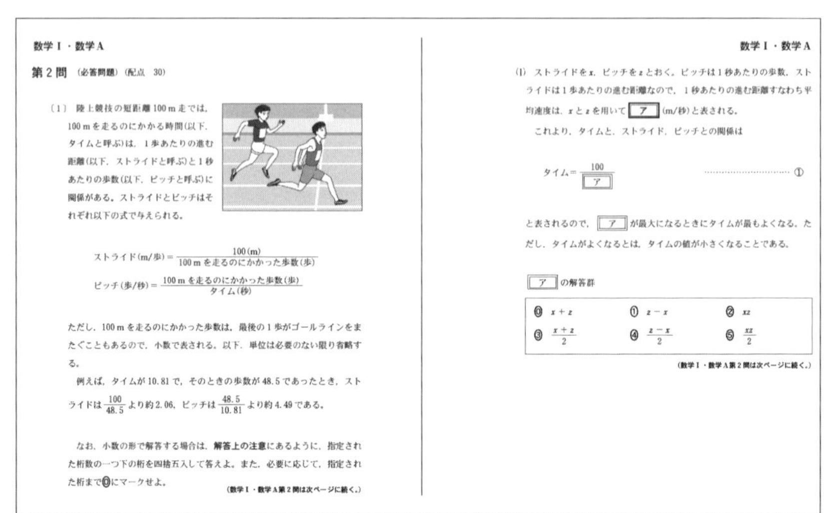

数学Ⅰ・数学A

第2問 （必答問題）（配点　30）

〔1〕 陸上競技の短距離100 m走では，100 mを走るのにかかる時間(以下，タイムと呼ぶ)は，1歩あたりの進む距離(以下，ストライドと呼ぶ)と1秒あたりの歩数(以下，ピッチと呼ぶ)に関係がある。ストライドとピッチはそれぞれ以下の式で与えられる。

$$\text{ストライド(m/歩)} = \frac{100\text{(m)}}{\text{100 mを走るのにかかった歩数(歩)}}$$

$$\text{ピッチ(歩/秒)} = \frac{\text{100 mを走るのにかかった歩数(歩)}}{\text{タイム(秒)}}$$

ただし，100 mを走るのにかかった歩数は，最後の1歩がゴールラインをまたぐこともあるので，小数で表される。以下，単位は必要のない限り省略する。

例えば，タイムが10.81で，そのときの歩数が48.5であったとき，ストライドは$\frac{100}{48.5}$より約2.06，ピッチは$\frac{48.5}{10.81}$より約4.49である。

なお，小数の形で解答する場合は，**解答上の注意**にあるように，指定された桁数の一つ下の桁を四捨五入して答えよ。また，必要に応じて，指定された桁まで⓪にマークせよ。

（数学Ⅰ・数学A第2問は次ページに続く。）

数学Ⅰ・数学A

(1) ストライドをx，ピッチをzとおく。ピッチは1秒あたりの歩数，ストライドは1歩あたりの進む距離なので，1秒あたりの進む距離すなわち平均速度は，xとzを用いて［ア］(m/秒)と表される。

これより，タイムと，ストライド，ピッチとの関係は

$$\text{タイム} = \frac{100}{\boxed{ア}} \quad \cdots\cdots\cdots\cdots ①$$

と表されるので，［ア］が最大になるときにタイムが最もよくなる。ただし，タイムがよくなるとは，タイムの値が小さくなることである。

［ア］の解答群

⓪ $x+z$	① $z-x$	② xz
③ $\frac{x+z}{2}$	④ $\frac{z-x}{2}$	⑤ $\frac{xz}{2}$

（数学Ⅰ・数学A第2問は次ページに続く。）

図1－2　大学入学共通テストの問題例（2021年1月17日実施，数学Ⅰ・A）

って問題を解決し，解決の過程や結果を振り返って統合的・発展的に考察する過程」の２つがある（図1－1）。実際の授業では，これらの２つのサイクルを意識しながら，生徒が目的意識をもって遂行できるようにすること，それぞれの学習場面で言語活動を充実させ，学習過程や結果をふり返り，評価・改善することができるようにすることと示されている。

さらに，数学的活動を通して主体的・対話的で深い学びを実現するための主要な側面として，「日常の事象や社会の事象から問題を見いだし解決する活動」「数学の事象から問題を見いだし解決する活動」「数学的な表現を用いて説明し伝え合う活動」を各学年の内容として示している（文部科学省，2018；2019を参照）。

③　大学入学共通テスト

我が国では，大学入試が日々の学校教育に与える影響は大きい。2021年１月より大学入学共通テストが大学入試センター試験に代わり実施されたことから，大学入学共通テストの概要を示す。

背景の１つには，先行きの不透明な時代であるからこそ，知識の量だけでなく，自ら問題を発見し，答えを生み出し，新たな価値を創造していくための資

質や能力が重要になるということがある。そのため，大学入学共通テストでは，知識・技能を十分有しているかどうかの評価も行いながら，「思考力・判断力・表現力」を中心に評価するとしている。これにより，大学入学に向けた生徒の学習を，知識や解法パターンの単なる暗記・適用などの受動的なものから，学んだ知識や技能を統合し構造化しながら問題の発見・解決に取り組むような，より能動的なものへと改革したいとしている（高大接続システム改革会議，2016）。

実際に出題された問題は，日常生活に関連したもの（図１-２），得られた結果をもとに成り立つ事実を考察するものなどがあり，また長い問題文や資料を正確に読み解く読解力などが必要となるものであった。

今後も大学入試，高等学校入試の動向を注視する必要がある。

4　数学教育研究における認知の科学

①　児童生徒の認知・認識

数学教育は児童生徒[(3)]が主体であり，学習を通して数学概念に対する認識と実践の質を発展させていく。そのため，児童生徒の認知・認識を把握することが必要となる。数学教育は，入れ物に能率よく，様々な知識や技能を詰め込むことではなく，人間の教育である。したがって，教育内容を組織的に直線上に並べ，順に学び取らせるだけでは教育とはいえない（横地，1978）。そして，横地は「体ごとの体験が，数学の抽象として浸透する」「事実検証が論理的認識に先行する」「数学それ自体も，興味のある具体的対象に化し得る」「自らの作業と課題への取り組みが，学習を確実にし，学習の意欲を増進させる」という原則を導いている。

②　認知に関する研究

数学教育学における生徒の認知や認識に関する研究として，認知・認識論，メタ認知，情意，理解，概念形成，数学的思考などに整理されている（日本数学教育学会，2010）。これらの研究は数学概念の形成について，心理学の知見をいかして理論的・実証的に取り組まれている。

以下で主な理論の概要を示す。これらの理論に共通していえることは，数学を理解する，あるいは数学概念を形成するためには，その素地になる概念が児童生徒に形成されていることが必要である，ということである。

Skemp の研究（1976）が契機となり，世界的に数学の理解に関する研究が活発に行われ，複数の理論やモデルが構築されている。これらの理論は，大きく２つに大別することができ，児童生徒のある時点における数学理解の様相を捉えようとしたもの（Skemp の理論）と，ある一定期間における数学理解の過程を捉えようとしたもの（van Hiele の理論，メタファー研究）である。

③　Skemp の理論

数学の概念は児童生徒がすでにもっている概念より高次の概念であることが多いため，その理解にはシェマが必要であるとしている。数学の個々の内容を適切なシェマのなかに同化することを，「数学を理解する」（Skemp，1971＝藤永・銀林訳，1973，p. 35）とし，教員は児童生徒の数学の学習がシェマを用いたものであることを確認する必要性を示している。シェマとは，児童生徒に形成された数学に対する概念構造をさす。また，数学を理解することについて，行っていることもその理由もどちらもわかっているという関係的理解と，理由はわからないが行うことができるという道具的理解の２つに分け，道具的理解よりも関係的理解の重要性を述べている。その後，Skemp は児童生徒の理解の様相をモデル化し，修正を重ねて最終的に2×4 マトリックス・モデルとしてまとめている。このモデルは，児童生徒のある時点における数学理解の様相を表したモデルである。

④　van Hiele の理論

van Hiele（1984；1986）は，幾何（図形）を対象として小学校から大学までの幾何の思考の発達の様相を５つの思考水準（level）で表し，水準間の移行を５つの学習過程で示した。５つの思考水準は，それぞれ「第１水準：視覚的水準（the visual level）」「第２水準：記述的水準（the descriptive level）」「第３水準：理論的水準（the theoretical level ; with logical relations, geometry generated according to Euclid）」「第４水準：形式的論理の水準（formal logic ; a study of the laws of

表１-１　中原による van Hiele の５つの思考水準の図式化

	0	1	2	3	4
対　象	具体物	形	性質	命題	論理
方　法	形	性質	命題	論理	

中原は，５つの水準を０から４で表している。
出所：中原，1995，p. 98.

表１-２　中原による van Hiele 思考水準の一般化

	0	1	2	3	4
対　象	具体物	基本的対象	性質	命題	論理
方　法	基本的対象	性質	命題	論理	

出所：中原，1995，p. 101.

logic)」「第５水準：論理的法則の水準（the nature of logical laws)」である（1986, p. 53)。これらの思考水準を中原（1995，p. 98）が図式化し，その特徴を的確に表現している（表１-１）。この思考水準の特徴は，各水準が思考の対象と方法から構成されている点にあり，ある水準における思考の方法として用いられていたものが，次の水準の思考の対象となることで水準が上昇していく。したがって，この５つの思考水準は漸次的な数学の思考の様相を表しているといえる。

van Hiele の思考水準は，三角法，関数，確率やその他の分野でも研究されている。

さらに，van Hiele の思考水準は方法の対象化という数学学習のあり方を的確に表しており，児童生徒の学習に示唆を与えてくれる。それ故に，ある水準で理解困難に陥っている児童生徒は，それ以上の水準に移行することは容易でないことを示しているといえる（表１-２）。

⑤　Lakoff らのメタファー研究

認知意味論ではメタファーは，言語表現に限らず人間の思考過程の大部分はメタファーによって成り立っており，人間の概念体系がメタファーによって構造を与えられ，規定されていると考えられている（Lakoff & Johnson, 1980＝渡部他訳，1986)。

Lakoff と Johnson はメタファーを認知プロセスとして「ある概念を別の概

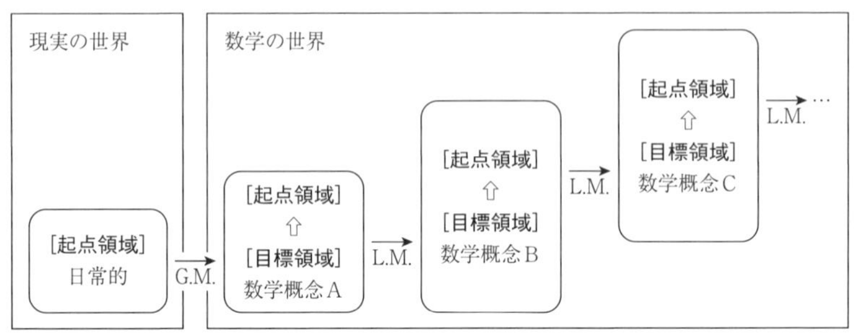

図1－3　2つの概念メタファーの起点領域と目標領域

G.M と L.M. はそれぞれ基礎付けメタファーと関連付けメタファーを表す。
出所：二澤，2020から抜粋。

念と関連付けることによって，一方を他方で理解する」と捉えている。このような認知プロセスを通して，人間は具体的な経験を基礎にして抽象的な対象を理解していると考えられる。このとき，ある（具体的な）概念と別の（抽象的な）概念との間に対応関係が生じることから，この対応関係を概念メタファー（conceptual metaphor）と呼んでいる（松本，2003，p. 90；Lakoff & Nunez 2001, p. 5)。概念メタファーはすでに理解している特定の概念が属する起点領域から理解しようとしている別の概念が属する目標領域への写像であると捉えることができる。概念メタファーは，基本的な演算から高度な数学概念において中心的な役割を果たす認知メカニズムである。そして，高度な抽象化の多くはメタファーにメタファーを積み重ねてきた結果であるとしている。したがって，理解しようとしている概念の理解のためには，起点領域と概念メタファーが重要になる。

概念メタファーは日常的な経験が起点領域となり，日常的な経験と直接的に基礎付けられた基本的な概念を生み出す基礎付けメタファーと，形成された数学概念が起点領域となり，より高度な概念を生み出し，さらに生み出した高度な概念が次の高度な概念を生み出す関連付けメタファーに分類される。つまり，概念メタファーは，人が数学のような抽象的な概念を理解するためには，すでに理解している概念を通して理解するという認知のプロセスを説明しており，児童生徒が数学の学習で理解困難を示すときは，起点領域または適切な概念メタファーが形成されていない可能性を示しているといえる（図1－3）。

5　評　価

①　評価の意義等

数学教育に限らず，教育とは「人間の発達に対して意図的に働きかけることによって，それを促進しようとする営みである」（西岡他，2015，p. 3）といえる。したがって，その働きかけの効果や達成度を確かめるために評価を行うのであり，効果や達成度を確かめるということは，生徒の能力の伸長が評価の根本的な目的であるともいえる。数学教育においては，学習を通して生徒の数学に関する種々の能力を伸ばすことが目的で，そのできた程度，つまり学習の効果を評価するためのものである。

評価は，教員にとっては学習計画やその内容・方法に関する改善を図るために用いる。また，生徒にとっては学習をふり返り，達成できた内容とそうでない内容を確認し，次の学習にいかすために用いる。したがって，教員と生徒の双方が評価項目と評価内容を共有していることが望ましいといえる。

②　評価の機能

評価の機能には診断的評価，形成的評価，総括的評価の3つがある。

診断的評価とは，学習前の生徒の状態を把握するためのものである。具体的な時期として，中学校や高等学校の新年度開始時，単元の学習開始時がある。

形成的評価とは，学習指導の効果の有無や程度を確認し，必要に応じて授業計画，授業方法や教材の変更などを行うためのものである。したがって，教育実践に直接的につながる評価である。単元の学習の途中で行われる。

総括的評価とは，一定程度の学習内容の到達度を把握するためのものである。学期末や単元の学習後に行われる。

③　評価の観点

評価は学習目標と一体であると考えることができる。そこで，ここでは学習指導要領（文部科学省，2018；2019）に示される目標に沿った評価の観点を示す。

これまでの評価は，「知識・理解」「技能」「思考・判断・表現」「関心・意欲・態度」という４つの観点で行われてきたが，中学校では2021年度，高等学校では2022年度以降は「知識・技能」「思考・判断・表現」「主体的に学習に取り組む態度」という３つの観点で行われる。「知識・技能」には，従来の「知識・理解」の理解に整理されてきた内容を含んでいる。「主体的に学習に取り組む態度」に関し，「学びに向かう力・人間性等」に示される「感性」や「思いやり」などは観点別学習状況の評価になじむものではないとの判断から，「主体的に学習に取り組む態度」と設定された。さらに，「主体的に学習に取り組む態度」には，学習状況を分析的に捉えることができる部分と，個人内評価（個人のよい点や可能性，進歩の状況評価）として捉える部分があることに留意する必要がある。３つの観点に基づく評価は，毎回の授業ですべてを見取るのではなく，単元などの一定の学習内容のまとまりのなかで設定し，計画的に実行していくことになる。

④　評価の方法

数学の学力は多面的な性質をもっているため，それぞれの特質に応じた評価方法が必要になる。

評価の方法には，選択回答式（客観テスト式），自由記述式（作問法，認知的葛藤法，概念マップ法，描画法），実技テスト，日常的な評価，パフォーマンス課題，ポートフォリオ評価法がある（図１－４）。

選択回答式（客観テスト式）は，選択肢のなかから記号，語句などを選び正誤の判定を行う。例えば，複数の単項式と多項式を提示し，単項式と多項式を選ぶ問題などがある。高等学校入試の問題や大学入学共通テストにも用いられているが，出題形式によっては評価の妥当性に課題がある。

自由記述式では，生徒の回答をあらかじめ設定した基準に基づき，出来・不出来を判定する。唯一絶対の正答は存在しないことから，出来・不出来の判断が困難になることがある。出題者が図りたいものが回答に現れるような出題形式にする必要がある。例えば，「一次関数と二次関数の違いを，式表示とグラ

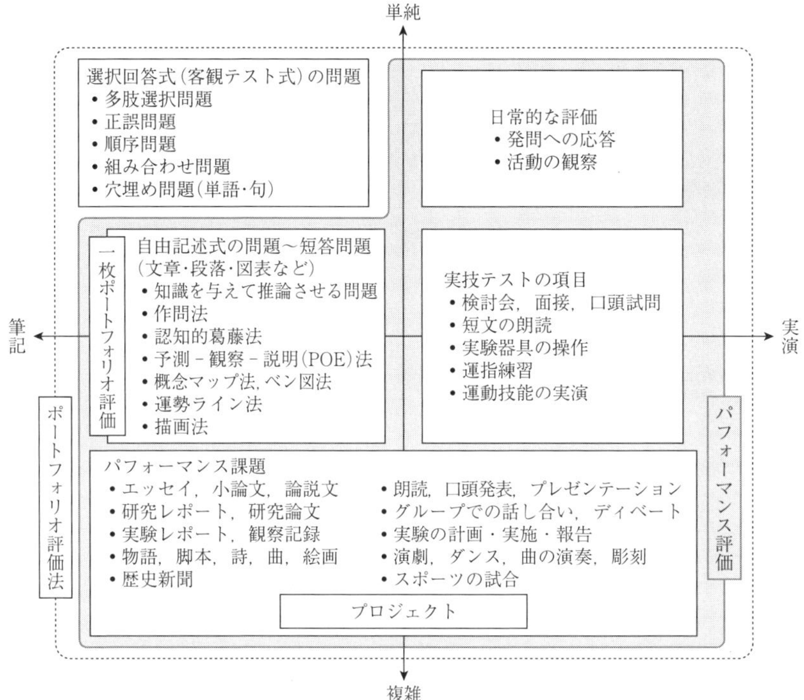

図1－4　学力の様々な側面を評価するための評価方法

出所：西岡他，2015，p. 123.

フの２つの面から説明せよ」などが考えられる。

作問法とは，児童生徒が問題を作成することで理解を探ろうとするものである。例えば，「二元連立一次方程式を作成し，解き方を解説せよ」などが考えられる。また，問題の条件を変えて解くような設定もある。

認知的葛藤法とは，児童生徒がもっている考えと異なるような事実を提示して児童生徒に矛盾状態（認知的葛藤）を引き起こし，それを解決するための説明を求めることを通して理解の程度をはかる評価である。例えば，「正三角形は二等辺三角形である，は成り立つのか説明せよ」などがある。

概念マップ法とは，物事や概念間の関係に対する理解を，キーワードの配置

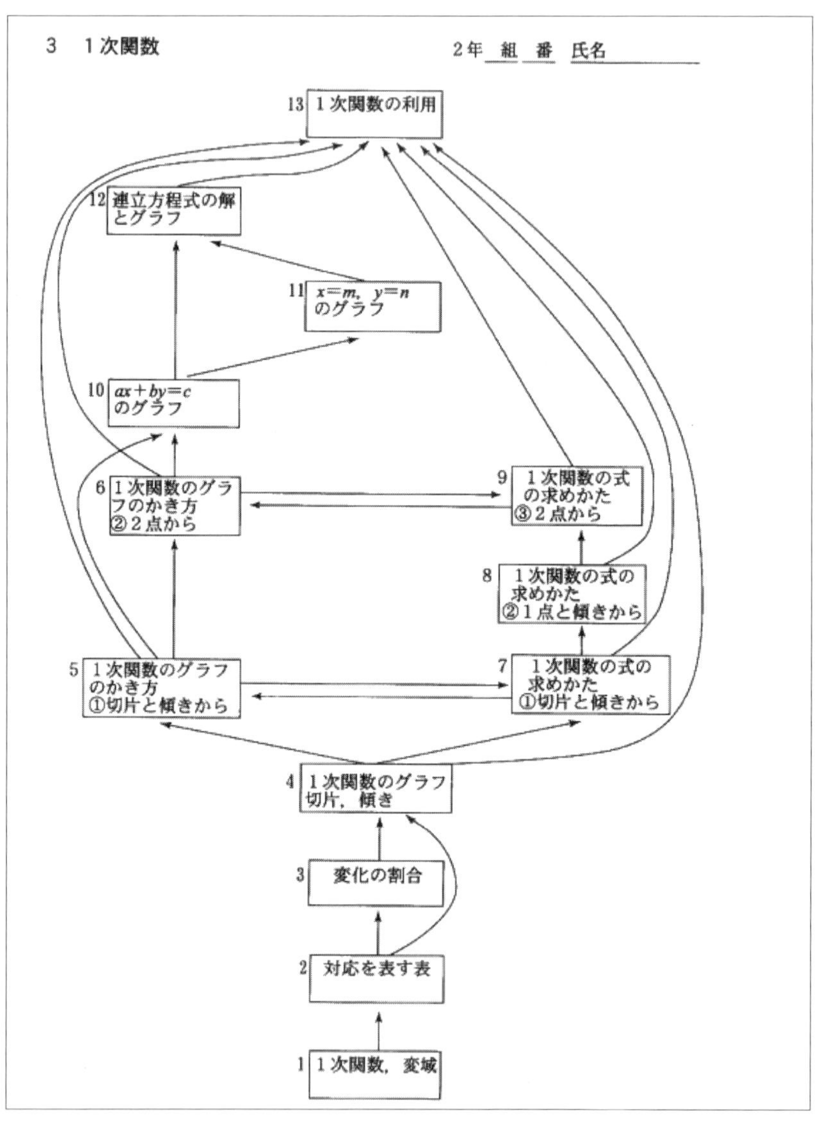

図1-5　学習構造チャートの例

出所：齋藤，2004，p. 21.

とそれらを線で結び付けることによって探る方法である。数学教育においては，齋藤（2004）が単元の学習過程で学習要素，例えば「一次関数，変域」「対応を表す表」「変化の割合」「一次関数のグラフ，切片，傾き」などを生徒に示し，それらの関係を前提関係，上下関係，因果関係，論理関係，包含関係，包摂関係，順序関係に基づき矢線で結び学習構造チャートを作成，また矢線を引く理由をかくという「山登り式学習法」を考案している（図1－5）。

実技テストは，特定の技能に関しその実演を求め評価を行う。小学校算数科では，九九の暗証などがあるが，中学校と高等学校数学科ではその実践例はほとんどないと考えられる。

日常的な評価は，特別な評価機会を設けるのではなく，日々の授業のなかで継続的に行う。教員による観察中心となることが多く生徒の発言やノートへの書き込みなどがある。このとき，例えば生徒の発言内容をチェックシートに整理しておき記録することが望ましい。最近では，1人1台のタブレット端末に記録された生徒のワークシートへの書き込みや記述などを確認することも可能である。

パフォーマンス課題とは，様々な知識やスキルを統合して使いこなすことを求めるような複雑な課題である。中学校数学科では，生徒の数学的活動への取組みを促し，思考力，判断力，表現力等の育成を図るため，各領域の内容を総合したり日常の事象や他教科等での学習に関連付けたりするなどして見いだした問題を解決する課題学習で用いる。高等学校数学科でも，数学的活動を一層重視し，生徒の主体的・対話的な学びを促し，数学のよさを認識できるようにするとともに，数学的に考える資質・能力を高めるよう課題学習で用いる。パフォーマンス課題には，ルーブリック（rublic）という評価基準表が用いられる。ルーブリックとは，学習活動における具体的な到達目標（観点）と，その達成水準・基準（尺度）を一覧表の形式に整理したものであり，この表を用いて学習への取組みや達成状況（パフォーマンス）を評価する。児童生徒の思考力・判断力・表現力等を評価することに向いているとされる。

中学校第2学年の「文字を用いた式」における課題例とルーブリックの例を

1) 「はじめの数」として，一桁の正の整数を一つ考えなさい。
2) 偶数を一つ考えなさい。
3) 1)と2)の数を加えなさい。
4) 2)と3)の数を加えなさい。
5) 3)と4)の数を加えなさい。
6) 4)と5)の数を加えなさい。
7) 6)の数の一の位を言ってください。
「はじめの数」を当てます。

図1-6　課題例

出所：西村，2011，p. 35.

3) $x+2y$
4) $2y+(x+2y)=x+4y$
5) $(x+2y)+(x+4y)=2x+6y$
6) $(x+4y)+(2x+6y)=3x+10y$
一の位の値を聞いて，3の段を考えれば x の値がわかる。

図1-7　文字を用いた生徒の考え

出所：西村，2011，p. 36.

	構造の把握	文字式の利用	理由の説明
c	ある特定の数の場合については，「はじめの数」を当てる方法を見いだしている。	ことばや1つの文字を用いて表している。	ある特定の数について，「はじめの数」を当てられることを説明している。
b	どの数ではじめても，「はじめの数」を当てる方法を見いだしている。	2つの文字を用いて表し，処理している。	どの数ではじめても，「はじめの数」を当てられることを示しているが，説明に飛躍がある。
a	どの数ではじめても，「はじめの数」を当てる方法を見いだし，それをもとに奇数の場合等も考えている。	2つの文字を用いて表し，処理し，その結果を解釈している。	どの数ではじめても，「はじめの数」を当てられることを，最初から最後まで筋道立てて説明している。

図1-8　ルーブリックの例

出所：西村，2011，p. 36.

示す。課題は，図1-6にあるように「はじめの数」を発見する方法を見いだすものである。図1-7は生徒が考えた例である。ルーブリックとして図1-8が考えられる。生徒の考え（図1-7）は，課題に示されたルールに基づく「構造の把握」はb，「文字式の利用」はa，「理由の説明」はbとなる。達成水準・基準であるルーブリックを生徒に提示することで，課題解決で要求されている項目と，生徒自身が各項目でどの程度達成できているかがわかり，今後の課題が特定しやすくなる。

ポートフォリオ評価法では，学習の成果物やその過程で生み出されるもの（教員からのコメントや動画ファイルなども含む）を系統的に蓄積してファイリング

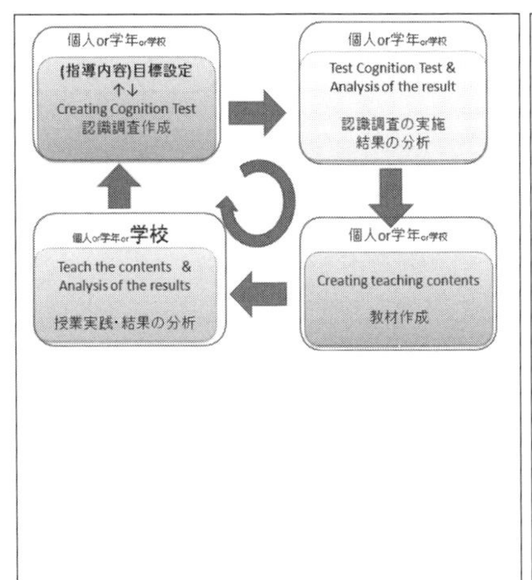

図1-9　RTMaC 授業研究の構造図

出所：渡邉，2013.

1 (1)　図のような直角三角形で，底辺 AC の長さは 1 である。∠BAC が 0° から 90° まで大きくなるとき(変化するとき)，AB，BC，$\frac{BC}{AC}$，$\frac{AC}{AB}$，$\frac{BC}{AB}$ の値はどのように変化するか。[　] に適切な説明をかけ。

説明の例．
増加する，減少する，変わらない(一定である)，増加・減少を繰り返す，など

∠BAC が 0° から 90° まで変化するとき，

(a) AB は [　　　　　　]

(b) BC は [　　　　　　]

(c) $\frac{BC}{AC}$ は [　　　　　　]

(d) $\frac{AC}{AB}$ は [　　　　　　]

(e) $\frac{BC}{AB}$ は [　　　　　　]

B　A　C　1

図1-10　数学Ⅰ「図形と計量」の認識調査の例

し，それをもって評価を行う。「総合的な学習の時間」の評価方法として普及したが，数学科の学習においても利用でき，提出物，ワークシート，小テストの答案，授業用ノート，自習用ノート，課題学習の発表を録画した動画など，多彩なものが対象となる。ポートフォリオを電子化し，ネットワーク上からアクセス可能な e ポートフォリオは，学習の促進と学習成果のエビデンスとしての活用が普及しつつある。

上のように評価方法は複数存在するので，それらを組み合わせて使い分けることになる。

⑤　RTMaC 授業研究

数学の体系と児童生徒の認識の発達に見合った学習指導を目指したものに，RTMaC 授業研究（渡邉，2013）がある。RTMaC とは，Right Teaching Mathematics Cycle のことで，まず「目標設定と認識調査作成」を行う，次に「認識調査の実施・結果の分析」から「教材作成」，さらに「授業実践・結果の分析」を行うサイクルである（図1-9）。このサイクルの特徴は，認識調査にある。認識調査とは，児童生徒の認識を明らかにするために行う調査であり，学

習の前後に実施する。学習前の認識調査は，これから学習する数学の内容に関する児童生徒の捉えを探ることが目標となる。認識調査の作成は，まず学習内容に対して，学習目標と学習内容を明確にする（内容の明確化），次に学習内容について，児童生徒の誤認識等を予想して学習内容の分類を行い（内容の分類化），問題を作成する（内容の問題化）という手順で進める。図1－10は，高等学校数学Ⅰの「図形と計量」学習前の認識調査の一部である。認識調査は診断的評価と捉えることができ，これから学習する内容を児童生徒に問い評価することで児童生徒の認識に適した教材研究，教育実践にいかすことになる。RTMaC 授業研究に関し，今後中学校と高等学校における実践的研究の積み重ねを期待したい。

注

(1) 日本では小学校は算数教育，中学校以降は数学教育と区別されることがあるが，研究分野としては通常２つを併せて数学教育と呼ぶ。

(2) 本書では，数学編の目標を示す。理数編については，参考文献を参照のこと。

(3) この節で示す研究は，中学校と高等学校に限定されたものではないため，小学校段階も含めて児童生徒と表記する。

引用・参考文献

中央教育審議会（2016）「幼稚園，小学校，中学校，高等学校及び特別支援学校の学習指導要領等の改善及び必要な方策等について（答申）」https://www.mext.go.jp/b_menu/shingi/chukyo/chukyo0/toushin/1380731.htm（2021年８月１日アクセス）.

高大接続システム改革会議（2016）「高大接続システム改革会議『最終報告』」https://www.mext.go.jp/component/b_menu/shingi/toushin/__icsFiles/afieldfile/2016/06/02/1369232_01_2.pdf（2021年８月１日アクセス）.

松本曜編（2003）『認知意味論』大修館書店.

文部科学省（2016）「算数・数学ワーキンググループにおける審議の取りまとめについて（報告）」https://www.mext.go.jp/b_menu/shingi/chukyo/chukyo3/073/sonota/1376993.htm（2021年８月１日アクセス）.

文部科学省（2018）「中学校学習指導要領（平成29年告示）解説　数学編」日本文教出版.

文部科学省（2019）「高等学校学習指導要領（平成30年告示）解説　数学編　理数編」学校図書.
中原忠男（1995）『算数・数学教育における構成的アプローチの研究』聖文新社.
日本数学教育学会編（2010）『数学教育学研究ハンドブック』東洋館出版社.
二澤善紀・渡邉伸樹・開猛雄（2016）「高等学校における RTMaC 授業研究を活かした『三角比』の教育に関する基礎的研究」『数学教育学会誌』第57巻，第１－２号，pp. 23-38.
二澤善紀（2020）『算数・数学における関数概念の認識発達を培う理論と実践』ミネルヴァ書房.
西村圭一（2011）「算数・数学科における『思考・判断・表現』の評価のあり方――中学校に焦点を当てて」『研究紀要　第41号特集「思考・判断・表現」の評価のあり方Ｉ』日本教材文化研究財団.
西岡加名恵・石井英真・田中耕治編著（2015）『新しい教育評価入門』有斐閣.
OECD 教育研究革新センター編，篠原真子・篠原康正・袰岩晶訳（2015）『メタ認知の教育学――生きる力を育む創造的数学力』明石書店.
齋藤昇（2004）『中学校数学科「山登り式学習法」入門――生徒の数学的能力を高める授業づくり』明治図書.
島田茂「日本大百科全書（ニッポニカ）」https://japanknowledge-com.blib-ezproxy.bukkyo-u.ac.jp/lib/display/?lid=1001000121780（2021年７月31日アクセス）.
渡邉伸樹（2013）「現職教員の再教育に効果的な研修に関する実践的研究　その１―校内研修における RTMaC 授業研究の取り組み」『数学教育学会誌』第53巻，第３－４号，pp. 121-129.
横地清（1962）「第２部　子どもの認識」「第３部　関数の系統」横地清・菊池乙夫『小・中学校における関数の現代化』明治図書光社，pp. 99-215.
横地清（1978）『算数・数学科教育』誠文堂新光社.
横地清（1980）『数学教育学序説　上』ぎょうせい.
横地清監修（1998）『21世紀への学校数学の展望』誠文堂新光社.
横地清（2001）「数学教育学の形成について」『数学教育学会誌』第42巻，第１－２号，pp. 17-25.
横地清他（2008）「横地清の語る数学教育」『横地清先生の数学教育学』数学教育学会.
Lakoff, G. & Johnson, M.（1980）*Metaphors We Live By*, University of Chicago Press（レイコフ，G.，ジョンソン M. 著，渡部昇一・楠瀬淳三・下谷和幸訳（1986）『レトリックと人生』大修館書店）.
Lakoff, G. & Nunez, R.（2001）*Where Mathematics Come From: How The Embodied*

Mind Brings Mathematics Into Being, Basic Books（レイコフ，G.，ヌーニェス，R. 著，植野義明・重光由加訳（2012）『数学の認知科学』丸善出版）.

Skemp, R. R.（1971）*The Psychology of Learning Mathematics*, Routledge（スケンプ，R. R. 著，藤永保・銀林浩訳（1973）『数学学習の心理学』新曜社）.

Skemp, R. R.（1976）"Relational Understanding and Instrumental Understanding", *Mathematics Teaching*, No. 77, pp. 20–26.

van Hiele, P. M.（1984）"A Child's Thought and Geometry", In D. Fuys, D. Geddes, & R. Tischler（Eds.）, *English Translation of Selected Writings of Dina van Hiele-Geldof and Pierre M. van Hiele*, Brooklyn College, pp. 243–252（Original document in French.（1959）"La pensee de l'enfant et la geometrie", Bulletin de l'Association des Professeurs de Mathematiques de l'Enseignment Public, pp.198–205）.

van Hiele, P. M.（1986）*Structure and Insight: A Theory of Mathematics Education*. Academic Press.

（二澤善紀）

第2章
代　数

本章で示す内容は，中学校，高等学校数学の基礎になる内容ばかりである。算数科で学習した0と正の整数，小数と分数に加え，中学校では負の数，無理数を導入し，さらに高等学校では実数から複素数へと数の拡張を行う。また文字式，基本的な文字を含む等式や不等式を中学校で学習し，高等学校ではさらに方程式を解くだけでなく，解の判別や解の個数を考察したり，初等関数を含む方程式，不等式を考察したりする。算数科や中学校数学科と大きく異なる内容であり，生徒が理解困難に陥りやすい内容である。逆に，この部分をスムーズに接続できると，高等学校数学科で扱う数学の世界の面白さに誘うことができる内容である。課題点や指導の指針を把握し，授業考案につなげたい。

● ● ● 学びのポイント ● ● ●

・小中高等学校の代数分野の学習内容を把握する。
・算数科との連続的な接続が必要な内容を多く含む分野であることを理解する。
・代数分野における課題と指導の指針を理解する。
・経験によらずに数を定義できることを知る。
・数学的に数を定義することの意義を理解する。
・整数の性質について十進法との関連を踏まえて理解する。
・無理数の構成例を知る。
・「代数学の基本定理」をはじめとする存在定理について認識を深める。
・ベクトル空間の考え方は数列の理解に生かせることを知る。
・大学で線形代数学や代数学を学ぶことが中等数学教育に役立つことを理解する。

小学校算数科，中学校数学科，高等学校数学科における代数分野の主な学習内容

高等学校	代数分野と関連する主な内容		
数学Ⅱ	⑵図形と方程式（注意）解析幾何の内容 直線と円 ・点と直線　　・円の方程式 軌跡と領域	数学C	⑵平面上の曲線と複素数平面 平面上の曲線 ・媒介変数による表示 ・極座標による表示 複素数平面 ・複素数平面　　・ド・モアブルの定理
	⑴いろいろな式 式 ・多項式の乗法・除法，分数式 　＊二項定理 等式と不等式の証明 高次方程式など ・複素数と二次方程式　　・高次方程式	数学B	数列 数列とその和 ・等差数列と等比数列 ・いろいろな数列 漸化式と数学的帰納法 ・漸化式と数列 ・数学的帰納法
数学Ⅰ	⑴数と式 数と集合 ・簡単な無理数の計算 ・式の展開と因数分解 ・一次不等式 ※二次不等式（単元「二次関数」で扱う）	数学A	⑶数学と人間の活動 数量や図形と人間の活動 遊びの中の数学 ＊ユークリッドの互除法，二進法

中学校	代数分野（「A 数と式」領域）と関連する主な内容
第３学年	平方根 ・平方根の必要性と意味　　・平方根を含む式の計算 ・平方根を用いて表すこと 式の展開と因数分解 ・単項式と多項式の乗法と除法の計算　　・簡単な式の展開や因数分解 二次方程式 ・二次方程式の必要性と意味及びその解の意味 ・因数分解や平方完成して二次方程式を解くこと ・解の公式を用いて二次方程式を解くこと
第２学年	文字を用いた式の四則演算 ・簡単な整式の加減及び単項式の乗除の計算 ・文字を用いた式で表したり読み取ったりすること ・文字を用いた式で捉え説明すること ・目的に応じた式変形 連立二元一次方程式 ・二元一次方程式の必要性と意味及びその解の意味 ・連立方程式とその解の意味　　・連立方程式を解くこと
第１学年	正の数・負の数 ・正の数と負の数の必要性と意味　　・正の数と負の数の四則計算 ・正の数と負の数を用いて表すこと 文字を用いた式 ・文字を用いることの必要性と意味　　・乗法と除法の表し方 ・一次式の加法と減法の計算　　・文字を用いた式に表すこと 一元一次方程式 ・方程式の必要性と意味及びその解の意味 ・一元一次方程式を解くこと

小学校	代数分野（「A 数と計算」領域）につながる主な内容 （内容が豊富なため，特徴的な内容のみ抜粋した）
第６学年	文字を用いた式
第５学年	□，△を用いた式 ※「B 図形」領域で，円周率は3.14として扱う。

注：小学校では，０，１，２，３，…を小数や分数と区別するために，整数という用語を用いる。－１，－２，－３，…は中学校で学習する。

1　代数分野の内容構成

小学校算数科は「Ａ数と計算」領域，中学校数学科で「Ａ数と式」領域，高等学校で各科目の内容に基づき，小学校から高等学校までの代数分野の主な学習内容は前頁の通りである。以下に，その概要を示す。

（1）数の体系

①　小学校での扱い

第１学年で自然数１，２，３，…を集合数（基数）と順序数の観点から学習を始める。また小学校では，０を加えて０，１，２，３，…を整数と呼んでいる。次に，学年進行に応じて分数と小数を導入し，それらの意味と四則演算等を学習する。円周率は3.14159…であるが3.14を使うとされており，無理数には詳しく言及していない。

②　中学校での扱い

第１学年で負の数，第３学年で平方根を導入し，数は有理数と無理数に分類できること，そして有理数は分数の形で表され，有限小数と循環小数に分類できること，また循環しない無限小数として無理数を扱う（図２-１）。

③　高等学校での扱い

数学Ⅰでは，中学校までに取り扱ってきた数を実数として数の体系を整理している（図２-２）。数学Ⅱでは，数を複素数まで拡張し（図２-３），複素数の範囲で主に二次方程式や

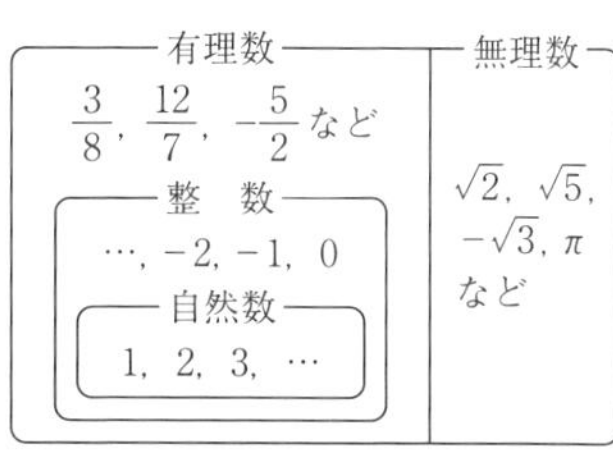

図２-１　数の体系（中学校）

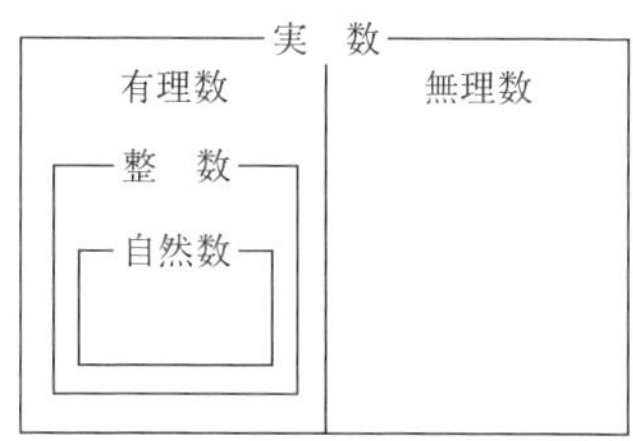

図２-２　数の体系（数学Ⅰ）

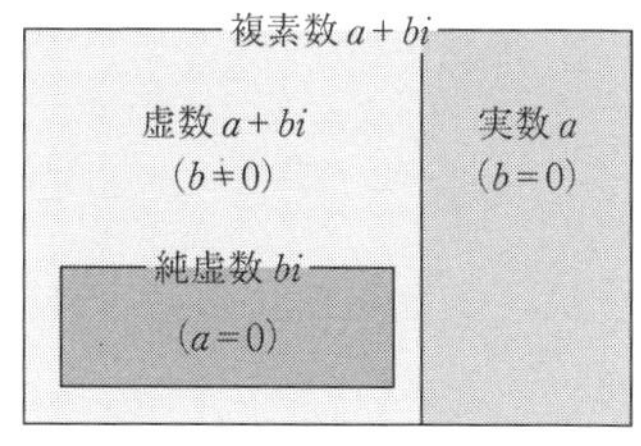

図２-３　数の体系（数学Ⅱ）

高次方程式の解を求める。また数学Cでは，複素数を複素数平面上で考え，その有用性を考察する。

（2）式：主に方程式，不等式

①　小学校での扱い

第3学年で数量の関係を表す式として「□を用いた式」があり，第4学年で数量の関係を文字としての役割をもつ△と○などを用いて簡潔かつ一般的に表現する，式の意味を読み取る等がある。第5学年で，さらに2つの数量の対応と変わり方（変化）に着目し，数量の関係を式に表す，第6学年では，2つの数量の対応や変わり方に着目し，数量の関係を式で表すときに文字を用いる。

②　中学校での扱い

中学校数学科第1学年では，小学校で学習した数量の関係を表す式の内容を引き継ぎ，いろいろな値や特定の値をとる記号として文字を用い，場面に応じて数量や数量間の関係を文字式に表す，文字式の意味を読み取るなどがある。また，等式の性質を利用して一元一次方程式も考察する。

第2学年では，単項式，多項式等の文字を用いた式の四則演算，第1学年で学習した一元一次方程式を拡張して連立二元一次方程式を考察する。

第3学年では，式の展開と二次式の因数分解を扱い，文字を用いた式で数量及び数量の関係を表す。また，これまでより多くの場面で問題の解決に方程式を活用できるように二次方程式がある。

③　高等学校での扱い

数学Ⅰでは，文字式を目的に応じて変形できるように式の展開と因数分解の扱いを拡張する。また，一次不等式の解き方を考察し，一次不等式を問題解決の場面で利用する。続いて，二次方程式，二次不等式について二次関数と関連させて扱う。

数学Ⅱでは，「いろいろな式」で高次方程式，複素数と二次方程式，二項定理，多項式の乗法・除法，分数式を，「図形と方程式」で軌跡と領域，円の方程式，点と直線を扱う。また，「指数関数・対数関数」で累乗根を扱い，無理数の理解を深める。

二次方程式に関し，解を実数から複素数の範囲に拡張して解の種類の判別を行う，二次関数のグラフと二次方程式の解との関係を統合的に扱う。また，高次方程式の学習を通して方程式への理解を深める。因数定理は高次方程式を解く際に有効であること，二項定理を通して式の展開についての理解を深める。

「図形と方程式」では座標を用いて直線，円などの基本的な平面図形の性質や関係を，方程式，不等式で表すなど解析幾何的に扱う。

数学Ａでは，「数学と人間の活動」で10進数以外に n 進数を，整数の約数や倍数，数学Ｂでは，「数列」で等差数列，等比数列，その他のいろいろな数列などの一般項や和を求めたり，漸化式について理解し一般項を求めたりする。また，証明の１つの方法としての数学的帰納法を扱う。さらに，ユークリッドの互除法，一次不定方程式の整数解を求める。

数学Ｃでは，「(2)平面上の曲線と複素数平面」で二次曲線の方程式を幾何学的な定義に基づき導く。また，媒介変数を用いた式や極方程式で曲線を表す式を用いて，事象の考察に活用する。さらに，複素数を複素数平面上に表し，複素数の演算の幾何学的な意味とド・モアブルの定理を扱う。

2　代数分野の学習指導（先行研究における課題と指導の指針）

本節では，数学において基礎となる数と式の課題及び指導指針について述べる。中学校における学習指導が中心となっているが，理解困難に陥っている高校生にも有効な観点であるといえる。

（1）先行研究における課題：数

正の数・負の数を指導する意義は，温度に代表されるように生活における現実的な必要性と，数学的には数を減法に閉じた集合へ拡張するという意義がある。

負の数の読み取りに関して，数直線上に示された負の整数を読み取ることは一定程度できている（全国学力・学習状況調査，2018 [1]（1））。しかし2×（−5²）の計算や日常生活に結び付けて，正の数・負の数を理解していることをみる問題では正答率がそれぞれ69.3％，54.8％と十分ではなく課題があるといえる（全国学力・学習状況調査，2018）。同様のことは，これ以前の全国学力・学習状況調査でもみられる。

先行研究においても負の数は生徒にとって理解が困難で，その例として，（−1）−（−1）＝0，（負の数）×（負の数）＝（正の数）等があげられている（Hefendehl-Hebeker，1991；溝口，1996）。

（2）先行研究における課題：文字式

文字式は数学の基盤ともいうべきもので，問題解決の場面において，数量の関係を表現する，形式的に処理する，式の意味を読み取るなど問題解決の過程における思考の中心的な役割を果たす。また，考えたことを表現したり，他者に考えたことを伝える際に有効である。

数量の関係を表現することについて，2017年の全国学力・学習状況調査の問題２（１）の正答率は53.1％にとどまる。2016年，2015年，2013年の同様の設問でも正答率は低い。

文字式を形式的に処理することについて，全国学力・学習状況調査（2018）において $6a^2b \div 3a$ は正答率91.3％と高いが，目的に応じて変形することに関する設問（2018）は，正答率49.2％程度で2017年でも同様である。

文字式の意味を読み取る，式を多様にみることについて，2019年の９（１）と（３）では正答率はそれぞれ58.3％，70.2％にとどまる。

さらに，PISA2003，TIMSS2003の調査問題の分析からもこれらの３つの力の育成と様々な場面で３つの力を活用する場面の必要性が示されている（鈴木，2006）。

（3）指導の指針

① 数

主に正の数・負の数について述べる。小学校算数科では，整数，小数，分数など0以上の有理数の範囲に限定して四則計算を取り扱っているが，中学校数学科では，負の数と無理数を導入して数の範囲を拡張し，算数科で学習した数の計算の方法と関連付けて，新しく導入された数の四則計算の方法を考察し表現することになる。

負の数は数直線を用いることで，負の数という概念が可視化され，理解しやすくなると考えられる。したがって，負の数の学習指導において，数直線を用いることは有効な手段となる。小学校算数科で扱う「+，−」は演算を表す記号として用いられているが，中学校数学科以降は演算と符号を表すことになる。例えば，5−8は(+5)+(−8)=(+5)−(+8)のように1つの式でも加法と減法の2つの考え方ができるようになるが，逆にこのことが一部の生徒には理解困難を招くことになる。負の数を含む計算は，その導入時に2つの説明がある。1つは，数直線上で0を基点として演算を考える方法であり，符号は進む方向を表している。例えば加法(−2)+(+4)の場合，原点から負の向きに−2進み，そこから正の向きに+4進むという考え方である。他方は，数直線上で被減数を基点として考える方法である。(−2)+(+4)であれば，−2より，4大きい数を求めるという考え方である。また，「−4小さいは4大きい」「−6大きいは6小さい」という考え方も示される。以上のように複数の考え方があり，生徒にとって理解しやすい考え方は1つとは限らないため，これまでの研究の知見や複数の教科書を参考にして，生徒の認知に応じた学習指導を行う必要がある。負の数の有用性は，ある場面における目標値からの増減を正の数と負の数を用いて表すことにより，目標の達成状況などを明確に示したり把握したりすることや，仮平均を定めて処理することにより，効率よく平均を求められるなどがある。

正の数・負の数の学習は，現在中学校第1学年から始める。正の数・負の数の学習について，小田・渡邉（2012）はドイツ（バイエルン州，Gymnasium），アメリカ合衆国（ニューヨーク州）が小学校高学年から正の数・負の数の学習を始めていることから，開発した教材を用いて小学校第５，６学年を対象に正の数・負の数に関する教育実践を行い，正の数・負の数の計算の意味の理解に効果があることを実証している。このような先行研究も参考にしたい。

②　文字式

前節で示したように，算数科で□，○や△をプレースフォルダーとして使用し，数量の関係を式で表している。小学校第６学年で x を用いて数量関係を文字式で表す。文字には，変数，未知数，定数の３つの意味があり，それぞれの場面で使い分ける。特に中学校第１学年では，単項式，多項式（用語は中学校第２学年で定義される）を扱う場面では変数として文字を用いる場面がみられるが，一次方程式を扱う場面で x は未知数として用いる。ここに，学習者の理解困難を引き起こす原因があることに留意して，それぞれの文字の役割を説明する必要がある。

数学における式は，等号と不等号のような関係記号を含まないものと，関係記号を含むものに大別できる（ストリャール，1976）。ストリャールは関係記号を含まない式を「フレーズ型の式」，関係記号を含む式を「センテンス型の式」と呼び，それぞれをさらに変数を含むか含まないかで２つに分類している。関係記号のうち，特に等号について算数科では「２+３= ５（２たす３は５）」などの式の場合，左辺は計算の方法を示しており，右辺はその答えを示すことが多いため，等号記号「＝」は左辺ならば右辺という方向付けられたものであるという誤概念をもつ生徒がいることに留意したい。中学校以降は等式のなかに文字を含み，等式の性質「A＝BならばA＋C＝B＋C，A＝BならばA－C＝B－C，A＝BならばA×C＝B×C，A＝BならばA÷C＝B÷C（C≠０)」を用いて式を変形することになる。この場合，等号記号「＝」は左辺と右辺が常に等しいことを示しているので，誤概念をもっている生徒はこの形式的な変形の過程で混乱することがある。教科書では，天秤などの具体物をイメージさせて等式の性質を説明しているので，等号の意味にも留意させたい。

文字式を形式的に処理することに関連して，$2a+5b$ を $7ab$，$3a-a$ を３，３

$-3a$ を a，$2a+3a$ を $5a^2$ とする誤りがみられる。その要因として，算数科では式が答えになる学習経験が少ないこと，そして1つの数が答えになることから，式を1つの単項式のようなかたまりにしようとすることが考えられる。また，$3a$ のように積記号「×」が省略されている場合に $3a$ を3と a，と読み取ってしまう。さらに，$2a$ は $2\times a$ で，$3a$ は $3\times a$ であるから，省略されたかけ算に基づいて2つの a を a^2 としてしまう，ただし，a^2 は a の累乗ではなく，単に2つの a を表すというつもりで使っている（Booth, 1988；杜，1991）。これらの誤りは文字式を学習し始めた時期にみられるものであるが，簡単に是正できるとはかぎらないことから，時間をかけて形式的な処理の方法を習熟させたい。

文字式の意味を読み取る，文字式を多様にみることに関連することとして，文字式の二面性がある。これは構造的な見方と操作的な見方である（Sfard, 1991）。例えば，文字式 $2n-1, (n\in\mathbb{N})$ について自然数 n を2倍して1を減ずると計算の操作とみる見方が操作的な見方で，$2n-1$ を1つの数とみなして奇数とみる見方が構造的な見方である。構造的な見方は，連続する3つの奇数の和は，中央の奇数の3倍であることを導く際に，$(2n+1)+(2n+3)+(2n+5)$ を $3(2n+3)$ に変形することが必要となり，このような場面で有効に働く。操作的な見方は，概念形成の最初の段階で発達するとされており，構造的な見方は操作的な見方から進化すると考えられる。また，構造的な見方は問題解決の過程を支援する役割を果たすものであるが，式がプロセスを表すと同時に答えを表すということを認めることができずに，操作的な見方から構造的な見方への移行の際に認知的なギャップが起こるとされている。先に示した全国学力・学習状況調査（2018）等の結果が示す通りである。したがって，問題解決の場面において文字式を構造的にみる学習が必要になるが，その習熟度は生徒によって程度の差が出ることが予想されるため，継続的な学習指導が必要である。

③　方程式

$3(2x-1)=6x-3$, $2x-1=7$, $(x+1)^3=8$, …のように2つの式を等号「=」で結び付けたものを等式という。$3(2x-1)=6x-3$ のように等式のなかの変数

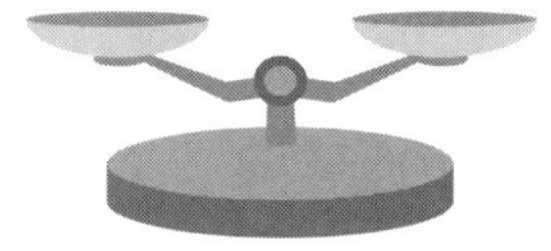

図2-4　方程式は天秤である，というメタファー

が定義域のすべての値に対して成り立つ式を恒等式，$2x-1=7$，$(x+1)^3=8$ のように x が特定の値のときのみに成り立つ式を方程式という。方程式が成り立つような値を解という。方程式の解を求めることを，方程式を解くといい，このとき方程式の解の存在性と，計算で解を求めることの可否が検討されることになるが，中学校で扱う一次方程式と二次方程式は解が存在することは前提とされている。一次方程式，二次方程式などの代数方程式に関し高等学校においては解の存在範囲を実数で考えることで解が存在しない（解なし）場合を扱うが，複素数の範囲では解の存在は前提とされている。方程式は，例えば $2x-1=7$ の x に値を代入することで真偽が定まる命題になるという見方が重要となる。

方程式の解を求めることについて，一次方程式の解の求め方を考察する際に，天秤の模型やイラストを使用して説明がなされる（図2-4）。中学校第1学年の生徒の認知を考慮すると，数学的・論理的な説明だけでは十分に理解できない可能性があることから，方程式は天秤である，というメタファーを用いており，現実事象を利用して数学の世界における性質を理解できるように配慮されたものである。二次方程式を学習することは，一次方程式と対比することで一次方程式のさらなる理解につながること，無理数と最終的に複素数を導くなど数領域の拡張につながること等に留意しながら，二次方程式の解の公式を覚え適用することだけに偏らないようにしたい。

高等学校では，二次方程式の解の判別，解と係数の関係，二次関数との関係など方程式の理論について扱うという見通しをもっておきたい。さらに三次方程式，四次方程式，分数式や指数・対数関数，三角関数などを含む方程式にも学習は及ぶが，それらの関数との関係を含めて各方程式の特徴を深めることになる。[(1)]

④　不等式

数や式を不等号「$>$，$<$，$\geqq$，$\leqq$」で結んだ式を不等式という。例えば，$1<2$，$3x>2x+3$，$x^2-x+2>2x+6$ などがある。不等式を成り立たせる変数の値を不等式の解といい，不等式の解を求めることを，不等式を解くという。不等式は小学校第2学年で，例えば $347>289$ と表し，数の大小を考察している。また，生徒の日常生活でも数量の大小比較をする場面は多くあり，不等式を考察することの素地は一定程度できていると考えられる。数学の世界でも，x の方程式の学習時に左辺や右辺の x に値を代入することで大小関係を考え，等号が成立する場合を学習するが，この時点でも暗黙のうちに不等式を使用しているといえる。

不等式の解について，例えば方程式の解 $x=a$ と不等式の解 $x>a$ は全く異なり，前者は1つの解 a を意味することに対して，後者は a より大きいすべての値は解であることを十分に理解させたい。不等式の解を表す際に，$2<x>6$ というような不等号の使い方の誤りがみられることにも留意が必要である。また，一次不等式 $x-1\geqq 0$ は $x-1>0$ かつ $x-1=0$ の意味で，したがって $x\geqq 1$ は $x>1$ かつ $x=1$ であることの理解が十分でないとの指摘がある（岡森，1983）ことにも留意したい。

高等学校では，二次不等式をはじめ，三角関数，指数・対数関数を含む不等式が考察の対象となる。これらの不等式は代数的な解法ではなく関数との関連を重視して統合的に考察することになる。また，三角不等式 $|x+y|\leqq|x|+|y|$ $(x, y\in\mathbb{R})$ は任意の複素数，ベクトルに対しても成り立つ。このように系統的・統一的に扱うことができる不等式があるため，それぞれの不等式を系統的・統一的にみることができることを伝えたい。

（4）発展的教材

中学校の教材として，例えば魔方陣が挙げられる。これについては紙面の関係で割愛する。

高等学校の教材例を整数問題（合同式）から取り上げる。

整数を昇順または降順に並べてみると，様々な周期をもっていることがわかる。例えば，$n\in\mathbb{N}$ で割ると余りは 0，1，2，…，$n-1$ となり，n の周期でくり返される。現実世界の事象では，曜日が日，月，火，水，木，金，土と

７の周期でくり返される。この周期は日数を７で割ったときの余りに着目しているといえる。このような性質に着目した数学概念の１つとして合同式がある。

合同式とは「$a \equiv b \pmod{n}$」で表すことができる式で，整数 a, b に対して，$a-b$ が自然数 n の倍数であることを意味している。このとき，a は b を法として合同である，という。

例えば「今日は2022年４月22日の月曜日です。20年後（7305日後）の今日は何曜日でしょうか」という例題を考えるとき，余りに着目して求めることから，剰余の有用性の理解につながる。さらに，3^{10}日後，3^{20}日後のように日数が増えたり，あるいは数学的な興味から3^{100}日後のような極端に多い日数で考えようとすると割り算で求めることは現実的でなくなり，合同式を用いることのよさが現れる。この課題を解決するために合同式の性質を導くことも合同式の理解につながること，整数の性質の理解を深めることにつながること，大きな数に対して合同式を用いると非常に簡潔な考えで解くことができることから数学のよさの理解につながると考えられる。

合同式に関連して，インターネットにおける通信で情報を保護するためのRSA 暗号の仕組みの教材化も考えられる。

3　代数学分野における数学的背景

（1）数について

①　自然数

大学に進学して数学を学び始めると，定義と公理から出発し証明を重ねて理論を組み立てるという数学の学問的性質に触れることになる。数学における定義とは，数学の概念に厳密で曖昧なところのない意味を与えるものであり，公理とは論理の出発点のために認めるべき事柄で命題風に述べられるものである。現実の世界をモデルにし反映し直感を大切にしつつも，それとは離れて理論を構築（あるいは再構築）することで，基礎学問としての位置付けに加え，客観性と厳密性が担保される。このように考えると，算数・数学教育では，主に生活の場面から経験に基づいて数を導入することは行うものの，そもそも数や計算の意味を数学的に考えてこなかったことに気付くであろう。また大学で微分積分学を学んだときにも実数の連続性と関連して，実数についてはある程度学んだとしても，整数や有理数といった数については既知としているようである。そこで，集合から始めて数をどのように構成するかをみてみよう。まずはペアノの公理を通して，自然数の集合をどのように定義していくのかをみていくことにする。

定義 1（ペアノの公理）．次の5つの条件P1からP5を満たす集合 $\mathbb{N}$ を自然数の集合，$\mathbb{N}$ の元を自然数と呼ぶ。

P1： $\mathbb{N}$ には 0 と表される特別な元が存在する。

P2： $\mathbb{N}$ に属するどのような元 x に対しても，x^+ と表される $\mathbb{N}$ の元がただ1つ存在する。

P3： $x, y \in \mathbb{N}$ に対して，$x^+ = y^+$ が成り立てば，$x = y$ である。

P4： $x^+ = 0$ となる x は $\mathbb{N}$ に存在しない。

P5： $\mathbb{N}$ の部分集合 A について，「$0 \in A$」かつ「$x \in A$ ならば $x^+ \in A$」が成り立つならば，$A = \mathbb{N}$ である。

中等数学とは異なり，**P1**では0を自然数としている点に注意しよう。後ほどわかることだが，これにより加法単位元が存在していることになる。**P2** は x に対して x^+ を対応させていることになるので，$^+$ が $\mathbb{N}$ からそれ自身への写像だということになり，**P3**によると，それが一対一写像なのである。そして $^+$ と書かれていることと**P4**により，$^+$ は「x の次の数」を対応させる操作だとも予想がつくだろう。**P5**は「数学的帰納法の原理」といわれるものである。A を何かの命題 $a(x)$ の真理集合だと考えると納得がいく。このような公理的な方法に不慣れな読者は，0を端点にして一列に並んだ自然数の集合を思い浮かべて，上の5つの条件を満たしていることを確認すればよい。すでに予想されていることと思うが，$0^+ = 1,\ 1^+ = 2,\ 2^+ = 3 \cdots$ である。今後，通常の自然数の書き方 0，1，2，3，4，…を用いることにする。

② 自然数の演算と大小

さて，このように定義した $\mathbb{N}$ であるが，これは単に集合であって，ここには私たちが幼少より学んできた，数の大小と計算に関することが一切記載されていない。それらはここから定義するのである。逐一みていくと膨大になるので，要点だけを伝えた上でその意義をみることにしたい。まず加法を次のように帰納的に定義する。

定義 2（加法の定義）．(1)任意の $n \in \mathbb{N}$ に対して，$n+0=n$ と定める。
(2)$m, n \in \mathbb{N}$ に対して，$m+n$ が定義されているとき，$m+n^+=(m+n)^+$ と定める。

(1)では 0 は加法の右単位元であると宣言している。例えば(2)は，$4+2=6$ がすでにわかっていたら，$4+3=4+2^+=(4+2)^+=6^+=7$ といった具合である。平たくいうと，被加数を固定して，加数が 1 増えると和が 1 増えるという方法である。

小学校での自然数の理解とは逆に，加法を定義した後で，それを元にして大小関係（順序関係）を定義する。すなわち，2 つの自然数 m, n に対して，$m+x=n$ を満たす自然数 x が存在するとき，$m \leqq n$ と定義し，特に $x \neq 0$ であるときに，$m<n$ と定義するのである。

なお，乗法も加法と同様に帰納的に定義する。すなわち，n と 0 の積を $n \cdot 0=0$ と定め，$m, n \in \mathbb{N}$ に対して，$m \cdot n$ が定義されているとき，$m \cdot n^+=m \cdot n+m$ と定めるのである。このようにして加法と乗法および大小を定義すると，定義に基づいて，交換法則，結合法則，分配法則といった計算法則や，$m \leqq n$ ならば $m+k \leqq n+k$ といった計算と大小に関する性質も証明される。

算数科では物の個数から数を導入する。数が個数とひも付いているなら，個数としては現れないような巨大な数の存在は疑わしくなる。しかし，現実世界からはなれて，上記のように自然数やその大小を定めることで，いくらでも巨大な自然数の存在も保障されるのである。

③　整数と有理数の構成

自然数の集合が定義できたら，続いて整数の集合 $\mathbb{N}$ を元に定義する。この時点で既知の数の集合は $\mathbb{N}$ のみであるからだ。$\mathbb{N}\times\mathbb{N}$ という直積集合を考え，$(m, n), (m', n')\in\mathbb{N}\times\mathbb{N}$ に対して関係 $(m, n)\sim(m', n')$ を $m+n'=n+m'$ で定義すると，「~」が同値関係となる。整数全体の集合 $\mathbb{Z}$ をこの同値関係による $\mathbb{N}\times\mathbb{N}$ の商集合として定義する。このとき，自然数 n は $(n, 0)$ を代表元とする同値類として $\mathbb{Z}$ に属すると解釈され，$\mathbb{Z}$ は $\mathbb{N}$ を含む形で拡張されていることになる。その上で整数の間の加法と乗法を定義し，整数 x の加法逆元 $-x$ を定義した上で，減法を $x-y=x+(-y)$ で定義する。また，整数の大小も定義され，交換法則，結合法則，分配法則といった計算法則や，計算と大小に関する性質も証明されるといった運びとなる。

さてここでも，数の計算と大小は整数全体の集合を定義してからの話になっていることに注意されたい。中学校で最初に負の数を学ぶときには，温度や基準水位などとしての0を考え，それより小さい（低い）値の存在から負の数を導入する。すなわち，大小関係が先にある。それに対して，数学的に構成していこうとするなら，上記のように集合を先に構成するのである。日常のものを元に負の数を導入することは教育的には優れた動機付けであるが，数学的には疑問符がついてしまう。例えば，温度は絶対零度より下がらないので，負の数が -273 で止まってしまわないかと気になるのである。

続いての有理数の構成は，整数の集合 $\mathbb{Z}$ を元に行う。$\{(x, y)\in\mathbb{Z}\times\mathbb{Z}\mid y\neq 0\}$ という集合を考え，ここの2つの元 $(x, y), (x', y')$ に対して関係 $(x, y)\sim(x', y')$ を $xy'=x'y$ で定義すると，「~」が同値関係となる。有理数全体の集合 $\mathbb{Q}$ をこの同値関係による商集合として定義するのである。分数に分母と分子があることから容易に想像できると思うが，(x, y) を含む同値類が x/y に他ならない。上の同値関係は，$x/y=x'/y'$ が $xy'=x'y$ と同値であることからも理解できよう。したがって，整数 n を表す同値類が $n/1$ であることも想像できるであろう。こうして定義された $\mathbb{Q}$ には四則演算が定義される。そして異なる2つ

の $\mathbb{Q}$ の元の間には大小関係も定義され，四則演算と数の大小関係に関する性質も証明される。それは，高等学校数学でおなじみの「$a<b$ ならば $a+c<b+c$」や「$a<b$ かつ $c<0$ ならば $ac>bc$」といった諸々の性質である。こうして $\mathbb{Q}$ は順序体というものの1つになる。一般に順序体は稠密性をもつ。したがって，0と1の間には無数に有理数が存在することになる。

小学校で学ぶ整数以外の数といえば，小数や分数である。現在の小学校第2学年で学ぶ等分分数を別物と考えると，小数や分数は1より小さい大きさの表し方として登場する。そう考えると，上のような有理数の定義から出発して，0と1の間にも有理数が存在することを示していくのは，教育の方向性とは逆である。

④　実数の構成

実数全体の集合 $\mathbb{R}$ を定義するには，有理数全体の集合 $\mathbb{Q}$ を含むように定義しなければならない。今度は $\mathbb{Q}$ を含む大きな集合を考えて，そのなかで特別な性質をもつものを $\mathbb{R}$ として定義する。そこで役に立つのが順序体の考え方である。先に，$\mathbb{Q}$ が順序体であることを述べた。実は順序体といわれるものには様々なものがあるが，どのような順序体も $\mathbb{Q}$ と同型な部分順序体をもつのである。平たくいうと，どのような順序体も $\mathbb{Q}$ を含んでいるのである。この方向から実数全体の集合 $\mathbb{R}$ を定義すると次のようになる。順序体 F のなかの「上に有界な単調増加列」が F 内の値に収束する順序体が $\mathbb{R}$ である。$\mathbb{R}$ ははじめから順序体としているので，$\mathbb{Q}$ を含む形で定義されている。なお実数の構成については他にも，デデキンドの切断による定義などを大学に進学してから学ぶ。もちろん，そういったものを順序体に仮定して $\mathbb{R}$ を構成してもよい。

このような方法は教育的な道筋，すなわち数直線を小学校で導入して，その上に単位正方形の対角線の長さ（$\sqrt{2}$）や，循環しない小数として無理数をみつけ，実数に至る道筋とは異なる。

以上，実数までを数学的に構成する方法の概略をたどってきた。集合をもとにした構成を目にして，日常的な感覚とは異なると感じられるかもしれない。

しかし，だからこそ数や計算にまつわる意味を拡張して定義ができていることにも着目すべきである。だから，2乗して-1になる数があるのか，などということを考えることも必要なく，これは$i^2=-1$なる記号iを用いて$x+iy$なる形式を考え，複素数も定義できるのである。

⑤　整数の性質とn進法

数についての学習というと，上記のような数の拡張についての学習以外に，数の性質に関する学習も外せない。中学校数学科での「文字式の利用」として，倍数の判定が取り上げられることがある。例えば自然数Nが与えられたとき，各位の数の和が3の倍数であれば，Nは3の倍数であるということが文字式を用いて証明される。9にも同様の倍数判定が可能である。ところが，すべての位の数を加えて判定するという方法は，3と9以外の2以上の整数に対しては通用しない。ではこれを3や9という整数の性質の1つと考えてよいであろうか。

結論からいうと，いいともいえないし，よくないともいえない。証明を追えばわかるように，これは3や9が$10-1$で割り切れることを本質的に用いている。となると，やはり3や9の性質に思えるが，それは10が「○○○○○○○○○○」を表している場合の話である。例えば，10が「○○○○○」を表す数であれば，話は別である。10が「$\underbrace{○○\cdots○○}_{n\text{個}}$」を表し，またそれが$n$個集まって100となり…という仕組みで数を表すのがn進法である。この枠組みで捉えると，次のようになる。

命題1．nを3以上の整数，dを$n-1$の$d>1$を満たす約数とする。n進法で表された自然数aがdで割り切れるための必要十分条件はaのすべての位の和がdで割り切れることである。

例えば，231という数を八進法で表すと，$347_{(8)}$となるが，$3+4+7$が7で割り切れるため，$347_{(8)}$すなわち，231は7の倍数である。このように考えると，私たちがよく知る3と9の倍数判定法は，十進法で数を表記したことによる性質であり，同様の性質は十進法以外で数を表記することで，どのような数にも起こりうることであることがわかる。

もちろん，整数の性質として教材に上るものがすべて十進法に依存している訳ではない。例えば「連続する３つの整数の和は３で割り切れる」や「自然数 n に対して，n^5-n は５で割り切れる」といったものは，３や５をその進法で表す必要はあるものの，十進法以外で数を表記したときにも成立する。

⑥　小数と n 進法

このように数の性質に思えることが，実は十進法による性質であることが他にもある。数の分類を学習していくと，小数が有限小数と無限小数に分類され，無限小数が循環する小数と循環しない小数に分かれることを学ぶ。

例えば，$1\div0.3$ はどこまで割り進んでも，割り切れない計算である。3.333…となってしまい，有限小数で表せない。しかし，これも有限小数で表せないのは十進法に基づいているからである。例えば，三進法で表せば $10.1_{(3)}$ となるし，九進法で表せば $3.3_{(9)}$ となり，有限小数で表示できる。

高等学校で，分数を小数表示して有限小数とならない場合，循環小数で表されることを学ぶ。このときの説明を追ってみるとわかるが，分数を他の「進法」で表して，その「進法」で小数表示した場合，それも有限小数，または循環小数となる。さらにその小数表示が有限小数となるか，循環小数となるかは，何進法で考えているかによるのである。

一方で上記のことより，無理数を小数表示した場合は，どの「進法」で表しても，循環しない小数となることがわかる。そして，どの「進法」で表しても，無限小数になる数が無理数である。このような見方はきわめて重要である。循環小数か有限小数であるかは「進法」によっているが，小数が循環しないというのは「進法」によらない。ある状況があるとき，それが何に依存しているのかを考察することが，数学では本質的だからである。

⑦　無理数の構成例

高校生にとって代表的な無理数といえば，$\sqrt{2}$ や π などであろう。$\log_2 3$ などの対数の値も無理数だとわかりやすい。一方で，循環しない小数という発想により，無理数を作成することができる。例えば，$x=0.11010010001000000100$…というように，0と1だけで構成される小数で，1の間の0の個数が1つずつ増えていっている数である。0.のあとに1, 10, 100, 1000, …を並べていった数といってもよい。この小数は循環小数ではないので無理数である。このxを無限級数で表すと，

$$x=\sum_{n=1}^{\infty}10^{-\frac{n^2-n+2}{2}}=10^{-1}+10^{-2}+10^{-4}+10^{-7}+10^{-11}+\cdots$$

となる。ここで，pを2以上の整数とし，$x=0.11010010001000000100\cdots$は実は$p$進法で表された数であったとする。この場合でも，先にみたようにxが無理数であることには変わりない。そこでこれを十進法に変換すると，

$$x=\sum_{n=1}^{\infty}p^{-\frac{n^2-n+2}{2}}=p^{-1}+p^{-2}+p^{-4}+p^{-7}+p^{-11}+\cdots$$

という無理数が得られることになる。もはや直接計算では循環しないことが容易にわかるものではないが，p進法で表して循環しないのだから，xの値の小数表示も循環しないのである。

さて，ここまで無理数と関連して小数を話題にしてきたが，それにはもう1つの意図がある。中高生がいかにして無理数を理解するかという問題である。例えば，$\sqrt{2}$のような簡単な数が無理数であることを示すのは容易である。しかし，個々の簡単な無理数ではなく，一般に無理数を理解するにはどういう方法をとるか。大学以上の数学では，前述の通り順序体から構成することが可能である。ところが，中等教育ではそうはいかない。いうまでもなく，中等教育での無理数理解は，先に数直線を用意して，その上の数はすべて小数で表示されることを認め，循環しない無限数として導入されるのである。小学校では盛んに勉強する「小数」であるが，中等数学では統計的な箇所を除いてはほとんど扱いがない。文字式を用いる数学では，小数より分数の方が計算に適している。むしろ小数を使用するのは，もっぱら理科や社会科である。中等教育の数学では活躍する場面が少なそうな小数であるが，ところが無理数を知る上で小数は欠かせないのである。小中一貫教育を推進する上では心得ておくべき事柄

である。

（2）方程式と解

① 代数学の基本定理

高等学校の数学Ⅱで学ぶ重要な定理の１つに因数定理がある。

命題２（因数定理）．多項式 $P(x)$ について，$P(\alpha)=0$ が成り立てば，$P(x)$ は $(x-\alpha)$ で割り切れる。

高次方程式を解くためには必須の定理である。n 次方程式 $f(x)=0$ があたえられたとき，$f(\alpha_1)=0$ となる α_1 を見つけて，$(x-\alpha_1)$ で割ることで，帰納的に $f(x)=a(x-\alpha_1)(x-\alpha_2)\cdots(x-\alpha_n)$ と因数分解できると考えてしまうが，そう簡単ではない。因数定理の条件には，「$P(\alpha)=0$ が成り立てば」とあるが，このような α が存在するかどうかについては全く触れていないのである。それを保証するのが，次の有名な代数学の基本定理である。

命題３（代数学の基本定理）．複素数係数の n 次方程式は重複まで込めて，ちょうど n 個の解をもつ。

証明は大学以上の数学の内容となる。複素関数論を用いる方法やトポロジーを用いる方法などがあって，n 次方程式という代数的な対象に代数以外の方法が用いられる点が大変興味深い。

② 存在定理へ誘う

さて，代数学の基本定理は，数ある存在定理のうちの１つである。高等学校の数学で存在定理というと，中間値の定理や平均値の定理などが有名であるが，「二次方程式の判別式 D の値が正であれば，異なる２実解が存在する」などもその１つであろう。だが，二次方程式のものは他とは決定的に異なる。判別式 D は二次方程式の解の公式の一部から抽出されたものであるから，もうひと押しで解を構成できるという点である。それに対して，代数学の基本定理，中間値の定理，平均値の定理は，解や条件を満たす値の存在は教えてくれても，具体的に解や値を特定するものではない。例えば，「＊＊が存在しないとしたら矛盾」という方向性で証明するとなると，その証明から解は見つからない可能性がある。

数学では求めたいものが構成的に得られないことが多いが，そのような場合，存在定理は重要な役割を果たす。判別式による実数解の存在条件は，その後の高等学校数学で頻繁に姿を現し，様々な用途で用いられる重要なものであるが，「存在」というものに目を向けさせる機会でもあると考えられる。

（3）ベクトル空間

①　演算の一般化

大学初学年で線形代数学を学ぶと，ベクトル空間を学ぶ。非常に抽象的で初学者には決して易しいとはいい難いものであるが，ここでは，中等数学教育との関係からそれを学ぶ意義について簡単に述べる。

小学校第6学年から，数を一般化して文字を学ぶ。中学校になれば「文字の式」としてその計算を学ぶ。ここに抽象化の流れがあり，数の計算が一般化されてはいるのであるが，まだ一般化されていないものがある。それは，計算そのものである。$a+b$ と書いたところで，この“+”は $5+3=8$ のような数の計算での“+”と同じものである。どのような数も表す「数の代表としての文字」は学んでいても，計算そのものは一般化されていない。数の集合が広がり，多項式や関数の計算を考えたとしても，小学校以来の加減乗除の影響下にある。それがはじめて一般化されるのが，ここでの学びである。演算を集合の2つの元に対して，1つの元を対応させる仕組み，すなわち写像として定義する。とはいえ，単に写像であれば統制が取れないばかりか，何も得られない。そこで，ベクトル空間の公理を満たす演算を加法とスカラー倍と呼ぶのである。

このような発想も中等教育までの方法と逆方向である。しかし，数を一般化して文字にしたことで，包括的にみえ表現しえたことがあるように，演算の一般化でも同様のことが可能なのである。一般に，集合上の演算は積といわれる。そして，積にどのような演算法則を仮定するか，あるいはさらに和と呼ばれる演算も仮定するか（したがってそこには計算法則も伴う）で，その集合は群，環，体といった代数構造をもった集合になり，研究対象となるばかりか，応用範囲が広がるのである。

② 漸化式への応用

ではここで，抽象的なベクトル空間の応用を，高等学校数学との関連する内容から１つ示す。例えば，$a_{n+2}-5a_{n+1}+6a_n=0$ という漸化式と初めの２つの項が与えられたときに，それを満たす数列 $\{a_n\}$ を求める問題はベクトル空間の考え方を用いて解決できる。

容易にわかるように，上記の漸化式を満たす実数列の全体は実ベクトル空間である。これを V としよう。隣接３項間漸化式であるから，初項と第２項ですべての項が決定される。すなわち，数列が２つの要素で決定される。これは，$\dim V=2$ であることを表している。一次独立な２つの数列 $\{2^{n-1}\}$ と $\{3^{n-1}\}$ はともに V に属する。よってこれらは，V の１組の基底となる。これが意味することは，数列 $\{a_n\}$ は実数 s, t を用いて $\{a_n\}=s\{2^{n-1}\}+t\{3^{n-1}\}$ と書けること，すなわち一般項が $a_n=s\cdot 2^{n-1}+t\cdot 3^{n-1}$ であることを表している。あとは，初項と第２項の値に合わせて，s, t を決めればよい。

なお２つの数列，$\{2^{n-1}\}$ と $\{3^{n-1}\}$ はもとの漸化式を満たす等比数列 $\{r^{n-1}\}$ を求めるつもりで，$r^{n+1}-5r^n+6r^{n-1}=0$ を解けば得られる。なお，この方程式の両辺を r^{n-1} で割って得られる $r^2-5r+6=0$ という方程式が特性方程式である。

もう１つ例をあげる。２つの等差数列の和も，等差数列の実数倍も等差数列であることは周知のとおりである。これは，等差数列全体が実ベクトル空間の構造をもつことを表している。そして，よく知られた初項 a 公差 d の等差数列の一般項の公式，$a_n=a+d(n-1)<1$ は $\{a_n\}=a\{1\}+d\{n-1\}$ と解釈される。その結果，等差数列全体のベクトル空間の基底が，$\{1\}$ と $\{n-1\}$ という２つの数列で構成されることが明らかになる。

このようにみると，雑多な現象が包括的にみえてくる。それは，一旦性質だけを取り出して抽象化したことによる効用である。このようにして，教員としての数学的な視野が広がると考える。

注

(1) 三次方程式と四次方程式の解法は，カルダーノ（Cardan Jerome）の著書『大なる術』（*Ars magna*）に書かれてる。五次以上の方程式は一般に代数的に解けないことは，アーベル-ルフィーニの定理と呼ばれている。

引用・参考文献

カール・B. ボイヤー著，加賀美鐵雄・浦野由有訳（1984）『数学の歴史３』朝倉書店.

カール・B. ボイヤー著，加賀美鐵雄・浦野由有訳（1985）『数学の歴史５』朝倉書店.

国立教育政策研究所教育課程研究センター「全国学力・学習状況調査」https://www.nier.go.jp/kaihatsu/zenkokugakuryoku.html（2022年６月30日アクセス）.

溝口達也（1996）「正負の数のイメージ――その背後にある数の見方の転換」『教育科学　数学教育』第462号（５月号），pp. 5-12.

杜威（1991）『学校数学における文字式の学習に関する研究――数の世界から文字の世界へ』東洋館出版社.

小田翔吾・渡邉伸樹（2012）「小学校高学年段階における正負の数の教材開発　その１」『数学教育学会誌』第53巻，第１・２号，pp. 39-50.

岡森博和編著（1983）『算数・数学科教育の研究と実践』第一法規出版.

鈴木康志（2006）「PISA2003年調査・TIMSS2003年調査の分析」『日本数学教育学会誌』第88巻，第１号，p. 2331.

ストリャール，A. A. 著，宮本敏雄・山崎昇訳（1976）『数学教育学』明治図書.

Booth, L. R.（1988）“Children's Difficulties in Beginning Algebra”, *The Ideas of Algebra*, K-12, pp. 20-32.

Hefendehl-Hebeker, L.（1991）“Negative Numbers：Obstacles in their Evolution form Intuitive to Intellectual Constructs”, *For the Learning of Mathematics*, 11(1), pp. 26-32.

Sfard, A.（1991）“On the Dual Nature of Mathematical Conceptions: Reflections on Processes and Objects as Different Sides of the Same Coin”, *Educational Studies in Mathematics*, 22(1), pp. 1-36.

（二澤善紀，牛瀧文宏）

第3章
関　数

関数についての学習は，小学校第４学年の折れ線グラフあたりから始まり，関数の基礎概念を身に付けていくことになるが，関数領域の児童生徒の理解は十分とはいえず，教員にとっても学習指導が難しい内容となっている。現実世界の具体的事象現象から関数をイメージする場面を適切に取り入れ，式やグラフなどの抽象的形式的な数学的表現がもつ意味を，具体的事例を通してしっかり理解させることが求められている。

関数分野における数学的背景，日本の関数指導における課題を理解し，小中高等学校で扱われている関数分野の内容と具体的教材の実情を知って，実際に教員として児童生徒に対したときに，何を取り上げて，どのように指導していけばよいかを考えられるようになることがゴールである。

学びのポイント

・小中高等学校の関数分野の学習内容を把握する。
・スパイラル方式で高学年により高次な関数が出てくることを知る。
・関数の指導内容と現実現象の関連を知る。
・学力調査の結果から，生徒の実態を知る。
・関数指導における課題を理解する。
・関数授業の実践事例から，指導のイメージをもつ。
・関数を表現する３つの形式，表・式・グラフについて理解する。
・自然科学とのつながりについて理解する。
・関数のさらなる広がりについて知る。

小学校算数科，中学校数学科，高等学校数学科における関数分野の主な学習内容

高等学校	関数分野と関連する主な内容		
数学Ⅲ		数学C	
数学Ⅱ	(3)指数関数・対数関数 指数関数 ・指数の拡張 ・指数関数 対数関数 ・対数 ・対数関数	数学B	
	(4)三角関数 角の拡張 三角関数 ・三角関数 ・三角関数の基本的な性質 三角関数の加法定理 ＊2倍角の公式，三角関数の合成		
数学Ⅰ	(3)二次関数 二次関数とそのグラフ 二次関数の値の変化 ・二次関数の最大・最小 ・二次関数と二次方程式，二次不等式	数学A	

中学校	関数分野（「C 関数」領域）と関連する主な内容
第3学年	関数 $y=ax^2$ ・事象と関数 $y=ax^2$ ・いろいろな事象と関数 ・関数 $y=ax^2$ の表，式，グラフ
第2学年	一次関数 ・事象と一次関数 ・二元一次方程式と関数 ・一次関数の表，式，グラフ
第1学年	比例，反比例 ・関数関係の意味 ・比例，反比例 ・座標の意味 ・比例，反比例の表，式，グラフ

小学校	関数分野（「C 変化と関係」領域）につながる主な内容
第6学年	1　比例 比例の関係の意味や性質／比例の関係を用いた問題解決の方法／反比例の関係
第5学年	1　伴って変わる二つの数量の関係 簡単な場合の比例の関係 2　異種の二つの量の割合 速さなど単位量当たりの大きさ 3　割合（百分率） 割合／百分率
第4学年	1　伴って変わる二つの数量 変化の様子と表や式，折れ線グラフ 2　簡単な場合についての割合 簡単な場合についての割合
第3学年	
第2学年	
第1学年	

1　関数分野の内容構成

小学校から高等学校までの関数分野の学習内容は，前頁のようになっている。

①　小学校での扱い

小学校第4学年では，折れ線グラフが扱われる。伴って変わる2つの数量の関係が扱われ，例えば1日の気温の変化を折れ線グラフに表し，グラフが右上がりの場合には増加し，右下がりの場合には減少していることをグラフの形状から読み取るようになっている。時刻の変化に伴って気温が変化して，時刻が決まると気温が1つ決まること，逆に，気温を決めても時刻は1つに決まらないことがわかる具体例となっている（図3-1）。関数の基本概念である「一方が変われば他方も変わる」「一方が決まれば他方も決まる」という見方を理解する最適の場面といえるが，そこまで意識して取り扱われているかどうかは実際に指導する教員に委ねられている。また，横軸が時刻であることには注意を要する。第5学年では，簡単な比例の関係を表で取り上げ，一方が2倍，3倍…になると，それに伴って他方も2倍，3倍…になることで比例を定義している（図3-2）。第6学年では，表での

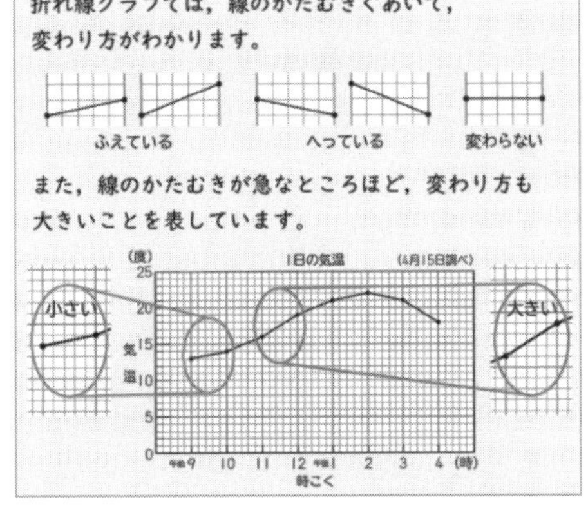

図3-1　算数4年上の折れ線グラフ（K社）

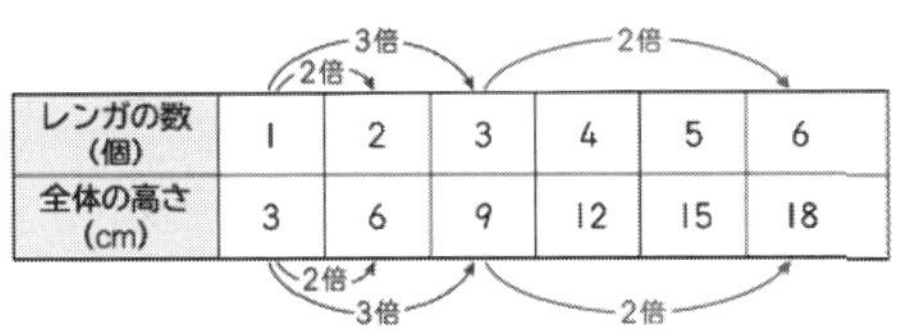

レンガの数（個）	1	2	3	4	5	6
全体の高さ（cm）	3	6	9	12	15	18

図3-2　算数5年の比例（K社）

長さ(m)	0.5	1	1.5
重さ(g)	60	120	180

比例するxとyの関係は，次のような式に表すことができます。

y=きまった数×x

図3-3　算数6年の比例（K社）

上下の数の対応に着目し，変数yが変数xの定数倍になっていることから，比例の関係を表す式にまとめている（図3-3）。反比例については，この横方向の変化と縦方向の対応を扱い，関係を表す式にまとめている。

② 中学校での扱い

中学校第1学年では，まず，具体例をもとに「いろいろな値をとる文字を変数」「ともなって変わる2つの変数x，yがあって，xの値を決めると，それに対応してyの値がただ1つに決まるとき，yはxの関数である」「変数のとる値の範囲を変域」と定義している。次に，変域を負の数まで広げた座標平面を示し，比例と反比例の式とグラフを扱っている。具体事例としては，比例が，線香の燃えた長さ，火時計，給水時の水量，プリントの枚数と重さなど，反比例が，面積が一定な長方形の横と縦の長さ，毛細管現象，モビール，面積と圧力，ランドルト環などが取り上げられている。第2学年では，給水や上空の気温の場面から一次関数を定義し，一次関数$y=ax+b$とそのグラフの特徴，さらにaの変化の割合がグラフの傾きとなることを示し，方程式のグラフ，連立方程式とグラフの関係を取り扱っている。一次関数の利用場面では，水を熱する場面，電話料金，列車のダイヤグラムなどが取り扱われている。第3学年では，斜面をころがるボールや落下ボールのストロボ写真から，関数$y=ax^2$を定義し，そのグラフの特徴と値の増減をまとめ，放物線，放物線の軸，放物線の頂点を定義している。利用場面では，自動車の制動距離，ふりこの長さと周期，平均の速さが取り扱われている。また，郵便料金のような階段関数も紹介されている。

③ 高等学校での扱い

高等学校第1学年では，まず，関数の$y=f(x)$表記，定義域，値域，座標平面，最大値，最小値，絶対値関数$y=|x|$，ガウス関数$y=[x]$などを学習した後，一般の二次関数$y=ax^2+bx+c$のグラフ，二次関数の最大・最小を扱っている。次に，二次関数と二次方程式，二次関数と二次不等式を扱い，グラフにおける方程式・不等式の解の見方をいろいろな場合について取り上げ，その数学的処理の仕方を説明している。また，グラフにおける放物線と直線の交点や

接点も扱われている。二次関数の利用場面として，投げ上げたボールの高さ，銅板を折り曲げてできる横樋（とい）の断面積などが少しだけ出てくるが，全体として現実事象に関する場面が少なくなっている。第2学年では，三角関数と指数関数・対数関数が扱われる。三角関数では，一般角とラジアン単位を説明し，三角関数 $\sin\theta$，$\cos\theta$，$\tan\theta$ を導入し，三角関数の相互関係を確認した後，三角関数のグラフ，三角関数を含む方程式・不等式，三角関数の加法定理，2倍角・半角の公式，三角関数の合成が取り扱われている。三角関数の利用場面として，波の干渉が紹介されている程度で，現実事象に関する場面は少ない。指数関数では，まず，指数を負の整数，有理数，実数へと拡張していき，指数法則が成り立つことを確認し，その後，指数関数 $y=a^x$ のグラフ，指数を含む方程式・不等式が取り扱われている。対数関数では，対数を定義した後，対数の性質，底の変換公式を扱い，対数関数 $y=\log_a x$ のグラフ，対数関数の性質，対数を含む方程式・不等式が扱われ，常用対数が扱われている。指数関数の利用場面として，ガラスの枚数と透過光の強さ，バクテリアの増殖，放射性炭素の年代測定法などが示されている。対数を利用した道具として計算尺が日常的に使われていた50年前には，対数が生活に活用されていることがわかりやすかったが，今では計算尺も博物館入りしてしまい，生徒たちにとって対数はわかりづらい数学内容となっている。

2　関数分野の学習指導

（1）学力調査における生徒の実態

全国学力・学習状況調査のなかに，図3-4，図3-5のような関数についての調査問題がある。対象はいずれも中学校第3学年である。2019年度の調査結果（図3-4）では，正答「$-\frac{x}{6}$」と解答した生徒は49.9%であった。誤答「$-6x$」が11.8%である。2021年度調査での同様の出題では正答が42.3%であり，「与えられた反比例の表から x と y の関係を式に表すこと」に引き続き課題があると分析されている。2021年度の調査結果（図3-5）では，正答「①影の長さ②

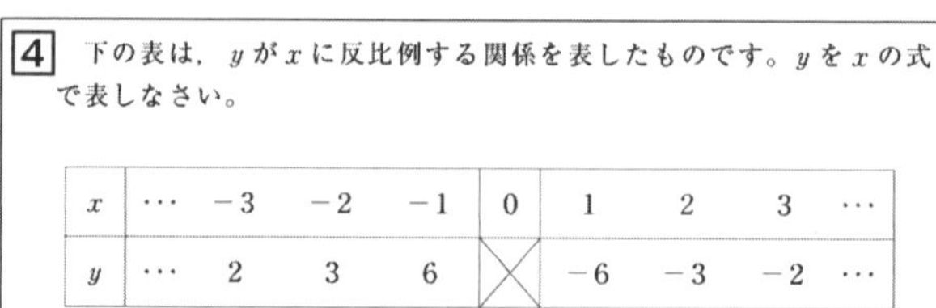

4 下の表は，y が x に反比例する関係を表したものです。y を x の式で表しなさい。

x	…	-3	-2	-1	0	1	2	3	…
y	…	2	3	6	×	-6	-3	-2	…

図３－４　全国学力調査の問題（2019年度）

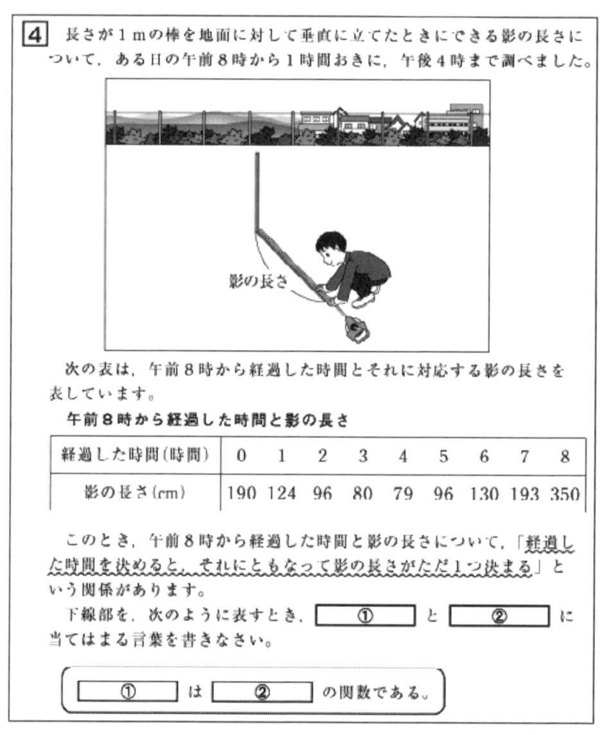

4 長さが１ｍの棒を地面に対して垂直に立てたときにできる影の長さについて，ある日の午前８時から１時間おきに，午後４時まで調べました。

次の表は，午前８時から経過した時間とそれに対応する影の長さを表しています。

午前８時から経過した時間と影の長さ

経過した時間(時間)	0	1	2	3	4	5	6	7	8
影の長さ(cm)	190	124	96	80	79	96	130	193	350

このとき，午前８時から経過した時間と影の長さについて，「経過した時間を決めると，それにともなって影の長さがただ１つ決まる」という関係があります。

下線部を，次のように表すとき，［①］と［②］に当てはまる言葉を書きなさい。

［①］は［②］の関数である。

図３－５　全国学力調査の問題（2021年度）

経過した時間」と解答した生徒は48.8％であった。誤答「①と②が反対」が30.5％である。2014年度と2017年度の類題においてもほぼ同様の結果となっている。調査結果報告書では，独立変数と従属変数の違いを区別できていない生徒がいて，関数の意味理解に引き続き課題があると分析されている。この調査問題では，時間と影の長さは伴って変わる２変量と捉えることができても，関数関係としての独立変数と従属変数の区別をつけることが難しい状況になっている。影の長さを96cmと決めても，時間は２時間か５時間のいずれかで１つには決まらないことから，誤答「①と②が反対」は，関数の定義に反することになる。

（２）関数指導における課題

関数領域の内容は，文字を変数や定数としてみる見方や，数式を代数的に処理すること，グラフを図形的に捉えて数量の変化を理解すること等，多岐にわたる数学処理能力を求められる。そのため，学習する生徒にとっては，理解が難しく，その思考に慣れるまでに相当な学習体験が必要となる。歴史的にみても，解析分野は図形や代数よりもずっと後になって発展してきた分野である。また，中学校，高等学校では，式やグラフの形式的な学習が主となり，生徒の理解が難しく，それを補うだけの十分な指導時間がないこと等から，生徒にとっては理解困難な数学領域となっている。

この難しい関数指導を，改善していく視点はどこにあるのだろうか。人が数学を理解する，あるいは数学概念を形成するためには，その基になる概念が児童生徒に形成されていることが必要であると指摘されている。関数学習の中心的な課題は「実在の現象のなかに関数を見いだすこと」，つまり現実の事象から変量を抽出し，関数関係にあるような２つの変量を対応させることにある。二澤（2020）では，児童生徒にとって（Ⅰ）事象の変化を量化して捉える，つまり事象から変量を抽出する，（Ⅱ）抽出した２つの変量を対応させる，に関する途上概念の形成が関数理解の基盤になると指摘されている。途上概念の形成には「数値を用いる学習」以前に「数値を用いない学習」が必要であり，小学校第４学年に円錐状の立体の影の変化などの教材を取り扱うことが，児童の感覚－運動経験を通して，この途上概念の形成に有効であると述べられている。

中学校・高等学校の関数の「数値を用いる学習」においても，関数理解の基盤が不十分な生徒が多くいるため，上記の（Ⅰ）（Ⅱ）の活動を取り入れることが有効だと考えられる。関数の導入場面や適用（利用，応用）場面で，具体的な事象のイメージをもたせるようにすることが重要である。

さらに，現実事象を取り上げる場合には，煩雑な数値が出てくるため，その計算処理にはICTを活用することが有効となる。現状では，関数グラフソフトGrapes，GeoGebra，表計算ソフトExcelなどが，学習指導のなかで有効に利用できる。教員自身が授業での提示用に利用したり，児童生徒自身が必要な操作をしたりすることが考えられる。多くの活用事例がWeb上でも紹介されているので，活用の参考にするとよい。

（3）実践事例

①　一次関数の利用場面（中学校第2学年）

一次関数となる具体的事例は最も多く存在し，特に範囲を限定した場合には，近似的に一次関数で捉えて分析考察することが多い。例えば，日本の少子高齢化の事象から，以下のような問題場面（現実事象）が考えられる。

日本の子どもの出生数は，近年，下の表のようになっています。日本の子どもの出生数が，今（2020年）の半分になるのは，何年でしょう。

西　暦（年）	2010	2012	2014	2016	2018	2020
出生数（万人）	107	104	100	98	92	84

（千単位を四捨五入）

この問題では，変化のしかたを一次関数で捉えて考えることになるが，西暦の変数では数値が大きく扱いにくいため，西暦2010年からx年後の出生数をy万人として，表とグラフにすると図3-6のようになる。

ここで，2点（0,107），（10,84）を通る直線で近似すると，その直線を表す一次関数の式は，$y=-2.3x+107$と求まる（数学化）。このとき，変化の割合-2.3が意味していることを生徒に問いかけ，その意味を確認しておくことが重要である。そして，日本の子どもの出生数が2020年の半分42万人になるのは，この式に$y=42$を代入して，$x=28.26$（解），2010年のおよそ28年後，つまり西暦2038年頃（翻訳）ということになる。最後に，この答えが信用できるもの

x（年後）	0	2	4	6	8	10
y（万人）	107	104	100	98	92	84

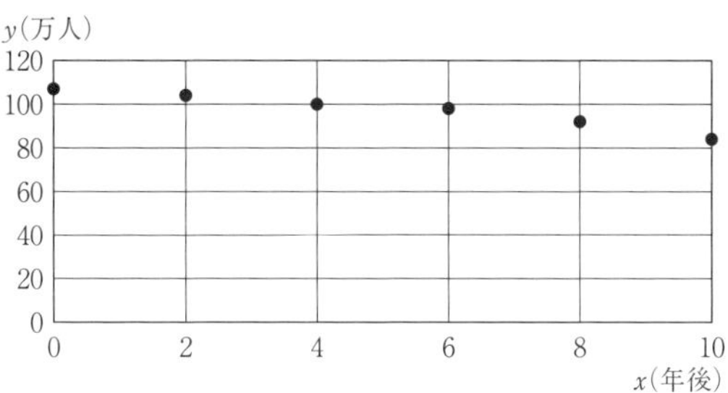

図3－6　日本の子どもの出生数の変化

かどうか，現実にそうなりそうかどうかを考える（ふり返り，妥当性吟味）。今後20年間，この調子で減少していくものと予想されるなら，この答えで決着することになる。もし，この調子でずっと減少していくとしたら，$y=0$ を代入して，$x=46.25$，2010年のおよそ46年後，つまり西暦2056年頃（翻訳）には出生数が0人となるが，これは信用できるだろうか（批判的思考）。さすがに出生数が0人になるのは信じがたいであろうから，おのずと一次関数で予測するのは，その変域に制限がかかることが予見できる。どのくらいの変域までなら一次関数で予測できそうかを判断することも重要な判断力となる。

このように数学を現実事象に活用する場合には，妥当性判断や批判的思考などの重要な問題解決能力が求められるが，多くの受験対策問題では，そのほとんどにパターン化した解法があり，1つの答えを求めるお決まりの思考となっている。今後の高度情報通信社会においては，人とのコミュニケーションと，問題解決能力が求められており，数学の授業のなかでもより自由で多様な思考を考慮した学習指導が求められている。

②　指数関数の利用場面（高等学校第2学年）

2020年から世界中に新型コロナウイルスによるパンデミックが拡大し，日本でも自粛生活が余儀なくされることになった。そこで，ウイルス感染者数の増加現象を数学的に分析考察する教材として，以下のような問題場面（現実事象）が考えられる。

A市のCウイルス感染者数は，現在（4/4），下の表のようになっています。この感染者数は，１週間後（4/11）には何人になっているでしょう。

日	4/1	4/2	4/3	4/4	4/5	4/6	4/7	4/8	4/9	4/10	4/11
感染者数（人）	120	133	145	162							

この問題では，日々の感染者数が，それぞれ前日の何倍になるかが最大の関心事となるが，関数として取り扱いやすくするため，変数を4/1からx日目の感染者数がy人として，表とグラフにすると図３-７のようになる。

ここで，Cウイルスの感染者数が前日の何倍になるかをそれぞれ求めると，$133 \div 120 = 1.108$，$145 \div 133 = 1.090$，$162 \div 145 = 1.117$となっている。約1.11，1.09，1.12となることから，感染者数が前日の約1.1倍になると考えると，x日目の感染者数y人は，$y = 120 \times 1.1^x$という指数関数の式で求めることができる（数学化）。そこで，この式に$x = 10$を代入して，$y = 120 \times 1.1^{10} = 311.25$（解）となり，およそ311人になることが予測される（翻訳）。また，およそ2000人になるのは何日後かというと，この式に$y = 2000$を代入して，$2000 = 120 \times 1.1^x$，$1.1^x = 16.667$，$x = \log_{1.1} 16.667 = 29.518$となり，およそ30日後に感染者数が2000人を超える計算となる。先の出生数の問題と同様に，この答えの妥当性について生徒たちで議論する場を設定し（批判的思考），問題解決のふり返りとするようにしたい。

ところで，ICTを活用するとして，上記のデータを表計算ソフトExcelに入力し，近似曲線を指数関数で求めると図３-８のようになる。

このExcelにより近似した指数関数の式は$y = 120.01 \times e^{0.0987x}$となるが，この式で計算しても，$x = 10$のとき，$y = 120.01 \times e^{0.987} = 322.00$で，およそ322人ということになるので，上の311人と近い人数となることがわかる。

日	4/1	4/2	4/3	4/4	4/5	4/6	4/7	4/8	4/9	4/10	4/11
4/1からx（日目）	0	1	2	3	4	5	6	7	8	9	10
感染者数y（人）	120	133	145	162							

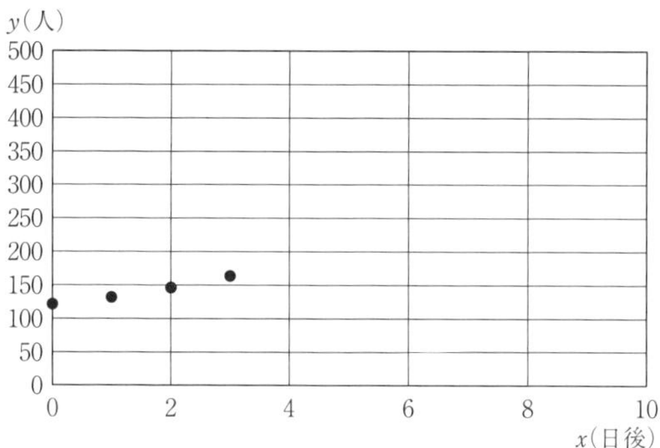

図3－7　Cウイルス感染者数の推移

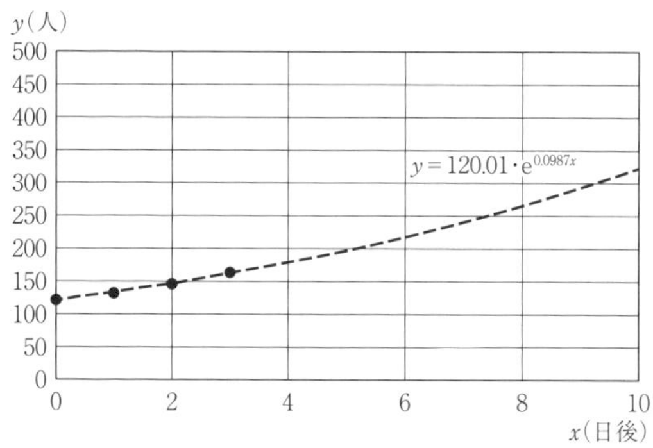

図3－8　Excelによる指数関数近似

3　関数分野における数学的背景

（1）関数の3つの表現形式

中学校数学や高等学校数学では，関数の学習に際して3つの表現形式，すなわち，表・式・グラフの指導を重視している。いい換えれば関数という大きな概念に対してそれを表現する方法として，表・式・グラフの3つがあると考えればよい。例えば，$y=x^2$ という式は2乗に比例する関数を表現する1つの方法であり，原点を通り傾き a の直線のグラフは比例という関数を目で見てわかるように表現する1つの方法である。自然科学における現象解明の流れとともに関数の理解を深めると，これら3つの表現方法を指導する目的はある程度明確になる。

私たちは自然科学において未知の現象を解明する際，まず実験を通じてそのデータを収集する場合が多い。独立変数 x に対応してただ1つ決まる量を従属変数 y の値として測定によって求め，これを列挙していく。これはまさに現象の表による表現である。なお，伴って変わる2つの事柄が数値化できているという前提に注意しておく。時刻の変化とともにある量が変化していく現象があったとする。私たちは，実験によって1分後，2分後の量を測定し，表として記録していくことができる。しかし，表に記載される値は離散的であることに注意したい。またその範囲も限定的である。実際，実験によって得られた数値の羅列である表では，範囲外の値，例えばそもそも実験を行っていない10分後の量，すなわち $x=10$ に対応する y の値や，測定を行っていない1分30秒後の量，すなわち $x=1$ と $x=2$ の間の $x=1.5$ に対応する y の値を直接求めることはできない。このようなとき，様々な科学の理論によって式を求めることができればたいへん都合がよい。例えば，

$$y=200x+50$$

という式が得られていれば $x=10$ に対応する y の値2050も，$x=1.5$ に対応する y の値350も代入によって求めることができる。これは式のよさの1つである。もちろん，科学の理論によって得られた式は，予測に過ぎないこともあるが，未知の現象を表す関数を式の形で得ることは自然科学における現象解明の場面において1つの目標となっている。

私たちが未知の現象を解明していく過程で，その現象が結局どのような様相を描くのか，直接目で見てみたい場合がある。このとき，グラフが威力を発揮する。グラフとはいわば現象の可視化である。現象を表で見るよりも式で見る

よりもグラフで見た方が変化の様子を断然捉えやすい。一方で，正確な値を知る点においては式にはかなわない。

以上のように自然科学における現象解明の場面をふり返ると，表・式・グラフを指導する理由の答えを１つ見つけられると同時に，これらを包括する大きな概念である関数についても理解を深めることができる。つまり関数とは大雑把にいえば現象そのものである。もちろん数学教育において y が x の関数であるとは「x の値が決まると，それに対応して y の値がただ１つ決まる」ものなのであるが，教員にとってはより広い視点から関数という概念を捉えることも大切である。ただし，現象から関数の関係を見いだす際には，当該事象の不要な側面・性質を排除する「捨象」という重要な行為が潜んでいる点に注意したい。「捨象」については鈴木（2008），渡邊（2008；2009）を参照するとよい。

（２）関数のさらなる広がり

関数のより一般化した概念を考察する。ある集合 X, Y に対して「X の元 x が決まると，それに対応して Y の元 y がただ１つ決まる」ときに $y=f(x)$ や，より一般的に $y=fx$ とかき，f を集合 X から集合 Y への関数もしくは写像と呼ぶ。また，f が集合 X から集合 Y への写像であることを f:X→Y とかく。特に集合 X, Y が数の集合である場合を関数と呼び使い分けをすることもある。また，集合 Y のみが数の集合である場合には汎関数と呼ばれる。すなわち，高等学校までで学ぶ関数の概念はより一般化され，対応関係の対象が数の世界からより抽象的な集合の世界へと広げられる。一見すると現実世界からほど遠く，何の役にも立たない抽象的な世界の話のように聞こえるかもしれないが，私たちは小学生の頃から，この写像の考え方を自然に習得してきている。例えば，与えられた図形の面積を求める活動を小学校では行うが，この関係は写像という考え方で説明できる。実際，集合 X を直線や曲線で囲まれた閉じた平面図形の集合とし，集合 Y を正の実数とおいてみる。面積を求めるという活動は，与えられた平面図形 x に対応して正の実数 y という値を求めるということである。すなわち，写像 f は平面図形に対して，その広がりの数値化である面積を対応させることに相当する。他には例えば，与えられた関数に対して，その導関数を求める活動を高等学校では行うが，集合 X, Y を何回でも微分可能な関数の集合とすればよい。関数 $g \in X$ が決まると，それに対応してその導関数 $g' \in Y$ がただ１つ決まり，これを，

$$\frac{d}{dx}g$$

と表記する場合などはまさに括弧を使わずに，$y=fx$ とより一般的な表記を用いている例である。以上のように，関数の考えを一般化した写像の考え方は高等学校までの数学教育に限定しても，とても身近な考え方である。

$f{:}X \to Y$ に対して，$f(X)=Y$ を満たすとき，f は全射であるという。X の任意の元 x_1，x_2 に対して，$x_1 \neq x_2$ ならば $f(x_1) \neq f(x_2)$ を満たすとき，f は単射であるという。単射の定義は対偶をとって，$f(x_1)=f(x_2)$ ならば $x_1=x_2$ を満たすとき，と書き換えることもできる。さて，関数の定義では「x の値が決まると，それに対応して y の値がただ１つ決まる」と値が１つに決まることが要請されている。関数 $f{:}X \to Y$ が全射かつ単射であるときには，逆に Y の元 y が決まると，それに対応して X の元 x がただ１つ決まる。これを逆関数や逆写像と呼び，

$$x=f^{-1}(y)$$

と表す。全射である条件は，逆写像の元が定義できないような y が存在しないことを保証するために用いられている。また，単射である条件は，逆の対応が関数や写像と見なせるために用いられていることに注意が必要である。ただし，単射でありさえすれば，全射である条件は，f^{-1} の定義域を狭くすることで外すことができる。

高等学校で逆関数を学ぶ際には，$y=f(x)=x^2$ などが例としてあげられるが，集合 X, Y を実数全体とみると，全射でも単射でもないため，逆関数は存在しない。一方，集合 X, Y を０以上の実数とみると，全射かつ単射となり，この場合には逆関数 f^{-1} が存在し，

$$x=f^{-1}(y)=\sqrt{y}$$

である。なお，高等学校数学では関数を式で表示する際に，独立変数すなわち定義域の変数を x，従属変数すなわち独立変数に応じて決まる値域の変数を y で表記することが暗黙の了解になっている場合が多い。そのため，$f(x)=x^2$ $(x\geqq 0)$ の逆関数の表記を，

$$x=f^{-1}(y)=\sqrt{y}\quad (y\geqq 0)$$

で止めてしまわずに，さらに変数 x と変数 y を入れ替えて，

$$y=f^{-1}(x)=\sqrt{x}\quad (x\geqq 0)$$

まで変形する習慣になっている点に注意が必要である。よって，指導する際には，(a)関数 $y=f(x)$ に対する逆関数の理解，(b)関数を式で表示する際の文字の選び方，の２つを切り分けて捉えることが大切である。

この問題は合成関数の指導の際にも起こりうる。ある集合 X, Y, Z に対して，写像 $f:X\rightarrow Y$ と $g:Y\rightarrow Z$ が定義されているとき，$y=f(x)$ と $z=g(y)$ のような文字の選び方をしておけば，

$$(g\circ f)(x)=g(f(x))$$

が意味することやその計算の混乱は，$y=f(x)$ と $y=g(x)$ のような文字の選び方をしているときより起こりにくい。高等学校数学では多くの場合，集合 X, Y, Z はすべて実数であるが，合成関数の概念を習得する段階では，同じ実数の集合を集合 X, Y, Z のように３つに分けて表記し，X の元として x，Y の元として y を用いるといった文字の配慮をしながら，(a)合成関数の理解，をまずは目指すべきである。そして，合成関数の理解の次の段階として，(b)関数を式で表示する際の文字の選び方，を丁寧に説明することが大切である。さらに，合成関数 $g\circ f$ や $f\circ g$ を求めさせる際には，例えば，$f(x)=\sin x$，$g(x)=3x^2$ であれば，$y=f(x)=\sin x$，$g(y)=3y^2$ と置き直したり，$f(y)=\sin y$，$y=g(x)=3x^2$ と置き直したりすることで，「x を $3x^2$ に置き換える」であったり数学的に混乱を招きそうな「x に $3x^2$ を代入する」といった表現を避けることができる。もちろん，直感的に合成関数の理解ができ，文字の選び方に混乱が生じない生徒には，そのような配慮はやや回りくどさを生むが，直感的に理解しづらい生徒への丁寧な配慮の方法も教員としては準備しておくべきである。

（3）極限の考え方と連続性

数学の一分野である解析学の特徴を一言で述べるとすれば「解析学とは極限操作によって新しい概念を獲得していく分野である」ということもできる。極限という概念は解析学にとって重要な概念であることを意味している言葉である。小学校算数においては例えば円の面積の公式を学ぶ場面や，中学校数学においては例えば反比例のグラフがx軸に漸近することを学ぶ場面で，極限の概念が登場するが，生徒がはっきりとした形で極限というものを学ぶのは，数列の極限や関数の連続性の場面である。

① 数列の極限

例えば，数列$\{a_n\}$においてnが限りなく大きくなるとき，a_nが一定の値aに限りなく近づくならば，数列$\{a_n\}$はaに収束するといい，

$$\lim_{n \to \infty} a_n = a$$

または，

$$a_n \to a \quad (n \to \infty)$$

のように表記し，aを数列$\{a_n\}$の極限値と呼ぶが，これらの定義はあくまで形式的であり，厳密性を欠いていることは大学の解析学で学ぶ。実際，定義に現れる「nが限りなく大きくなる」とはどのくらい大きくなればよいのだろうか。「a_nが一定のaに限りなく近づく」とはどのくらいaに近ければよいのだろうか。これを厳密に取り扱う方法が，いわゆるε-N論法である。もちろん高校生にこの理論を教えることは難しいが，教員は数列の収束をε-N論法で正しく理解しておく必要がある。実際，

$$\lim_{n \to \infty} \frac{1}{n} = 0, \quad \lim_{n \to \infty} c = c$$

（ただしcは定数）のような自明にみえる事実も，ε-N論法で証明することが可能である。極限の指導に関連して，(a)生徒が極限の概念を感覚的に身に付けること，(b)教員が極限の概念をε-N論法によって厳密に理解すること，の2点が重要である。(a)に関連しては膨大な数の先行研究が数学教育には蓄積されて

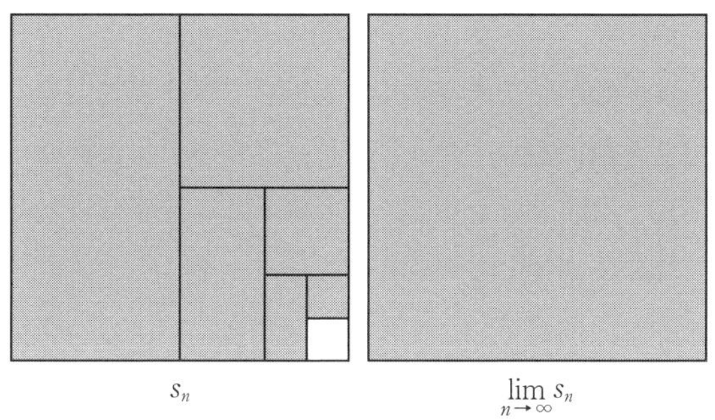

図3-9　もらえる土地は

おり，(b)に関連しては大学で学ぶ解析学で解決できる。ここでは(a)に対して，高校生が誤解しがちな点を指摘しながら1つの教材例とともに以下に解説を試みる。

②　極限の指導例

「これから皆さんに，ある土地をあげます。どのくらいの土地がもらえるか考えましょう。まず，皆さんにあげる土地は1辺が1の正方形の内側にあります。このうち，まずは半分である1/2の土地をあげましょう。次に残っている1/2の土地のうち，さらに半分の1/4も加えてあげましょう。これによって皆さんは1/2+1/4=3/4の土地がもらえたことになります。さらに，残っている1/4の土地のうち，さらに半分の1/8も加えてあげましょう。これを限りなく繰り返していったときの土地の合計が，皆さんがもらえる土地です」(図3-9)。

これは，数列の和に関する級数の話題であるため，厳密には数列の極限の学習後に考察する話題である。実際，n 回目の作業でもらえる土地の面積は，

$$s_n = \frac{1}{2} + \frac{1}{4} + \cdots + \frac{1}{2^n} = \sum_{k=1}^{n} \frac{1}{2^k}$$

であり，この極限の問題は級数の計算である。しかし，ここで大切なのは目に見える具体的な事例を通じて，極限値とは到達するかしないかはわからないが目標としている値のことであるという，極限値の直感的な理解にある。いい換えれば，極限とは図3-9の左側にある途中経過ではなく，この場合には $s_n<1$

であり有限回では到達しないが，この作業をくり返したときの目標としている値のことであると直感的に理解することにある。図を見せることで，この作業をくり返していくと隙間がなくなっていくことが目で見てわかる。一方で，もらえる土地の面積 s は間違いなく1以下であることを組み合わせれば，目標としている値は，決して到達しないけれども1であることも感覚的に理解させられるであろう。生徒の間違いの1つに，極限値とはいつか有限回で到達する値であるという誤解がある。図3-9の左側にとどまっている限り，極限値とは何かを正しく理解できない。なお，生徒の「s_n が1になる」といった曖昧な言葉づかいは正すべきであるし，もちろん教員もそのような言葉づかいを避け，正しく「s_n が1に収束する」と示すべきである。また，生徒の

$$\lim_{n \to \infty} s_n \to 1$$

といった誤記からも同様の誤解が推定できる。正しくは「極限値は1」つまり「極限値イコール1」なのであるから「→」ではなく「=」を用いなくてはならない。極限の記号の意味（limit）とともに丁寧な指導を心がけたい。このような誤解を見逃しておくと，後に区分求積法を指導する場面で，曲面で囲まれた図形の面積を極限によって定義することの理解においてつまずくことになる。例えば区分求積法とは面積の近似値を求めているというような誤解である。はじめて極限を学ぶ場面では様々な例を用いて，丁寧に指導をすることが要請される。

③　連続性

以上を踏まえ，関数の話題に戻る。実数から実数への関数 f に対して，x が a に近づくとき（a 以外の値をとりながら），$f(x)$ が b に限りなく近づくとき，$f(x)$ は b に収束するといい，

$$\lim_{x \to a} f(x) = b$$

または，

$$f(x) \to b \quad (x \to a)$$

のように表記し，b を $f(x)$ の極限値と呼ぶ。先ほどの数列の例と同様に，これを厳密に取り扱う方法が，いわゆる ε-δ 論法である。関数の極限値においても数列の極限の性質と同様に以下の性質が成り立つことが ε-δ 論法で証明できる。$f(x) \to b, g(x) \to c\ (x \to a)$ のとき，

$$f(x)+g(x) \to b+c$$

$$f(x)-g(x) \to b-c$$

$$f(x)g(x) \to bc$$

$$\frac{f(x)}{g(x)} \to \frac{b}{c}\ (x \to a)$$

ただし，最後は $c \neq 0$ の場合であり，その際には x が a の十分近くであれ $g(x)$ も 0 とは異なることが証明できる。これらに対する厳密な証明を大学の解析学の講義を通じて行い，理解しておくべきである。

次に，連続性の定義を確認する。実数から実数への関数 f に対して，x が a に近づくとき（a 以外の値をとりながら），$f(x)$ が $f(a)$ に限りなく近づくとき，$f(x)$ は点 $x=a$ で連続であるという。すなわち，

$$\lim_{x \to a} f(x)$$

が存在することと，その値が $f(a)$ と一致することが連続であることの定義となっている。当然これも厳密性を欠く定義であるため，ε-δ 論法が必要となる。実際，高等学校では関数の連続性に直結する中間値の定理は，図による説明がなされてはいるが，結果が定理として紹介されているだけであり，厳密な証明はなされていない。厳密な証明には ε-δ 論法を要するからである。このように高等学校での数学の指導内容には，厳密な証明を取り扱わず，最大限の工夫のもと，直感的な理解に留めておくしかない定理や性質などが数多くあるということを教員は知っておく必要があると同時に，それらの厳密な証明を大学での数学の学びのなかで補っておく必要がある。また，それは高等数学に限らず，中学校数学や小学校算数でも同様である。

引用・参考文献

阿部浩一（1980）『算数・数学科教育の理論と展開』第一法規出版.

松宮哲夫他（1986）「中学校における二次関数の導入について――手作業とパーソナル・コンピュータの併用を通して」大阪教育大学数学教室編『数学教育研究』第16号，pp. 23–43.

Max Stephens，柳本哲（2001）『総合学習に生きる数学教育』明治図書.

文部科学省（2018）「中学校学習指導要領（平成29年告示）解説　数学編」日本文教出版.

文部科学省（2019）「高等学校学習指導要領（平成30年告示）解説　数学編　理数編」学校図書.

文部科学省国立教育政策研究所（2019）「令和元年度全国学力・学習状況調査報告書　中学校数学」.

文部科学省国立教育政策研究所（2021）「令和３年度全国学力・学習状況調査報告書　中学校数学」.

岡森博和編（1983）『算数・数学科教育の研究と実践』第一法規出版.

田村三郎編著（1988）『数学教育概論』梓出版社.

柳本哲編著（2011）『数学的モデリング――本当に役立つ数学の力』明治図書.

柳本哲編著（2017）『数学的モデリング入門教材（関西編）』谷印刷所.

横地清（1973）『算数・数学科教育法』誠文堂新光社.

二澤善紀（2020）『算数・数学における関数概念の認識発達を培う理論と実践』ミネルヴァ書房.

鈴木正彦（2008）「学力向上の視点からの教員評価――ドングリの背比べシステムからの脱却を！」『学校マネジメント』12月号，pp. 13–15.

渡邊公夫（2008）『関数学習の意義［関数の指導を通じて何を学ばせたいのか］』明治図書.

渡邊公夫（2009）「数学的活動の多様性――反覆・スパイラル・学び直し」『数学教育学会誌臨時増刊2009年度数学教育学会　春季年会発表論文集』pp. 145–147.

（柳本　哲，深尾武史）

第4章
幾　何

幾何教育は，学校教育では図形教育といわれ，わが国の数学教育では小学校から指導内容の１つとなっている。図形教育の内容は幾何学を背景としているため，ユークリッドの「原論」，ヒルベルトの「幾何学基礎論」と密接に関係している。つまり，ユークリッドは直感を廃して論理的に幾何学を構成しようとし，それをヒルベルトは厳密な論理により体系化した。その歴史的背景を踏まえわが国の図形教育の内容が独自に構成されている。

本章では，以上のことを念頭に置き小中高等学校で扱われる図形教育の性格を示す。そして，そこからみえてくる指導上の留意点と課題について論じる。具体的には，小学校から扱われる平面図形と空間図形の基本的概念や性質と中学校から本格的に扱われる論証の内容およびそれらの指導について取り上げる。そして，図形指導の留意点と課題を理解し，授業を考案できるようにしたい。

学びのポイント

・小中高等学校の幾何分野の学習内容を把握する。
・中等数学教育の図形領域において図をかくことや論証の意義について理解する。
・平面図形や空間図形の取扱いや生徒の実態を知るとともに，指導上の課題を把握する。
・幾何教育の背景を知り，実践例を通して指導イメージをもつ。
・エウクレイデスの「原論」について知り，中等数学教育への活用ができる。
・定義，公理，定理，証明などによる数学書のスタイルの原点を知る。
・「図形と方程式」の問題に行列式が利用できることを知り，線形代数を用いることで統一的な見方が可能であることを知る。

小学校算数科，中学校数学科，高等学校数学科における幾何分野の主な学習内容

高等学校	幾何分野と関連する主な内容		
数学Ⅲ		数学C	⑴ベクトル 平面上のベクトル ・ベクトルとその演算　・ベクトルの内積 空間座標とベクトル ・空間座標，空間におけるベクトル
			⑵平面上の曲線と複素数平面 平面上の曲線 ・一次曲線（直交座標による表示） ・媒介変数による表示　・極座標による表示 ＊二次曲線 複素数と複素数平面 ・複素数平面　・ド・モアブルの定理
数学Ⅱ	⑵図形と方程式 直線と円 ・点と直線 ・円の方程式 軌跡と領域	数学B	
数学Ⅰ	⑵図形と計量 三角比 ・鋭角の三角比 ・鈍角の三角比 ・正弦定理，余弦定理 図形の計量	数学A	⑴図形の性質 平面図形 ・三角形の性質　・円の性質　・作図 空間図形
			⑶数学と人間の活動 数量や図形と人間の活動 遊びの中の数学 ＊ユークリッドの互除法，二進法，平面や空間における点の位置

中学校	幾何分野（「Ｂ図形」領域）と関連する主な内容 （内容が豊富なため，特徴的な内容のみ抜粋した）
第３学年	図形の相似 ・平面図形の相似と三角形の相似条件 ・相似な図形の相似比と面積比及び体積比の関係　・平行線と線分の比 円周角と中心角 ・円周角と中心角の関係とその証明 三平方の定理 ・三平方の定理とその証明
第２学年	基本的な平面図形と平行線の性質 ・平行線や角の性質　・多角形の角についての性質 ・平面図形の性質を確かめること 図形の合同 ・平面図形の合同と三角形の合同条件　・証明の必要性と意味及びその方法
第１学年	平面図形 ・基本的な作図の方法　・図形の移動　・作図の方法を考察すること 空間図形 ・直線や平面の位置関係　・基本的な図形の計量　・空間図形の構成と平面上の表現

小学校	幾何分野（「Ｂ図形」領域）につながる主な内容
第６学年	1　縮図や拡大図，対称な図形　2　概形とおよその面積 3　円の面積　4　角柱及び円柱の体積の求め方
第５学年	1　平面図形の性質　2　立体図形の性質 3　平面図形の面積　4　立体図形の体積
第４学年	1　平行四辺形，ひし形，台形などの平面図形　2　立方体，直方体などの立体図形 3　ものの位置の表し方　4　平面図形の面積　5　角の大きさ
第３学年	1　二等辺三角形，正三角形などの図形
第２学年	1　三角形や四角形などの図形
第１学年	1　図形についての理解と基礎

1　幾何分野の内容構成

小学校算数科は「B図形」領域，中学校数学科で「B図形」領域，高等学校で各科目の内容に基づき，小学校から高等学校までの幾何分野の主な学習内容を示す。

（1）平面図形

① 小学校での扱い

図形は，第1学年で身のまわりにある具体物の色や重さ，材質など，形以外のものを捨象してものの形を抽象するところから始まる。観察，実験，構成，作図などの操作活動を通して，三角形や四角形などの基本図形について基礎的な考察をする。図形の見方や感覚を豊かにする活動の1つに「敷き詰め」がある。第2学年では「正方形，長方形，直角二等辺三角形の色板の敷き詰め」を通して，平面の広がりや一定の決まりに従って並べることによって模様の美しさを感じとることができるようにする。また，第4学年では「平行四辺形，ひし形，台形で平面を敷き詰める」（図4－1）ことを通して，敷き詰め図形のなかにほかの図形を見つけたり，平行線の性質に気づいたりして，図形についての見方や感覚を豊かにする経験を大切にする。また，平面図形の計量については，第4学年で，面積の単位，正方形，長方形の面積，角の大きさについて，第5学年で，三角形，平行四辺形，ひし形，台形の面積について，第6学年で

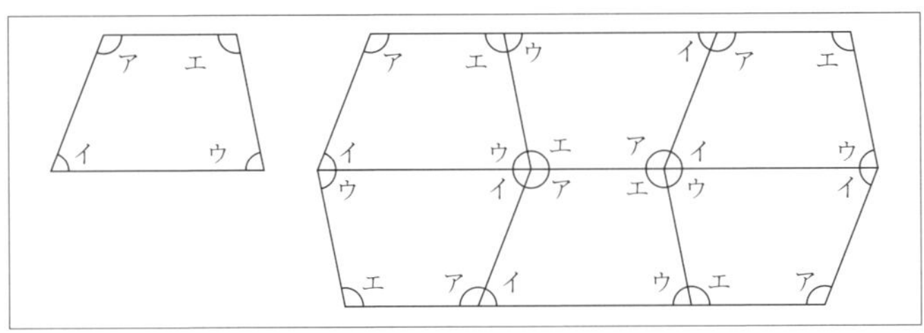

図4－1　台形の敷き詰め（小学校第4学年）

円の面積について学習する。

② 中学校での扱い

第1学年では平面図形（基本的な作図，図形の移動），第2学年では平行線と角，三角形と四角形（図形の合同），第3学年では図形の相似，円周角と中心角の関係，三平方の定理を学習する。特に，第2学年で本格的に論証指導が始まる。証明では定理や証明の発見のしかた，証明の意味，証明の意義など，いろいろな視点がある。例えば，正方形，ひし形，長方形，平行四辺形の定義をもとにして，正方形，ひし形，長方形，平行四辺形の間の関係を論理的に考察し，整理する（図4－2）。

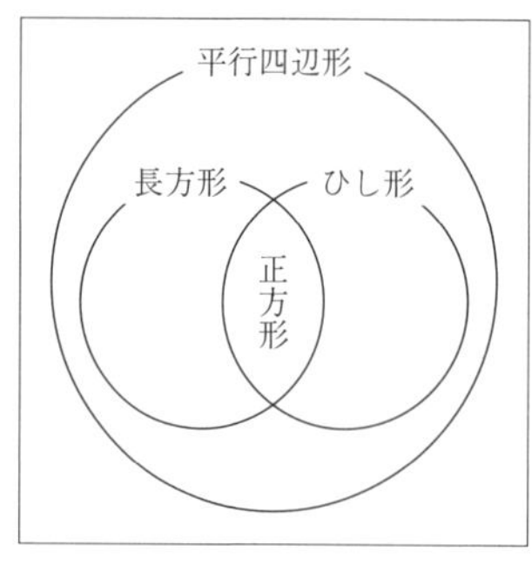

図4－2　四角形の包摂関係

③ 高等学校での扱い

数学Ⅰでは図形の構成要素間の関係を三角比を用いて表現するとともに，正弦定理，余弦定理やその他の公式として導く。また，数学Aでは，中学校までの学習内容を踏まえ，三角形の性質や円の性質など基本的な性質に着目し，図形の新たな性質を見いだし，考察したり説明したりする。

数学Cでは，平面上のベクトルの意味や表し方，演算，内積などの基本的な性質を用いて，平面図形の性質を見いだすなど，代数的あるいは図形的な性質を中心に学習する。

直線や円から放物線，楕円，双曲線まで考察の範囲を広げ，幾何学的な定義に基づいて曲線の方程式を導き，それぞれの基本的な性質をはじめ，解析幾何学的な方法についても学習する。また，曲線の媒介変数表示や直線や曲線の極方程式による表し方を学習し，複素数平面と複素数の極形式，複素数の実数倍，和，差，積，商の図形的な意味を理解し，複素数の演算について複素数平面における図形の移動などと関連付けて考察する。

（2）空間図形

①　小学校での扱い

第1学年で箱を対象に形を全体的に捉える見方と機能的な性質に着目し，第2学年では平面図形と同様に頂点，辺，面といった図形の構成要素に着目し，正方形や長方形の面で構成されている箱の形を学習する。これを受けて，第4学年で，立方体と直方体について，それを構成する要素に着目し，辺と辺，辺と面，面と面の平行や垂直の関係について考察する。そして，立体図形を見取り図や展開図のように平面上に表現することや，逆に平面上に表現した立体図形から実際の立体図形を構成する活動を通して，空間についての感覚を豊かにする。そして第5学年では，角柱，円柱について，それらを構成する要素である底面，側面に着目し，得られた図形の性質をもとに既習の図形を捉え直す。体積については，第5学年で立方体と直方体について，単位体積となる立方体を積み重ねて作ることができることから，縦，横，高さを測ることによって計算で求められることを理解する。第6学年で，角柱，円柱の体積を求めることを学習する。

②　中学校での扱い

中学校数学科第1学年では，小学校で扱った立体図形の学習の上に立って，空間図形，つまり空間における線や面の一部を組み合わせたものとして空間図形を扱うことになる。具体的には，空間における直線や平面の位置関係，平面図形の運動による空間図形の構成について学習する。また，空間図形の必要な部分を見取図，展開図，投影図として表現することによって，空間図形の性質を理解する。錐体や球の体積について，柱体との関係を予想し，実験による測定によって確かめるなど，実感を伴って理解する。柱体や錐体の表面積については，展開図の有用性を感得しながら理解する。特に，円錐の側面積を求めるとき，側面を展開図に表すことにより扇形と捉え直すことができる。その際，扇形の弧の長さと面積の求め方について学習する（教科書によって，これらは平面図形のなかに位置づけられている場合がある）。球の表面積についても実験による測定によって確かめるなど，実感を伴って理解する。第3学年では，平面図

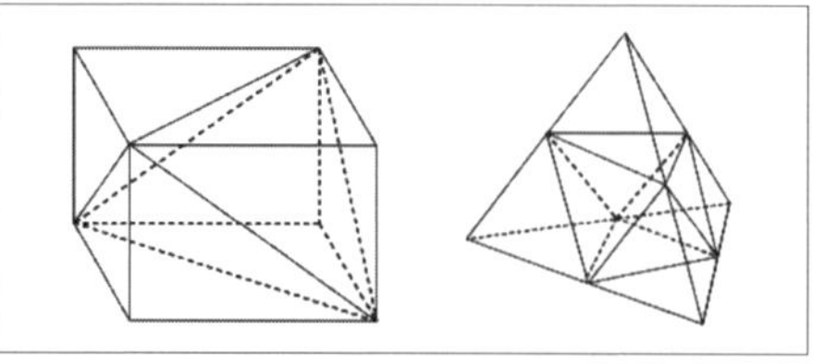

図4－3　直方体，四面体の切断

形についての相似の意味から類推して，立方体，直方体，柱体，錐体，球などの基本的な立体についての相似の意味を理解する。また，相似な立体の相似比，表面積比，体積比の関係を理解する。さらに，三平方の定理を活用する場面で，立方体や直方体の対角線，錐体の高さを求めるなど，空間図形の計量について考察する。

③　高等学校での扱い

数学Ⅰでは，三角比や正弦定理，余弦定理などの活用場面として，簡単な空間図形の計量を扱い，図形の計量の考察や処理に有用であることを感得しながら理解する。また，数学Ａでは，２直線や２平面の位置関係や直線と平面の位置関係に関する基本的な性質を理解できるようにするとともに，直方体の３頂点を通る平面で直方体を切ることを四面体に発展させる（図4－3）などの活動を通して，空間認識力を高めたり，空間図形のなかに平面図形を見いだし，図形の性質を統合的・発展的に考察する。

数学Ｃでは，空間座標の概念を導入し，その意味や表し方について理解し，成分や内積などの平面上のベクトルの考えを空間に拡張して空間ベクトルを学習する。

2　幾何分野の学習指導（先行研究における課題と指導の指針）

本節では，数学において基礎となる図形指導の課題と指導指針について述べる。

（1）先行研究における課題：論証の一般性

中学校第２学年から本格的な論証指導が始まる。証明の学習は，定理の発見と証明のしかた，証明の意味，証明の意義などの要素があり，これらを指導することは意義がある。

現在の生徒の状況をみてみると，２つの三角形が合同であるために必要な辺や角の相等関係についてはほぼ理解しているといえる（全国学力・学習状況調査2018⑦(１)72.4%)。しかしながら，証明の必要性と意味を理解しているかというと不十分であることがわかる（全国学力・学習状況調査2018⑧46.1%)。これ以前の全国学力・学習状況調査の結果においても同様の傾向にある。

先行研究においても，小関他（1987）は，真の証明ができたかどうかを知るためには，論証の意義が十分に理解できているかどうかが大切であるとし，論証の意義の指導観点として「論証の一般性を理解させる」ことをあげている。そのために次の４つを理解させることが大切であると述べている。

(i)　命題は全称命題であることの理解

(ii)　証明には一般性があることの理解

(iii)　図は代表であることの理解

(iv)　実験・実測による方法の特徴の理解

(２) 先行研究における課題：論証の仕組み

証明の学習では，証明の方針を立て，それに基づいて証明することが大切である。2017年の全国学力・学習状況調査の数学Ｂの筋道を立てて考え，証明する大問④(１)の正答率は45.0%にとどまり，課題があると指摘されている。同様に，他の年度においても正答率が低い傾向がみられる。この結果から証明をどのように筋道をたてて考えればよいかわからず，その結果証明が書けない生徒が多くみられることがわかる。このような生徒には，「Ⅰ．結論を示すためには何がわかればよいか」「Ⅱ．仮定からいえることは何か」「Ⅲ．ⅠとⅡを結び付けるには，あと何がいえればよいか」を考えることによって，証明（推論）の仕組みを理解するとともに，証明の方針を立てることの有用性を実感することが大切である。

先行研究においても，国宗（1987）は「推論の仕組み」を理解させることとして，仮定・結論，証明や根拠となる事柄，定義の意味などを理解させ，また，それらを明確にするためには，循環論法は不合理であると指摘できることが必要であると述べている。

（3）指導の指針

① 論証の一般性

三角形の内角の和が180°であることを理解するために具体的な三角形をいくつ調べても，すべての三角形に対して正しいとはいいきれない。帰納と演繹の違いを理解し，証明の必要性と意味についての理解を深められるようにする必要がある。例えば，対頂角の性質や三角形の内角の和，平行四辺形の性質などの学習において，帰納的に調べていくことと演繹的に推論していくことの違いを確認することで，証明の必要性と意味についての理解を深められるように指導することが大切である。

生徒の学習面では，三角形の内角の和が180°になることについて，具体的な角度を確かめることで成り立つと予想される事柄を見いだすことができ，さらにいろいろな角度を確かめることでその信頼性は高くなるが，すべての場合について調べつくすことはできないと気づかせることが大切である。そのことから，演繹的な推論による説明が必要であることを確認する場面を設定することが望まれるだろう。このようなプロセスを大切にすることで，代表するただ1つの三角形について証明できれば，一般化された形での理解がなされるであろう。同様に，帰納的に調べるだけでは，すべてを調べつくすことはできないことから，演繹的な推論が必要であると確認する場面をくり返し設定することが大切である。

② 論証のしくみ

(1) 基礎的・基本的な事項

論証を正しく行うためには，仮定，結論，根拠となる基礎事項，演繹推理に必要な形式論理の4つすべてが必要である。

これらの事項は，一般的な図的表現・記号化・数学化など，生徒にとって理解するのに困難度の高い内容であり，指導においては早期に習得することを期

右の図の正三角形 ABC の辺 BC, CA 上に BP＝CQ となる点 P, Q をそれぞれとるとき, ∠BAP＝∠CBQ となることを証明しなさい。

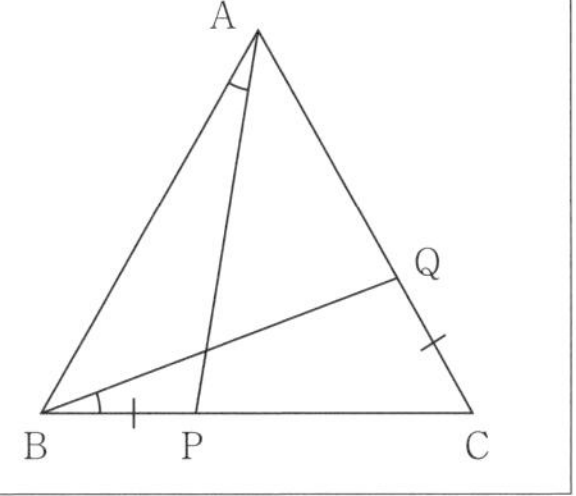

図 4-4　証明の方針を立てて証明するための課題

待せずに, 授業者が模範となるような表現をくり返し用いて生徒に伝えることが大切である。

⑵　仮定と結論

何を出発点にして, 何を証明するかを把握させることは, 与えられた命題の仮定は何で, 結論は何かを明確にするところから出発する。この力を確実につけるためには, 命題の図的表現とともに, 仮定・結論を記号を用いた数学的な表現で常に行うことが望ましい。

⑶　方針を立てることの大切さ

証明をする際には, 方針を立てることが大切である。証明の方針を立てるには, 結論を導くために必要な事柄を結論から逆向きに考えることや, 仮定や仮定から導かれる事柄を明らかにしながら, それらを結び付けることが重要になる。したがって, 試行錯誤しながら方針を明確にしつつ証明の方針を立て, それに基づいて証明することが, 証明の方法を理解することにつながっていくと考えられる。図 4-4 のような具体的な課題をもとに, 証明の方針を立て, その方針に基づいて証明する指導について考えていく。

まず, 生徒は「仮定：△ABC が正三角形, BP＝CQ」と「結論：∠BAP＝∠CBQ」を把握することが必要である。中学校の論証での中心教材は, 角の相等・線分の相等を証明することであり, それを導く最も有力な方法は合同な三角形を見つけ, その対応角・対応辺であることを利用する方法である。このことから「∠BAP＝∠CBQ を示すためには, どの2つの三角形に着目すればよいか」を考える。

ここで，∠BAP と∠CBQ が対応する角になっている２つの三角形を見つけることが，証明の方針を立てることの有用性を実感することや証明の大筋をつかむことにつながる。

次に，仮定をもとに「△ABP と△BCQ の辺や角について，等しいといえるもの」を考える。そして，「あと何がわかれば，△ABP と△BCQ の合同がいえるか」を考え，証明の大筋をとらえる。このような手順を踏みながら，立てた方針に基づいて証明を行う。

最後に，証明の方針を立てるために大切なこととして，次のⅠ～Ⅲのことをまとめるとよい。

Ⅰ．証明するには何がわかればよいか。

Ⅱ．仮定からいえることは何か。

Ⅲ．ⅠとⅡを結び付けるには，あと何がいえればよいか。

③　空間図形

高等学校では，空間の広がり，空間図形が具体的にイメージでき，図的表現ができることや空間における位置関係が把握できることを前提として，指導内容が構成されているといっても過言ではない。空間図形を分析し平面図形を抽出し表現することや問題解決に必要な情報を抽出できることが重要となってくる。また，見取図による表現を展開図，投影図，断面図などの別の図への表現に変えることができるように多様な表現方法の習熟が望まれる。

例えば，数学Ⅲにおける積分によって立体の体積を求めるためには，微小体積を無限に足し合わせていくことが基本となる。したがって，体積を求めるときは立体の断面積を考えることから始めることになる。図４-５のような非回転体の体積を求める場合，適切な座標軸をとり，平面 $x=t$ で切断し，その切り口の面積を $S(t)$ で表すことが必要になる。そこで，見取図から断面図や投影図への表現に習熟しているならば，切り口が長方形であることを確かめられ，縦と横の長さを t で表すことが容易になり，切り口の面積 $S(t)$ を導くことにつながる。

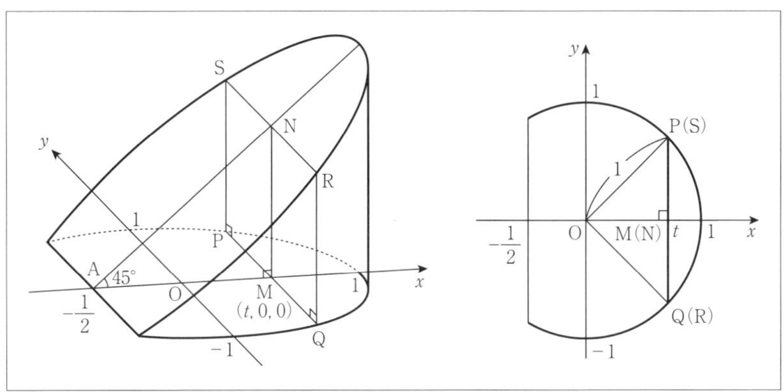

図 4－5　非回転体の求積

（4） 発展的教材

平面上における2直線は交わるか交わらない（平行）かのいずれかである。しかし，空間における2直線も交わるか，交わらないかである。ただ，交わらない場合は平行の場合とねじれの位置にある場合がある。空間において2直線が与えられたとき，その2直線が交わるか交わらないかを考えることは容易ではない。そこで，次のような課題を考える。

> O(0, 0, 0), A(4, 0, 0), B(0, 6, 0), C(0, 0, 3) とし，OA, OB, OC を隣り合う3辺とする直方体があります。辺上の点 P(2, 0, 3), Q(0, 6, 1), R(0, 4, 3), S(4, 1, 0) に対して，線分 PQ，線分 RS は交わるか交わらないかを判断しなさい。なお，その判断の方法を2通り示しなさい。
>
> 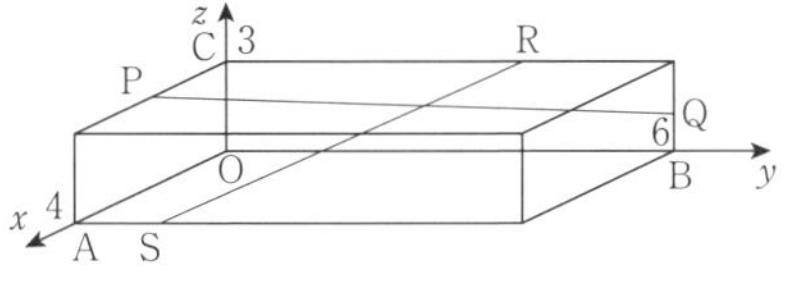
>

解法としては，直線 PQ と直線 RS のベクトル方程式を連立させて考えるもの，平面 PQR の法線ベクトルと $\overrightarrow{RS}$ のなす角を考えるもの，xy 平面への射影を考えるもの，直線 PQ 上の点を H，直線 RS 上の点を I とし，線分 HI の長さを考えるものなどがある。

さらに，線分 PQ と線分 RS の位置関係を考えさせる課題を加えてもよい。先に述べたように，中学校第１学年で空間における図形を扱ったあとは，高等学校では数学Ｃの空間ベクトルまでは指導内容として位置づけられておらず，空間図形に触れる機会が大変少ないと考えられる。空間の認識力は年々低下している可能性がある。いろいろな機会を通して空間図形を扱うことが大切である。

3　幾何学分野における数学的背景

（1）初等幾何に関する話題

①　幾何学分野における中等教育と大学教育での相違

初等中等教育での幾何的内容と，大学で学ぶ幾何学とはかなり性格を異にする。初等中等教育では，幾何学といえば図形に関する学習であるが，大学で学ぶ現代の幾何学は空間に関する学問である。平面図形，空間図形という言葉があるように，図形は $\mathbb{R}^2$ や $\mathbb{R}^3$ のなかにあり外から観察することができたが，後者では $\mathbb{R}^2$（平面）や $\mathbb{R}^3$（３次元空間）に収まらない数学的対象を主に考察するため，図がない状態でも（図があったとしても惑わされずに）考察できるだけの論理力が必要になる。

とはいえ，中高等学校で学ぶ幾何学も大学で学ぶ幾何学も長い歴史の流れのなかに存在しているから，当然のことながらつながっている。そこで中学校数学科と関連して初等幾何の話題をまず紹介する。

②　平行線と角

中学校の「Ｂ図形」領域では平行線と角に関する性質を学ぶ。すなわち，

命題１．⑴平行な２直線に１本の直線が交わるときにできる同位角の大きさは等しい。

⑵２直線に１本の直線が交わってできる同位角の大きさが等しいならば，

これら2直線は平行である。

である。「同位角」を「錯角」と置き換えても同様に成立する。平行という直線の位置関係を角度で捉え直す重要な定理である。

その後，教科書は図形の性質の証明を扱うことになるが，そのときも命題1はしばしば用いられる。例えば，三角形の内角の和が2直角であることの証明である。この命題1であるが，現在の中学校の教科書では，小学校算数科で体験した，2つの三角定規を用いて一方を滑らせる方法で説明している。この後に続く命題が演繹法による証明により理由づけされているのに対し，ここは体験をもとにしている。この事実をきっかけにして，初等幾何学とエウクレイデスの原論について紹介する。

③　エウクレイデスの原論

エウクレイデスは紀元前4世紀から3世紀頃にいたとされる人物である。英語ではユークリッドといい，こちらの呼び方が日本では一般的である。この人物が紀元前300年頃に書いたとされるのが，「原論（ストイケイア）」という書物である。全部で13巻からなる大著で，平面幾何，立体幾何，比例論，数に関する理論などから構成されている。現在，中学校や高等学校数学Aで学ぶ図形に関する事柄の多くは，この時代にすでに知られているものである。ところが，記述の方法は中学校とは異なっている。経験を排して，定義と公理，公準から理論を一から作り上げるというスタイルの記述である。まさに，大学以上の数学書の記述法に近い。なお以下，原論からの引用はすべてユークリッド（2007）による。

原論のなかでも特に有名なのが第1巻である。これは平面幾何に関する内容になっていて，48個の定理とその証明で構成されている。最初の定理は定規とコンパスによる正三角形の作図に関するもので，最後の定理はピタゴラスの定理の逆である。理論を開始するにあたっては出発点となる定義と正しいと認める事柄が必要になる。第1巻では23個の定義と9個の公理，それに5個の公準がそれらに相当する。ここで公理が「同じものに等しいものはまた互いに等しい」といった一般的なものであるのに対し，公準は平面幾何を始めるにあたっての要請になっている。

公準（要請）（ユークリッド，2007）．次のことが要請されているとせよ。

(1)任意の点から任意の点へ直線をひくこと。

(2)および有限直線を連続して一直線に延長すること。

(3)および任意の点と距離（半径）とをもって円を描くこと。

(4)およびすべての直角は互いに等しいこと。

(5)および１直線が２直線に交わり同じ側の内角の和を２直角より小さくするならば，この２直線は限りなく延長されると２直角より小さい角のある側において交わること。

原論第１巻は図形についての定義と公理，公準を出発点にして，定理とその証明を重ねていくのである。この手法が大学で学ぶ数学の記述と重なるのである。公理を出発点とするとはいかないまでも，高等学校数学Ａの教科書のなかには，図形単元の記述方法において，定理を積み重ねているものも存在している。

さて，公準にしても第５公準を除き，当たり前に思える事柄である。このような直感を避けて組み立てる仕組みがすでに2300年前に構築されていた。だからこそ，その後何世紀にもわたり，原論の姿勢は一種の規範として読まれ続けてきたのである。そのような数学のもつ一面を指導することには教育的価値がある。

話題は変わるが，原論は定義から組み立てるという姿勢で記述された書物であるので，数も定義されている。原論第７巻の定義２には「数とは単位から成る多である」と記載されている。現代の記号で表せば，単位とは１のことであるから，１は数とはみなされていないのである。

④　コンパスの役割

中等教育上の観点から，ここで第３公準について言及する。これは，任意の点と距離（半径）とをもって円を描けることを認める（要請する）と述べているものである。これを読むと，「任意の点と距離（半径）」と書かれていることから，ある点を中心にして，どこか別のところで測りとった半径でもよいから円が描けることを要請していると予想できる。しかし実は，そうではない。コンパスを用いた動作で説明するなら，ある点にコンパスの針を刺し，そこから取られた距離を中心にして円を描くということである。

小学校第3学年でコンパスの使い方を学ぶとき，長さを写し取るという役割を学ぶ。しかし，第3公準が要請しているコンパスの機能は，円を描くための道具にとどまっている。とはいえ，長さを写し取ることは基本的で重要な操作である。そこで，その行為の方法も次に示す第1巻の定理2で示しているのである。

命題2（原論第1巻：定理2（ユークリッド，2007））．与えられた点において与えられた線分に等しい線分を作ること。

与えられた点を端点にして，別に与えられた長さ（与えられた線分）に等しい線分の作図法を述べているものである。中等教育の数学ではこの部分は証明の対象とはしていないが，数学科教員としては作図において重要な「長さを写し取る」というコンパスの役割をも証明できることは理解しておくべきである。また，探求学習などの教材としても使用できる。なお証明については，ユークリッド（2007）を参照していただきたい。

⑤ 図をかくことの重要性

このように厳格に理論が展開される原論であるが，実はいろいろと理論的な不備が存在するのである。ここではその一端を紹介して，それを教育にいかす方法を考えてみたい。まず第1巻の定理1を紹介しよう。

命題3（原論第1巻：定理1（ユークリッド，2007））．与えられた有限な直線（線分）の上に等辺三角形を作ること。

等辺三角形とは正三角形のことで，与えられた線分を一辺とする正三角形の作図法を述べているものである。その証明は中学校の作図の学習で行われるものと同様である。公準が使われている場面を意識してかくと，次のようになる。

与えられた線分を AB として，点 A，点 B を中心とする半径 AB の円 A と円 B をかく。これは第 3 公準より可能である。そして，交わった点の 1 つを C として A と C，B と C をひく。これは第 1 公準より可能である。円の定義などを使うと，△ABC が正三角形であることがわかる。

これで問題なさそうであるが，実は証明（作図法）に，仮定された公理と公準から導くことができない事柄が含まれているのである。それは円 A と円 B が交わることが証明されていないということである。実際に，この 2 つの円が交わることを，ユークリッドが用意した公理や公準からは導けないことが知られている。

もちろん，このことに気付くにはかなりの論理力が求められる。児童や生徒にそれを求めることは現実的ではない。だからといって，この例が数学教育上，無意味であるとはいえない。図形の証明問題は図から導かれる点があるため，証明は図を正しくかくところから始まっていることを教員自身が認識し，その上で学習指導を行う重要性を示唆しているのである。最近の教科書や問題集は図形の問題には図がかかれていることが多い。生徒のかいた図によって（例えば三角形に関する問題で鋭角三角形をかくか鈍角三角形をかくか），証明に差異が生じることに配慮すると，このような対応はわからないでもないが，文章を読み取って図をかくことは数学的な表現を理解する上でも重要な活動である。大学入試問題ともなると，図がかかれていない場合が多いが，これは文章から関係を正しく読み取って構成する力をみているとも考えられる。よく知られたことであるが，誤った図をかいて，それを拠り所に証明を進めることで，任意の三角形が正三角形であることが証明できる。このようなことが起こらないように，正しく図をかく指導に留意したい。

その一方で，図だけに頼らず現代数学風に証明を考えると，このギャップには気付くはずである。この場合だと点 C ∈ 円A ∩ 円B ということなので，自ずと円A∩円B≠∅かどうかという点に注意が向く。このような点からも，大学で集合をベースにした数学を学ぶ意義がある。

⑥　平行線について

平行線の話題に話を戻す。結論を述べると，第1公準から第4公準を仮定し，第5公準を用いないでも，命題1(2)は証明できるのである。「同位角が等しいならば平行」という方である。ところが，命題1(1)を示そうとすると，第5公準が必要なのである。そればかりではない。実は逆も成り立ち，「平行ならば同位角が等しい」から第5公準が示されるのである。

命題1(1)を用いて三角形の内角の和が2直角であることが示される。また，定規をずらして平行線をひく方法の背後には，命題1(2)がある。このようなことを考えると，いろいろなことがつながってくることが予想される。実は次の事実が知られている。

命題4．第4公準までを仮定したとき，次は同値である。

(1)第5公準。すなわち，1直線が2直線に交わり同じ側の内角の和を2直角より小さくするならば，この2直線は限りなく延長されると2直角より小さい角のある側において交わる。

(2)命題1(1)。すなわち，1直線が平行な2直線に交わってできる同位角の大きさは等しい。

(3)三角形の内角の和は2直角である。

(4)直線とその上にない1点が与えられたとき，その1点を通り，与えられた直線に平行な直線がただ1つ存在する。

(4)はしばしば平行線公理といわれる。命題4を読むことで，1直線が平行な2直線に交わってできる同位角の大きさは等しいことを，経験的操作的に導入する理由が理解できる。これが論証の出発点である第5公準と同値で，あとでみるように第4公準までを用いて証明できないからである。

実は原論第1巻において，定理28までは第5公準を用いずに議論は進んでいる。そして定理28までで，命題4に関係するものとして，次のことを示している。これらをみると，第5公準がどの部分に関連しているか想像ができる。

命題5（原論第1巻：定理27（ユークリッド，2007））．もし1直線が2直線に交わってなす錯角が互いに等しければ，この2直線は互いに平行であろう。

そしてこれを用いて，次が第5公準を用いずに示されている。

命題6（原論第1巻：定理31（ユークリッド，2007））．与えられた点を通り，与えられた直線に平行線をひくこと。

つまり，命題4(4)のような平行線の存在は認められるが，ただ1つかどうかは保証されていないのである。命題4(3)に関するものとしては，次のものがある。

命題7（ルジャンドルの第1定理）．第1公準から第4公準までを仮定すると（つまり第5公準を仮定しなければ），任意の三角形の内角の和は2直角以下である。

以上の命題の証明は原論や初等幾何の解説書などを参考にしていただきたい。

⑦　双曲幾何学

長い歴史のなかで，幾多の人たちが第5公準を他の公準から証明しようと試みた。しかし，第1公準から第4公準の4つの公準と第5公準が独立であることが実に19世紀になって明らかになった。第1公準から第4公準を仮定しながら第5公準を成り立たないとする幾何学，双曲幾何または非ユークリッド幾何といわれるものが発見されたのである。命題4から命題7により，第5公準を否定した世界では，1直線が2直線に交わってなす錯角が互いに等しいとき，この2直線が互いに平行であることはいえても，逆が成り立たない。三角形の内角の和が２直角より小さい。与えられた点を通り，与えられた直線に平行線が複数存在する。このような世界になる。

ここで，球面幾何について述べておきたい。球面上で繰り広げられる幾何で，大円を直線とする幾何である。この場合，北極と赤道上の２点を頂点とする三角形をかくと三角形の内角が２直角を超える。そうすると命題７に矛盾するように感じられる。内角の和についてはその通りである。しかし，球面幾何は第２公準を満たさない。有限直線である大円はそれ以上延長されないからである。なおこの球面幾何のような第５公準以外の成立を仮定しない幾何を含めて，非ユークリッド幾何ということもあることを付け加えておく。

同位角と平行線の関係についての背景や深い知識を提供することを目的として話題提供したが，これは数学教育者に「正しい」という認識を何によって育むかを再考察する機会を提供する題材でもある。世のなかにはいろいろな「正しいもの」があるが，数学では証明されたものだけが真なのである。しかし，証明を行うにもその出発点が必要である。三角形の内角の和が２直角であることの証明に，同位角の性質や第５公準を用いるなら，それを仮定する必要がある。仮定すれば真であるが，否定すれば偽である。何かを仮定した上で真性を判断すること，それが証明であって，その積み重ねが数学である。そして，前提として認めるからには，それが他から否定されないことが保証される必要がある。それがあって，はじめて公理となる。これが学問としての数学の姿勢である。

それに対し中等教育における数学では，「＊＊を公理として仮定して議論を開始する」という純粋に数学的な方法を採用する代わりに，実験・操作による方法で「１直線が平行な２直線に交わってできる同位角の大きさは等しいこと」を確認する。これは理科的に「正しいこと」の実証方法であり，生徒たちが成長するなかで，幾度となく出合う手法である。中学生の段階を考慮すると，綿密な議論を避けつつも，それを補完するために実験的方法で確認を行うことの教育的意義は大きい。

数学科教員としては，公理を積み重ねて構築する数学も学ぶべきである。大

コラム

平行線と角に関する，筆者の思い出話を披露したい。それは筆者が中学生のときの数学の授業のことだった。「これからは数学でも日本語を書くことが大切になりますよ」というようなことを当時の先生が言われた。そして，「例えば，三角形の角の和が180°になることは知っていたとしても，その理由を説明できますか？」と生徒たちに尋ねられた。私は出しゃばって，「平行線を引いて錯角が等しいことを使えばいい」と答えた。それに対して先生は「ではなぜ，平行線の作る錯角は等しい？」と私に問いただし，ぐうの根も出ない私に，「実はそれだけで本が一冊書けるくらいのことなんですよ」と言われ，何事もなかったかのように授業を続けられた。本一冊というほどなので，きっと，第５公準にまつわる歴史や双曲幾何学を念頭において仰っていたのだと思う。こういう切り返しもあるのだと，今の立場になると思い返される。

学低学年で学ぶ数学のなかで，このような性格を有する数学といえば，位相空間論がこれに当てはまる。位相空間を定義する際の開集合系の公理に始まり，分離公理，可算公理などを次々と仮定して理論を構築するのである。

（２）座標幾何に関する話題

続「図形と方程式」

高等学校の数学Ⅱの単元「図形と方程式」での代表的な問題類型の１つとして，「与えられた点を通る図形の方程式を求める」というものがある。図形の決定問題として幾何学的に重要な問題である。この種の決定問題は実は数学Ⅰで放物線の方程式を学んだ際にも，３点を通り y 軸に平行な軸をもつ放物線の方程式を求める問題として出題されている。そのようななか，高等学校（一部の内容は中学校）の教科書や参考書では，２点を通る直線の方程式は半ば公式として紹介されている。しかし，３点を通る放物線や円の方程式は公式として与えられていない。

大学での数学の学びが「図形と方程式」から直結する例として，通る点の座標から方程式を記述する一般的な方法を提示する。直線，放物線，円，楕円，双曲線など，1つの多項式で表現されるものなら，次に紹介する方法で表示可能である。

例えば，2点 A(a_1, a_2), B(b_1, b_2) を通る直線の方程式であれば，行列式を用いて

$$\begin{vmatrix} x & y & 1 \\ a_1 & a_2 & 1 \\ b_1 & b_2 & 1 \end{vmatrix} = 0$$

であり，3点 A(a_1, a_2), B(b_1, b_2), C(c_1, c_2) を通る y 軸に平行な軸をもつ放物線の方程式は，

$$\begin{vmatrix} x^2 & x & y & 1 \\ a_1^2 & a_1 & a_2 & 1 \\ b_1^2 & b_1 & b_2 & 1 \\ c_1^2 & c_1 & c_2 & 1 \end{vmatrix} = 0$$

であり，3点 A(a_1, a_2), B(b_1, b_2), C(c_1, c_2) を通る円の方程式は，

$$\begin{vmatrix} x^2+y^2 & x & y & 1 \\ a_1^2+a_2^2 & a_1 & a_2 & 1 \\ b_1^2+b_2^2 & b_1 & b_2 & 1 \\ c_1^2+c_2^2 & c_1 & c_2 & 1 \end{vmatrix} = 0$$

で与えられる。いずれも，第1行で展開すると，該当する図形の方程式になっていることはわかる。また，通るとされる点の座標を第1行に代入すると，2つの行が等しくなり行列式の値が0になることにより，確かにこれらの点を通っていることがわかる。数学Cでは，楕円，放物線，双曲線なども学ぶが，これらもこの方法で与えられた点を通る図形の方程式を導くことができる。

表現するだけではなく，利用することも可能である。3点 A(a_1, a_2), B(b_1, b_2), C(c_1, c_2) が同一直線上にあるための必要十分条件は，上の直線の方程式より，

$$\begin{vmatrix} a_1 & a_2 & 1 \\ b_1 & b_2 & 1 \\ c_1 & c_2 & 1 \end{vmatrix} = 0$$

であることもわかる。そして，これは上で与えた放物線や円の方程式の右下の

３次小行列式に等しい。３点が同一直線上にあれば，それらを通る放物線や円が存在しないことも示しているのである。

さてこれは，大学での学びにより，統一的視点が与えられる格好の例ではあるが，「行列式」という言葉を用いることで，このような表現が可能であるという点こそ，数学の指導にとっては重要である。「数学は言葉である」とはしばしばいわれることである。私たちは様々な現象を数値や数式を用いて表現し，思考するわけであるから，まさにその通りであるが，それは新しい言葉を覚えれば表現や思考の幅が広がるということも意味する。この行列式の例は，それを物語っているのである。だからこそ，数学科教員を志すなら，大学で数学の素養を体得することに期待するのである。

引用・参考文献

乾東雄他（1993）「空間図形の捉え方とその指導」『大阪教育大学附属天王寺中・高等学校研究集録』第35号，pp. 53-70.

小関熙純他（1987）『図形の論証指導』明治図書。

国宗進（1987）「『論証の意義』の理解に関する発達の研究」『日本数学教育学会会誌　数学教育学論究』第47号，pp. 3-23.

文部科学省（2018）「小学校学習指導要領解説（平成29年告示）算数編」日本文教出版.

文部科学省（2018）「中学校学習指導要領（平成29年告示）解説　数学編」日本文教出版.

文部科学省（2019）「高等学校学習指導要領（平成30年告示）解説　数学編　理数編」学校図書.

文部科学省国立教育政策研究所（2018）「平成30年度全国学力・学習状況調査報告書　中学校数学」.

吉村昇他（2003）「空間図形の捉え方とその指導（第二報）」『大阪教育大学附属天王寺中・高等学校研究集録』第45号，pp. 23-38.

吉村昇他（2003）「空間図形の捉え方とその指導（第三報）」『大阪教育大学附属天王寺中・高等学校研究集録』第45号，pp. 39-51.

ユークリッド著，中村幸四郎・寺阪英孝・伊東俊太郎・池田美恵訳・解説（2007）『ユークリッド原論』縮刷版，共立出版.

（吉村　昇，牛瀧文宏）

第5章
微分積分

微分積分についての考え方は，小学校第6学年の不定形の面積，中学校第2学年の変化の割合，第3学年の平均の速さに始まる。微分積分は主に高等学校第2，3学年で扱われ，理系の生徒を対象とした数学内容と位置付けられているが，今後は文系の生徒を対象とした取扱いも考える必要がある。また，現状の学習内容は，微分積分の基本性質や数学処理技能が中心となり，現実世界の具体的事象現象を取り上げることは極端に少ない。あったとしても紹介し触れる程度である。したがって，微分積分は数学の世界のなかに存在すると捉えている生徒も多い。現実世界のなかで生き生きと微分積分を使う学習体験が求められている。

微分積分の数学的背景と日本におけるその指導課題を理解し，実際に教員として何をどのように指導していけばよいかを考えられるようになることがゴールである。

・・・ 学びのポイント ・・・

・小中高等学校の微分積分分野の学習内容を把握する。
・微分積分の基礎概念が現象とどのように関連しているのかを知る。
・微分積分の数学的内容の扱いは多いが，現象を対象とした内容はほとんどないことを知る。
・教科書での微分積分の取扱いや生徒の実態を知る。
・微分積分指導における課題を理解する。
・微分積分授業の実践事例から指導のイメージをもつ。

小学校算数科，中学校数学科，高等学校数学科における微分積分分野の主な学習内容

<table>
<tr><th>高等学校</th><th colspan="3">微分積分分野と関連する主な内容</th></tr>
<tr><td rowspan="3">数学Ⅲ</td><td>(1)極限
数列の極限
・数列 $\{r^n\}$ の極限
・無限等比級数の和
関数とその極限
・分数関数と無理関数
・合成関数と逆関数
・関数値の極限</td><td rowspan="3">数学C</td><td rowspan="3"></td></tr>
<tr><td>(2)微分法
導関数
・関数の和・差・積・商の導関数
・合成関数の導関数
・三角関数・指数関数・対数関数の導関数
導関数の応用
・接線，関数値の増減，極大・極小，グラフの凹凸，速度・加速度</td></tr>
<tr><td>(3)積分法
不定積分と定積分
・積分とその基本的な性質
・置換積分法，部分積分法
・いろいろな関数の積分
積分の応用
・面積，体積，曲線の長さ</td></tr>
<tr><td>数学Ⅱ</td><td>(5)微分・積分の考え
微分の考え
・微分係数と導関数
＊関数の定数倍，和及び差の導関数
・導関数の応用
積分の考え
・不定積分と定積分
・面積</td><td>数学B</td><td>(1)数列
数列とその和
・等差数列と等比数列
・いろいろな数列
漸化式と数学的帰納法
・漸化式と数列
・数学的帰納法</td></tr>
<tr><td>数学Ⅰ</td><td></td><td>数学A</td><td></td></tr>
</table>

中学校	微分積分分野（「C 関数」領域）と関連する主な内容
第3学年	関数 $y=ax^2$ （平均の速さ）
第2学年	一次関数 （変化の割合，グラフの傾き）
第1学年	比例，反比例 （比例定数） 空間図形 ・基本的な図形の計量

小学校	微分積分分野（「B 図形」領域）につながる主な内容
第6学年	概形の面積，円の面積
第5学年	3　平面図形の面積 三角形，平行四辺形，ひし形及び台形の面積の計算による求め方 4　立体図形の体積 体積の単位（㎤，㎥）と測定／ 立方体及び直方体の体積の計算による求め方
第4学年	4　平面図形の面積 面積の単位（㎠，㎡，㎢）と測定／ 正方形，長方形の面積（メートル法の単位の仕組み）
第3学年	
第2学年	
第1学年	

1　微分積分分野の内容構成

小学校から高等学校までのこの分野の学習内容は，前頁のようになっている。

①　小学校の扱い

小学校第６学年では，概形の面積や円の面積が扱われ，池などの不定形の面積を求めることになる。その際，方眼を用いておよその面積を求める方法もあるが，平行線で分割して台形の面積の和として求める方法もある。高等学校での積分（区分求積）につなげていく意味では，平行線分割による方法をぜひとも取り上げ，生徒に体験させておきたいものである。上底 a，下底 b，高さ h の台形の面積が $(a+b)\times h\div 2$（小学校では，ことばの式）という公式を使って，台形の面積をくり返し求めていき，その総和として池のおよその面積を求めるのである（図５-１）。このことは，平行線の間隔 h を狭めていく（$h\to 0$）とき，この台形面積の総和は池の面積に限りなく近づいていくことになり，積分（区分求積）の考え方につながっていくものである。また，このような体験は，中学校第１学年で学習する文字・文字式の理解にもつながり，学習指導要領が求めているディープ・アクティブラーニングの活動といえる。

②　中高等学校の扱い

中学校第３学年では，関数と変化の割合の指導のなかで，平均の速さが取り扱われるが，これは高等学校での平均変化率，微分係数の布石となっているので，重要な教材といえる。

高等学校第２学年の数学Ⅱでは，微分と積分を扱う。微分では，平均の速さからその極限値として瞬間の速さを求め，その延長で平均変化率から微分係数を導入し，x^n と定数関数の導関数，導関数の公式，接線の方程式を扱

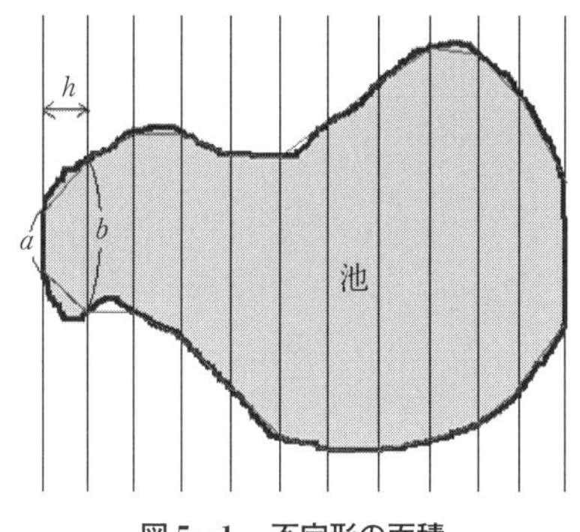

図５-１　不定形の面積

い，導関数の応用として，関数の値の増加・減少，極大・極小，最大・最小，方程式の実数解の個数，不等式の証明を取り扱っている。積分では，微分の原始関数として不定積分を「$F'(x)=f(x)$ のとき，$\int f(x)dx=F(x)+C$」と定義し，x^n の不定積分，定数倍，和，差の不定積分の公式を扱い，「$f(x)$ の原始関数の1つを $F(x)$ とすると，$\int_a^b f(x)dx=[F(x)]_a^b=F(b)-F(a)$」と定積分を定義して，定積分の性質，微分と積分の関係，面積と定積分を取り扱っている。これらのほとんどすべてが数学の世界に閉じた内容となっており，具体的な実生活での応用場面は取り上げられていないので，微分・積分がどのように現実世界に活用できるのかは理解しにくいだろう。

高等学校第3学年の数学Ⅲでは，極限，微分法，積分法を扱っている。極限では，分数関数と無理関数のグラフ，それらの関数と方程式・不等式，合成関数，逆関数を取り上げ，片側からの極限，$x\to\infty$，$x\to-\infty$のときの極限，$\infty-\infty$の極限，指数関数・対数関数の極限，三角関数の極限，関数の連続・不連続，中間値の定理などを取り上げている。微分法では，関数の和差積商の微分，合成関数の微分，逆関数の微分，三角関数の導関数，指数関数・対数関数の導関数，高次導関数が扱われ，導関数の応用として，接線・法線の方程式，平均値の定理，導関数の符号と関数の増減，関数の最大・最小，方程式・不等式への応用，グラフの凹凸，速度と加速度などが扱われている。積分法では，不定積分の基本的な性質，指数関数・三角関数の不定積分，置換積分法と部分積分法，定積分の基本性質，定積分の置換積分法，定積分の部分積分法，区分求積法と定積分，定積分と不等式，曲線のグラフと直線で囲まれた部分の面積，回転体の体積，円やサイクロイドなどの曲線の長さが取り扱われている。

2　微分積分分野の学習指導

（1）微分積分に関する生徒の実態

微分積分は，中学校第2学年の変化の割合，中学校第3学年の平均の速さにその考え方の発端があるとはいえ，一般的に高等学校第2学年，第3学年での学習内容となっている。そして，現在，高等学校数学は選択履修となっており，文系の生徒は数学Ⅰまでの履修で終わる場合も多いため，微分積分を全く知らない生徒がかなりいる状況となっている。微分積分はニュートン力学に始まり，元来，理系の生徒が学ぶ内容と捉えられ，大学で理系に進む生徒には必修の内容と受け止められていた。しかしながら，社会が進歩していくなかで数学が多岐に利用されるようになり，経済や心理学等の文系の生徒にとっても大学専門課程で必要になるなど，微分積分はいろいろな事象を分析総合して考えるための重要な思考手段となっている。それ故，文系の生徒も微分積分の基礎概念を学んでおくことが重要だと考えられる。また，理系の生徒であっても，現在の受験対策の高等学校数学学習内容の結果，数学を思考の道具，様々な数学処理を行うための解法のテクニックと捉えている傾向にある。微分積分が現実世界の現象を解き明かすために生きて働く数学概念であると認識している生徒は少ない。

現在のカリキュラムでは，その指導の能率のよさ等から，数学Ⅱで積分を微分の原始関数として導入し，区分求積が数学Ⅲで扱われているが，これでは積分の概念が導入段階で十分に理解されないと指摘されており，積分の導入において区分求積を教えるべきだとの意見もある。つまり，積分の概念が高校生に十分に理解されていない傾向にある。微分積分に関わった基本性質，公式が多いため，そのテクニックとして学ぶことが多くなり，基本的な微分積分の基礎概念が十分に体得されていないともいえる。

（２）微分積分指導における課題

微分積分指導では，それらが具体的にどのような現実場面と関わっているのか，また，その事象の分析的総合的な考察にそれらがどのように有効に活用されるのかを示す必要がある。例えば，斜面を転がる台車の実験では，時間 x 秒後の転がった距離 y m は，関数 $y=0.15x^2$ のような関係式に表すことができる。このとき，導関数 $y'=0.3x$ は，x 秒後の台車の速度を表し，この速度の関数 $y'=0.3x$ を積分すると x 秒後の転がった距離が求まることになる。このように，現実事象が微分と積分により複眼的に2つの見方で捉えられることを理解させておく必要がある。高等学校第2学年か第3学年のどこで取り扱うかは検討を要するが，区分求積の扱いと同時に検討課題といえる。

先にも述べたように，微分積分の内容が公式を使った計算技能に偏り，様々な現象を解析するための数学概念として理解されていないため，そのような教材を適切に設定し，微分積分を閉じた数学世界のなかの存在に終わらせることなく，現実の広い世界のなかで微分積分が活用できるという認識をもてるようにする必要がある。近年，海外ではSTEM教育やSTEAM教育が活発に議論され実行されている。数学を数学の世界のなかでのみ学ぶのではなく，他教科とも融合し，横断的により広がった世界のなかで学び活用できるようにすることが求められている。数学教育現代化（1970年代）のときには「Euclid must go」の標語のもと教養から実用に価値観を替えることが求められたが，純粋数学から現象解明にというさらなる数学教育の改造が求められているともいえるのではないだろうか。

現実世界の事象を取り上げれば，きれいな数値ばかりとはならず，手計算ではとても処理できないものとなるため，ICT活用が避けては通れないこととなる。電卓，関数電卓，グラフ電卓，関数ソフトGrapes，数学学習・数学教育用デジタルツールGeoGebra，表計算ソフトExcelなどを有効に活用していくことも今後の課題である。

（3）実践事例

① 平均の速さ・微分係数の導入場面（中学校第3学年，高等学校第2学年）

今日では，図5-2のような距離センサーを使った台車実験を行うと，時間xと距離yの実験データを容易に得ることができる（表5-1）。

中学校第3学年では，この実験データをもとに，平均の速さを取り扱うことができる。2秒後に注目したとすると，平均の速さを，2.0～3.0秒，2.0～2.8秒，…，2.0～2.2秒と順に求めると，0.75，0.73，0.70，0.68，0.64となる。また，1.0～2.0秒，1.2～2.0秒，…，1.8～2.0秒と順に求めると，0.46，0.50，

0.52, 0.55, 0.59となる。したがって，2秒後あたりの台車の速さは，およそ0.6 m/秒ぐらいであることが予測できる。このような学習経験は，理系の生徒にとっては，高等学校第2学年での微分の学習へ，文系の生徒にとっては生活上で見聞きする瞬間速度へのより深い理解につながるものであり，学習指導要領が求めているディープ・アクティブラーニングといえる。

図5-2　距離センサーによる台車実験

表5-1　実験データ

x（秒）	y（m）
0.0	0.000
0.2	0.004
0.4	0.021
0.6	0.051
0.8	0.095
1.0	0.150
1.2	0.218
1.4	0.301
1.6	0.395
1.8	0.497
2.0	0.614
2.2	0.743
2.4	0.884
2.6	1.036
2.8	1.197
3.0	1.368

高等学校第2学年では，微分係数の導入場面で，実験データをもとに上記の中学校第3学年での平均の速さの学習を復習し，時間xと距離yの関係を連続関数$y=0.15x^2$であると捉え，2.0〜2.0+h秒の間の平均の速さ，つまり平均変化率を求める式と，その式で$h \to 0$のときの極限を次のように計算し，これが2秒後の瞬間速度，つまり2秒後の微分係数を求めることになる（図5-3，5-4）。

$$\lim_{h \to 0}\left(\frac{0.15\times(2+h)^2-0.15\times 2^2}{h}\right)$$

$$=\lim_{h \to 0}\left(\frac{0.15(4h+h^2)}{h}\right)=\lim_{h \to 0}(0.15(4+h))=0.6$$

さらに，2秒後をa秒後に一般化して計算すると，

$$\lim_{h \to 0}\left(\frac{0.15\times(a+h)^2-0.15\times a^2}{h}\right)=\lim_{h \to 0}\left(\frac{0.15(2ah+h^2)}{h}\right)$$

$$=\lim_{h \to 0}(0.15(2a+h))=0.3a$$

となり，この台車実験におけるa秒後の瞬間の速さは$0.3a$m/秒で求まるこ

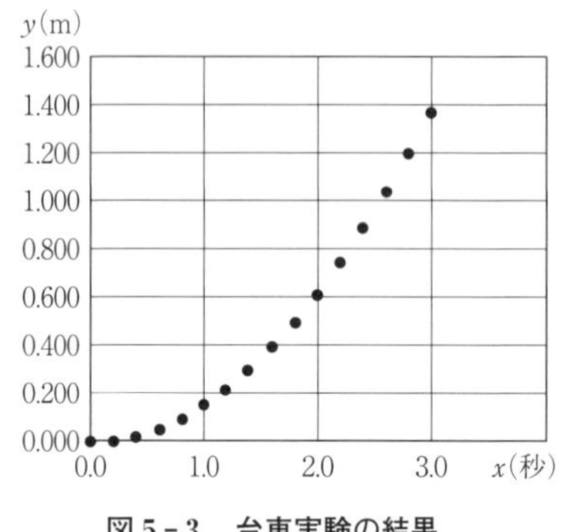

図5-3　台車実験の結果
(中学校第3学年)

図5-4　台車実験結果の近似曲線
(高等学校第2学年)

となる。つまり，関数 $y=0.15x^2$ の $x=a$ における微分係数は $0.3a$ と求まる。このような瞬間の速さという微分係数のイメージをもった後，一般的な導関数の学習へと入っていく展開が考えられる。

以上のように中学校第3学年の平均の速さから平均変化率，微分係数へと徐々に抽象化し，次に続く導関数へと導いていくように学習内容を構成すれば，微分の意味がより実感できるものとなる。

② 微分積分の利用場面（高等学校第2学年，第3学年）

微分を瞬間変化率，積分を累積総数と捉えると，ウイルスの感染者数の場合には，微分がその日の増加人数，積分が累積感染者総人数ということになるから，以下のような問題場面（現実事象）が考えられる。

A市のCウイルス感染者数は，現在（4/4），下の表のようになっています。この感染者数を二次関数とみたとき，10日後，50日後の1日当たりの増加人数，4/1からの感染者総数は，それぞれどのくらいになるでしょう。

日　付	4/1	4/2	4/3	4/4	4/5	4/6	4/7	4/8	4/9	4/10	4/11
感染者数（人）	120	133	145	162							

この問題でも，変数を4/1から x 日目の感染者数が y 人として，次のような表にし，表計算ソフトExcelにより二次関数で近似すると図5-5のようになる（数学化）。

日　付	4/1	4/2	4/3	4/4	4/5	4/6	4/7	4/8	4/9	4/10	4/11
4/1からx（日目）	0	1	2	3	4	5	6	7	8	9	10
感染者数y（人）	120	133	145	162							

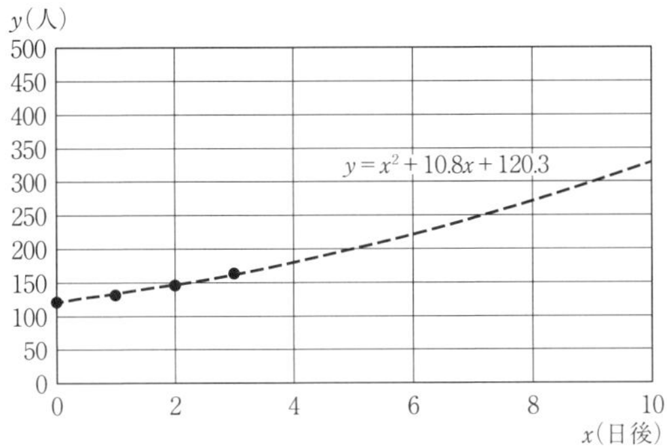

図５-５　Ｃウイルス感染者数の増加予測

ここで，二次関数$y=x^2+10.8x+120.3$を微分すると，$y=2x+10.8$となり，この式に，$x=10$，50を代入すると，$y=30.8$，110.8となり，10日後には１日当たり約31人増加，50日後には１日当たり約111人増加することになる。また，この二次関数を積分し，定積分を求めると，

$$\int_0^{10}(x^2+10.8x+120.3)\,dx=\left[\frac{1}{3}x^3+5.4x^2+120.3x\right]_0^{10}=2073.3\quad\cdots$$

$$\int_0^{50}(x^2+10.8x+120.3)\,dx=\left[\frac{1}{3}x^3+5.4x^2+120.3x\right]_0^{50}=115316.7\quad\cdots$$

となり，４月１日からの感染者総数は，10日後で約2,070人，50日後で約115,300人という計算になる（解，翻訳）。結果が現実と大きくかけ離れる場合には，条件設定をやり直すなどの作業が必要となる（検証）。このような現実世界の問題について数学を使って解決する場合には，最後に，この問題および答えの妥当性について生徒たちで議論する場を設定し（批判的思考），問題解決のふり返りとすることが大切である。

高等学校第３学年なら，二次関数に近似するよりも指数関数で近似する方がよいという意見が出てくると考えられるから，指数関数に近似してその微分積分を考えることになる。生徒たちの既習の数学知識がどこまでかを考慮して，取り扱う数学モデルを変更すればよい。

3　微分積分分野における数学的背景

（1）数値化からみた微分法と積分法

自然科学の様々な現象解明の場面において，現象の各要素の数値化は最初に行われる重要な行動であることはいうまでもない。数値化という視点に立てば微分積分においては微分係数や変化の割合は増え方の数値化といえるだろうし，面積とは広がりの数値化といえる。例えば，2つの関数 $y=f(x)$，$y=g(x)$ について，「関数 $y=f(x)$ について $f(x)$ が急に増えた」「関数 $y=g(x)$ について $g(x)$ が一気に増えた」のような言葉による表現では，2つの増え方の比較はできないが，「$f'(1)=2$ と $g'(1)=3$ より，$x=1$ においては $f(x)$ より $g(x)$ の方がより急に増えた」という表現なら，比較することができる。一般に数学の指導方法には，これが正解というものはなく，様々な指導方法が考えられるが，数値化という見方に基づいて導関数や積分の指導を考えてみるとよい。

① 微分法

微分法の指導を考察するにあたり，まず微分係数と導関数の違いを確認する。一言でいうと微分係数は数であり導関数は関数である。つまり，関数 $y=f(x)$ に対して，ある点 $x=a$ における $f(x)$ の増え方の数値化が微分係数であるといえ，その微分係数を求めるための関数が導関数である。なお，厳密にいえば，高等学校数学では「微分」を学ぶ場面はなく，「微分係数」「導関数」を学んだ後に，導関数を求めることを「微分する」として学ぶ。例えば高木（1963）にもあるが，微分とは，

$$df=f'(x)dx$$

で定義される $df:\mathbb{R}\to\mathbb{R},\ dx\mapsto f'(a)dx\ (a\in\mathbb{R})$ であることに注意したい。$f'(a)$ を微分係数と呼ぶ理由もここからわかる。次に増え方の数値化を行うに

あたり，まずは2点間における増え方の数値化である変化の割合について確認しよう。変化の割合とは，2点間 $x=a$ から $x=a+h$ に定義される増え方の数値化で，

$$\frac{y\text{の増加量}}{x\text{の増加量}}=\frac{f(a+h)-f(a)}{h}=\frac{f(x)-f(a)}{x-a}$$

で定義される。変化の割合が正であれば2点間において関数は結果的に増加し，変化の割合が負であれば関数は結果的に減少し，変化の割合が0であれば結果的に値は変化していないといえる。ここで，この「結果的に」とはどのような意味だろうか。例えば，「結果的に値は変化していない」とは2点間において関数の値がずっと一定であった可能性もあれば，増えたり減ったりしながら結果的に2点の値が同じであった可能性もある。つまり，それぞれ「平均的にみて増加」「平均的にみて減少」「平均的にみて一定」という意味である（なお，高等学校では変化の割合のことを平均変化率と呼び直す）。これは変化の割合が2点間における増え方の数値化であることが原因であり，その瞬間の増え方の数値化ではないからである。そこで，高等学校で極限の概念を習得した後，関数の増え方の数値化として，1点 $x=a$ における数値化を試みたのが微分係数である。このような理由からも微分係数の定義の指導の際には，

$$f'(a)=\lim_{h\to 0}\frac{f(a+h)-f(a)}{h}=\lim_{x\to a}\frac{f(x)-f(a)}{x-a}$$

において，変化の割合の極限によって定義がされていることに注目させるべきである。また，$x=a$ の微分係数 $f'(a)$ の符号や大きさは $x=a$ における関数の増え方，すなわち勾配に対応している。いい換えれば接線の傾きの符号や大きさと一致している。よって，微分係数 $f'(a)$ が0であることが，$x=a$ における接線が x 軸と平行であること，すなわち停留点であることを正しく表現している事実を確かめることで，関数の増え方の数値化として適切であったことが確認され，また増減表をはじめとするその後の学習につながっていく。なお関数の値そのものと，関数の増え方の数値化とは異なる点に注意したい。

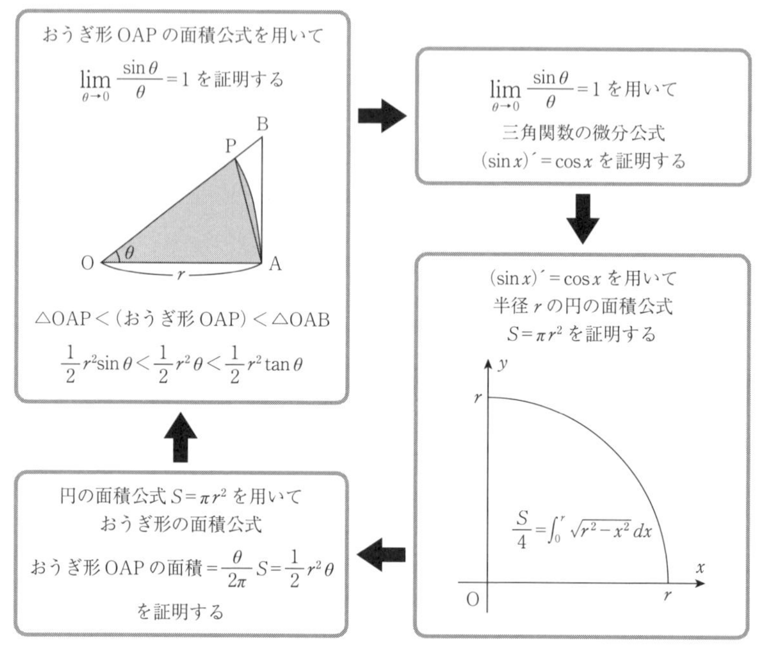

図 5 - 6　循環論法

② 積分法

積分法の指導を考察するには，面積の概念に触れざるを得ない。面積とは広がりの数値化であるといえる。境界を含む閉じた図形に対して基本単位である正方形が何個分という形で広がりの数値化がなされ，直線で囲まれる図形に対しては面積公式を証明し，そして曲線で囲まれる図形の１つである円に対しては円の面積公式を知識として，生徒は中学校数学までで学習をしてきている。高等学校では積分法の学習によって，これまで生徒が知識として知っていた円の面積の公式をようやく証明できることになる。ただし，多くの高等学校数学の教科書では，$f(x) = \sin x$ の導関数を求める際に必要な，

$$\lim_{\theta \to 0} \frac{\sin\theta}{\theta} = 1$$

の証明におうぎ形の面積公式を用いているため，結果的に循環論法になってい

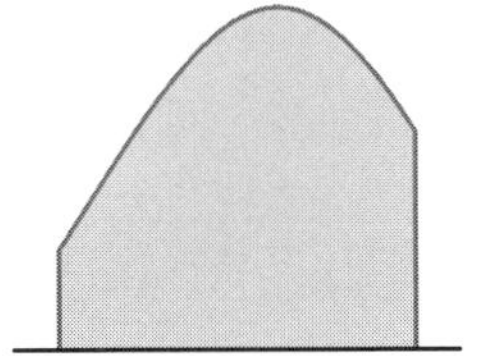

図5-7　広がりはあるが，その数値化はどのように行う？

「n 個の黒い長方形の和（不足和）と n 個の白い長方形の和（過剰和）が $n \to \infty$ としたとき（分割幅を限りなく小さくしながら），それぞれが同じ極限 S に収束したならば，曲線で囲まれた図形の広がりの数値化を S とすればよいのではないだろうか」

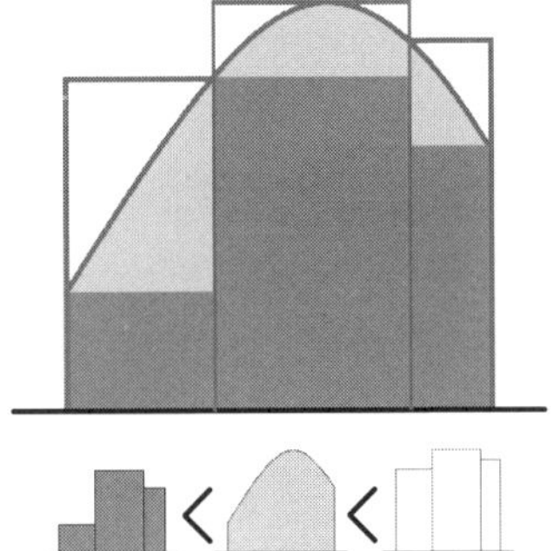

図5-8　過剰和と不足和による評価

る点に注意したい。実際，この場面ではおうぎ形の面積を求めるために円の面積の公式を用いているからである（図5-6）。数学的にこの点を回避する方法はいくつかあるので特に高等学校教員を目指す学生には各自で学びを深めておくべきである。

広がりの数値化に話を戻すと，そもそも曲線で囲まれた図形の広がりをどのように数値化するのかという課題になる（図5-7）。すなわち曲線で囲まれた図形の面積の定義に関する課題である。これは解析学でリーマン積分を学習すればすぐ解決するが，ここではその概要について述べておく。長方形に対する広がりの数値化がなされている前提で，対象となる曲線で囲まれた図形（図5-7）に含まれる長方形の和集合と図形を覆うような長方形の和集合を考え，それぞれの面積を不足和，過剰和として定義する（図5-8）。例えば，連続な関数 $f:[a, b] \to [0, \infty)$ に対して，「直線 $x=a, x=b$，x 軸と曲線 $y=f(x)$ で囲まれる図形」であれば区間 $[a, b]$ を細分し，ダルブーの定理によって不足和と過剰和の極限を考え，それらが一致すればリーマン積分可能すなわちリーマン和の極限が存在する。この極限値を曲線で囲まれた図形の広がりの数値化と考える，すなわち面積と定義するというわけである。定積分で面積が求められる根拠は，面積の定義がそれそのものだからである。つまり曲線で囲まれた図形の面積は極限の概念を用いて定義される。よって，生徒が極限の概念を正しく理解していなければ，積分による面積の計算があくまで近似であると誤解するおそれがあるので注意したい。ただし，ここでいう定積分とはリーマン和の極限，つまり高等学校数学までの範囲でおおざっぱにいい換えると区分求積法で登場する長方形の和の極限で定義されている。すなわち，

$$\int_a^b f(x)\,dx = F(b) - F(a)$$

は実は定義ではなく定理となる。これについても高等学校教員を目指す学生は各自で解析学の学びを積んでおく必要があるが，ここで簡単に説明を試みる。

一般に微分して関数 f になるもとの関数 F を f の原始関数と呼ぶ。原始関数は無数にあり，原始関数どうしの違いはたかだか定数であることが証明できるので一般的に原始関数を

$$\int f(x)\,dx$$

と表すと，1つの原始関数 F を用いて

$$\int f(x)\,dx = F(x) + C$$

と定数 C を用いて表すことができる。一方，関数 f の不定積分とはその名の通り積分する区間が不定である

$$\mathbb{F}(x) = \int_a^x f(t)\,dt$$

で定義される（変数 x について，積分範囲の端点を x としている。また前掲の高木（1963）ではこれを積分函数と定義し，不定積分は別で定義している）。微分積分学の基本定理によって，この不定積分 $\mathbb{F}$ は微分すると f になることが証明できるので，不定積分 $\mathbb{F}$ は f の原始関数の1つであることがわかる。つまり，適当な原始関数 F を用いて不定積分は，定数 C を用いて

$$\mathbb{F}(x) = \int_a^x f(t)\,dt = F(x) + C$$

と表すことができる。あとはこの不定積分 $\mathbb{F}$ と適当な原始関数 F の違いであ

る定数 C の値を求めればよい。実際，上式はどのような x に対しても成立するので $x=a$ を代入すれば

$$0=F(a)+C$$

より $C=-F(a)$ を得る。これにより上式に $x=b$ を代入すれば，

$$\int_a^b f(t)\,dt=F(b)+C=F(b)-F(a)$$

が証明できる。これらの証明の詳細は大学の解析学で取り扱われる。なお，前述の面積の例で区分求積法を持ち出したが，もっと一般的に被積分関数が連続な関数に限らず有界な関数を対象とすると，区分求積法のような区間の等分割では不十分な例や，不定積分と原始関数が一致しない例など，興味深い話題が数多くあるので各自で学びを深めてもらいたい。さらに広がりの数値化について，測度論やルベーグ積分を学習することで積分法と確率とのつながりも明確になっていく。このように，積分法とは面積の定義に用いられるだけでなく，もっと幅広いものである。

高等学校までの数学の学びには証明の厳密さや理論体系の構築をある程度犠牲にして最短距離で微分法や積分法の習得を目指している部分がある。実際に，ε-δ 論法など極限の概念の厳密さを高等学校で扱うことは難しい。一方で算数・数学の教員を目指す学生は，高等学校数学を終えた段階ですべて完結したと思わず，大学での厳密な数学を学んでおくことが結果的に数学を教える際に大きな力となるであろう。

（2）最大・最小値問題へのつながり

中学校からの関数領域の学習において，最大・最小値問題は中心的問題の1つである。特に微分法は，関数のグラフの概形をかく問題とともに極値問題の解決のための重要な道具となっている。実際，最大・最小値問題は自然科学の様々な場面に登場する非常に重要な問題の1つである。例えば，実社会において，限られた資源のなかで利益を最大限に得ようとする問題や，効率よく物事を解決するために費用を最小限に押さえようとする問題がよく発生する。特に，

二次関数をはじめとする下に凸な関数に対する最小値問題は自然科学の様々な場面に登場する。そのような意味で，高等学校数学における二次関数の最大・最小値問題や一般の関数に対する極値問題を指導する際には，関数そのものの理解も大切であるが，自然科学とのつながりを意識した指導が求められる。なお，実数から実数への関数に対する極値問題は，より一般的に集合 X に対して定義された汎関数 $J:X\to\mathbb{R}$ に対する極値問題へ拡張される。この際，微分の概念もより抽象的な微分へと拡張されている。また，これらの問題を総称して変分問題と呼ぶこともある。より発展的な内容は大学の解析学に委ね，ここでは，比較的易しい例から最小値問題の重要性を確かめよう。

最小二乗法は自然科学ではよく知られた手法で，誤差を含む与えられたデータから，できる限り近接な直線や曲線を求めるための手法である。例えばワイリー（1970），安藤（1995）にあるが，その手法の正当性は二次関数の最小値問題，もしくは極値問題として証明される。以下にその説明を簡略化して述べる。n を自然数とし，任意に与えられた n 個の点 (x_i, y_i)，$x_i\neq 0$，$i=1, 2, \cdots, n$ を考える。これは自然科学において測定して得られた n 個の実験・観測データと解釈できる。この n 個の点に最も近い直線（回帰直線）を求める手法に最小二乗法と呼ばれる手法がある。つまり，最小二乗法は最も近い直線，例えば式 $y=ax$ の傾き a を求める手法である。$n=1$ のときには原点と点 (x_1, y_1) を通る直線が最も近い直線といえるが，$n\geqq 2$ の場合には，与えられた点がすべて比例の関係 $y_i=ax_i$ を満たしている場合を除き，一般には求める直線が与えられた複数の点を同時に通ることはない。実際，理論的に比例の関係にある現象であっても，実データには多くの場合，測定誤差が含まれるため，厳密に関係 $y_i=ax_i$ を満たさない。よって，最も近い直線という考え方が必要になる。なお，原点を通る直線に限らず最も近い一次関数 $y=ax+b$ や最も近い曲線を求めることもできるが，係数が複数になる場合には多変数関数の極値問題となるため，停留点である条件とヘシアン（判別式）による判定が必要となる。ここでは高等学校での教材化も見据えて比例に絞って解説しよう。ここで重要になるのは何をもって近いというかである。よって，直線 $y=ax$ 上の点 (x_i, ax_i) と点 $(x_i,$

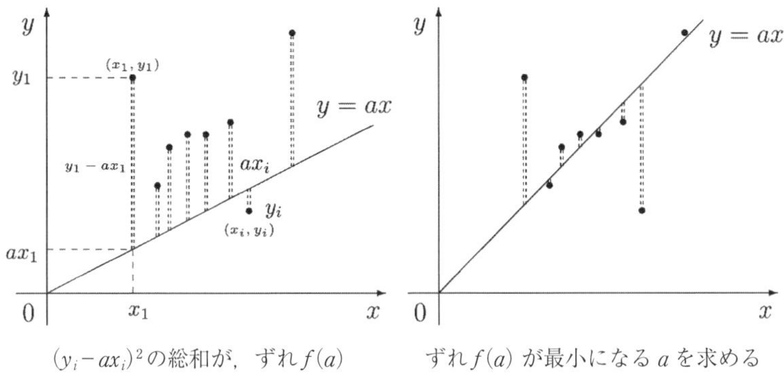

$(y_i - ax_i)^2$ の総和が，ずれ $f(a)$　　ずれ $f(a)$ が最小になる a を求める

図5-9　最小二乗法におけるずれの定義と意義

y_i) とのずれの数値化が必要となる。ここでは，ずれを以下のように定義しよう（図5-9）。

$$f(a) = \sum_{i=1}^{n} (y_i - ax_i)^2$$

ずれを表す関数 f は直線の傾き a によって変化するため a の関数となる。2乗の和を取ることで f は a の二次式

$$f(a) = \left(\sum_{i=1}^{n} x_i^2\right)a^2 - 2\left(\sum_{i=1}^{n} x_i y_i\right)a + \left(\sum_{i=1}^{n} y_i^2\right)$$

となり，a^2 の係数が正であるため，$f(a)$ は下に凸の放物線であることがわかる。あとは二次関数の最小値問題もしくは極値問題，すなわち $f'(a) = 0$ となる点（停留点）を求めれば，

$$f'(a) = 2\left(\sum_{i=1}^{n} x_i^2\right)a - 2\left(\sum_{i=1}^{n} x_i y_i\right) = 0$$

より，ずれ f を最小にする a の値は

$$a = \frac{\sum_{i=1}^{n} x_i y_i}{\sum_{i=1}^{n} x_i^2}$$

によって求められることがわかる。このように最小二乗法の仕組みは高等学校数学でも取り扱うことが可能な非常に簡単な原理に基づく。一方で，その汎用

性は広く，例えば近年話題になっているディープラーニングを支える道具の１つとして用いられることもよく知られている（涌井・涌井，2017）。

引用・参考文献

阿部浩一（1980）『算数・数学科教育の理論と展開』第一法規.

文部科学省（2018）「中学校学習指導要領（平成29年告示）解説　数学編」日本文教出版.

文部科学省（2019）「高等学校学習指導要領（平成30年告示）解説　数学編　理数編」学校図書.

岡森博和編（1983）『算数・数学科教育の研究と実践』第一法規.

柳本哲（2008）「解析」黒田恭史編著『数学科教育法入門』共立出版，pp. 127-155.

柳本哲（2011）「量・関数・解析」黒田恭史編著『数学教育の基礎』ミネルヴァ書房，pp. 67-97.

柳本哲・岡部恭幸（2014）「関数・解析」黒田恭史編著『数学教育実践入門』共立出版，pp. 139-188.

横地清（1973）『算数・数学科教育法』誠文堂新光社.

安藤洋美（1995）『最小二乗法の歴史』現代数学社.

深尾武史（2009）「最小二乗法の導入を取り入れた微分法の学習とその実践報告」論文集『高専教育』第32号，pp. 603-608.

高木貞治（1963）『解析概論　改定第三版』岩波書店.

ワイリー，C. R. 著，富久泰明訳（1970）『工業数学（上)』ブレイン図書出版.

涌井良幸・涌井貞美（2017）『ディープラーニングがわかる数学入門』技術評論社.

（柳本　哲，深尾武史）

第6章
確　率

本章では，確率教育のあり方について検討する。第1節では確率分野の内容構成について小中高等学校を見通して概観する。第2節では，確率分野の学習指導について，生徒の実態や先行研究における課題や実践例，指導上の留意点などについて述べる。第3節では，確率教育を考える上で必要な確率分野における数学的背景について述べることとする。

●●● 学びのポイント ●●●

- 近年，確率・統計教育の重要性が高まってきていることを理解する。
- 統計教育を進める上で確率の見方・考え方を踏まえることの重要性を理解する。
- 数学的確率と統計的確率の違いの理解に課題があることを知る。
- 確率の意味の理解に配慮した指導ができる。
- 起こりうる場合がどの場合も同じ程度に期待されることを指導できる。
- 確率は，ある試行を多数回繰り返したときに近づいていくある値であることを指導できる。
- 小中高等学校を見通したカリキュラムの実現が今後の課題であることを理解する。

小学校算数科，中学校数学科，高等学校数学科における確率分野の主な学習内容

高等学校	確率分野と関連する主な内容		
数学Ⅱ		数学C	
		数学B	
数学Ⅰ		数学A	(2)場合の数と確率 場合の数 ・数え上げの原則 ・順列・組み合わせ 確率 ・確率とその基本的な法則 ＊余事象，排反，期待値 ・独立な思考と確率 ・条件付き確率

中学校	確率分野（「D データの活用」領域）と関連する主な内容
第３学年	
第２学年	場合の数を基にして得られる確率 ・確率の必要性と意味 ・確率を求めること
第１学年	多数の観察や多数回の試行によって得られる確率 ・多数の観察や多数回の試行によって得られる確率の必要性と意味

小学校	確率分野（「D データの活用」領域）につながる主な内容
第６学年	2　起こりうる場合 起こりうる場合
第５学年	
第４学年	
第３学年	
第２学年	
第１学年	

1　確率分野の内容構成

（1）確率教育の意義

近年，確率・統計教育の重要性が指摘されている。その背景としては，コンピュータ等の発達に伴うデータサイエンスの進展があげられる。つまり，ICTの進展からビッグデータの収集が可能になり，様々なデータを高速で処理し活用することが，ビジネスや研究などの多くの場面で可能になってきた。そのこともあって，データに基づいて，論を構築し，説明することがより求められるようになり，そのような能力の向上への意識が急速に高まっている。こういう社会の変化や要請から，統計教育の重要性が指摘されている。

このような背景もあり，小中高等学校を通して，高等学校の情報科などとの関連も図りつつ，連携した統計教育の内容の改善が求められている。

実際，確率・統計は2022年現在では，医学（疫学，EBM），薬学，経済学，社会学，心理学，言語学など，自然科学・社会科学・人文科学の実証分析を伴う分野について必須の学問となっている。

特に，推測統計（データからその元となっている諸性質を確率論的に推測する分野）は確率論との関わりが大変深い。

（2）小学校，中学校，高等学校での扱い

小中高等学校を見通した統計教育を考えるときに，その基盤となる確率についても同様に考えていく必要がある。確率も統計と同様に，データサイエンスの時代を考えるときに重要な数学の分野である。

中学校・高等学校学習指導要領解説（文部科学省，2018b；2019）における確率教育の系統は前頁のようになっている。統計教育の充実に伴い，確率教育についても徐々に改善されている。各学校段階の学習指導要領に示されている確率教育に関わる内容は以下の通りである。

①　小学校算数科での扱い

小学校学習指導要領でも2017年の改訂では，統計教育が強調された。しかし，この改訂を経ても，小学校においては確率の内容は扱われていない。これまでも，小学校において確率が扱われたのは，戦前の一部と現代化の時期だけである。一方，世界に目を向けると，多くの国で小学校段階で確率教育が行われている。小中高等学校を見通して，統計教育を進めるにおいて確率の見方・考え方を踏まえることは大切である。日本でも小学校への確率の導入が必要だと考える（詳しくは，守屋，岡部他，2019；口分田・渡邉，2014等を参照されたい）。

②　中学校数学科での扱い

これまで確率分野は第２学年だけで扱われていたが，第１学年と第２学年で段階的に指導されるようになったことは大きな意義をもつ（文部科学省，2017）。第１学年で複数回の試行を通して得られる確率である経験的な確率（統計的確率）を学習し，続いて第２学年では同様に確からしい場合の数から求められる数学的確率を学習するようになっている。つまり，これまで実際の試行は大数の法則のインフォーマルな理解に焦点を当てるかのように，あくまでも数学的確率の妥当性を示す目的でつかわれていたが，現行の第１学年では経験的な確率そのものが明示的に指導されるようになった。これは，固定化していた中学校段階での確率教育にとって大きな進歩といえる。

③　高等学校数学科での取扱い

高等学校では，確率の性質や法則を用いて，ある事象が起こる蓋然性・確からしさを数量的に捉えるにはどのように考察し処理したらよいかを多面的に考察する力を培う。例えば，確率の乗法定理を用いて，様々な独立した試行の確率を求める，また，事象の構造がわかりやすい簡単な場合について，条件付き確率を求める。

高等学校学習指導要領（文部科学省，2018）では，数学Ａ「場合の数と確率」において「期待値」を扱うこととなった。これは従前の学習指導要領の数学Ｂの扱いから移行したものである。

一方，数学Ｂで「確率分布，確率変数」を学習する。数学Ⅰでは，不確実な事象の起こりやすさに着目し，実験などを通して仮説検定の考え方を学ぶ。数学Ｂでは，実験などで集めたデータをもとに，確率や確率分布等を直観的に取り扱っている。それらの学習を踏まえ，分布を数学的に定式化するなどの目的を明確にした上で，確率変数とその分布について理解できるようにする。具体的には，基本的な離散型確率分布である二項分布や連続型確率分布である正規分布などを取り扱う。

2　確率分野の学習指導（先行研究における課題と指導の指針）

本節では，確率教育における課題および指導指針について述べる。

（1）学力調査における生徒（中学生）の実態

2017年度の全国学力・学習状況調査のＡ⑮(１)の問題は，確率の意味，ここでは「同様に確からしい」ことの意味を理解しているかどうかをみる問題である（図6‑1）。

(１)の正答率は78.7%である。類似の問題が全国学力・学習状況調査では，何度も出題されていることからも，確率の意味の理解が重要であることがわか

⑮　次の(１)，(２)の各問いに答えなさい。

(１)　１つのさいころを投げるとき，１から６までの目の出方は同様に確からしいとします。このとき，目の出方が同様に確からしいことについて，正しく述べたものを，下の**ア**から**オ**までの中から１つ選びなさい。

ア　目の出方は，１から６の順に出る。

イ　目の出方は，どの目が出ることも同じ程度に期待される。

ウ　６回投げるとき，１度は続けて同じ目が出ることが期待される。

エ　６回投げるとき，１から６までのどの目も必ず１回ずつ出る。

オ　６回投げるとき，必ず１回は１の目が出る。

図6‑1　2017年度全国学力・学習状況調査の数学Ａ⑮(１)

15 次の（1），（2）の各問いに答えなさい。

（1）表と裏の出方が同様に確からしい硬貨があります。この硬貨を投げる実験を多数回くり返し，表の出る相対度数を調べます。このとき，相対度数の変化のようすについて，下の**ア**から**エ**までの中から正しいものを1つ選びなさい。

ア 硬貨を投げる回数が多くなるにつれて，表の出る相対度数のばらつきは小さくなり，その値は1に近づく。

イ 硬貨を投げる回数が多くなるにつれて，表の出る相対度数のばらつきは小さくなり，その値は0.5に近づく。

ウ 硬貨を投げる回数が多くなっても，表の出る相対度数のばらつきはなく，その値は0.5で一定である。

エ 硬貨を投げる回数が多くなっても，表の出る相対度数の値は大きくなったり小さくなったりして，一定の値には近づかない。

図6－2　2018年度全国学力・学習状況調査の数学A15（1）

る。以前の調査よりも，正答率が上がっており，改善傾向にあることが窺える。

2018年度全国学力・学習状況調査のA15の問題も，確率の意味を理解しているかどうか，簡単な場合について確率を求めることができるかどうかをみる問題である。特に（1）ではある試行を多数回くり返したとき，全体の試行回数に対するある事象の起こる回数の割合は，ある一定の値に近づくことを理解しているかどうかをみる（図6－2）。

この問題の正答率（イと解答しているもの）は，40.2％である。アと解答（相対度数は1に近づく）しているものが20.1％おり，このなかには相対度数の値が一定の値に近づくことを理解しているが，その値を捉えることができなかった生徒がいると考えられる。一方でエと解答（相対度数は一定の値に近づかない）としているものが22.2％であり，偶然に左右される不確定の事象の起こりやすさの程度を表す数値は一定の値に近づかないと捉えている生徒がいると考えられる。これらのことから，多数回の思考の結果から得られる確率の意味の理解に課題があることがわかる。

（2）先行研究における課題指摘（生徒が理解困難に陥る内容）

前項で述べた中学生の実態から，数学的確率と統計的確率の違いの理解に課題があることが推察される。このことについて，小林・辻山（2020）は，根元事象の捉え方と，同様に確からしいことの意識化を視点として，多様なモデルの解釈・評価・比較に焦点を当てた確率の学習過程を構成し，その過程における生徒の思考の具体的な様相を実践的に明らかにすることを目的とした研究のなかで，「確率の学習では，根元事象の捉え方と同様に確からしいことの意識が不十分であることにより，生徒は不十分なものを含めて多様なモデルをつくる」（p. 13）ことを指摘している。

また，高等学校でも同様の実態が指摘されている。例えば，久富（2014）は，以下のように指摘している。根元事象が「同様に確からしい」という概念を曖昧にした状態で確率学習を進めている生徒も少くないとし，その原因の1つとして，高等学校の確率指導においては，その前段階で学ぶ順列や組み合わせの考えを用いた実践的な問題（和事象の確率や独立試行の確率，条件的確率など）が優先され，確率概念についての理解を十分に深めるような学習指導がなされていないことを指摘している。

（3）指導事例

まずは，指導上の留意点について述べる。

中学校の確率の意味の指導では，実際に試行を行い，それをしっかり観察し，起こりうる場合がどの場合も同じ程度に期待されることを確認することに留意する。そして，起こりうる場合を順序よく整理し正しく数え上げる場面を設定すること等で，同様に確からしいことの意味を理解し，起こりうる場合の数をもとにして確率を求めるようにすることが大切である。また確率がある試行を多数回くり返したときに，ある近づいていく値であることにも留意したい。そのためには，実験などの活動を取り入れることが有効である。

また，高等学校で学習する確率の内容は，中学校で学習する内容に比べて，より抽象的になる。それだけに具体例や図などを通しての指導や必然性が感じ

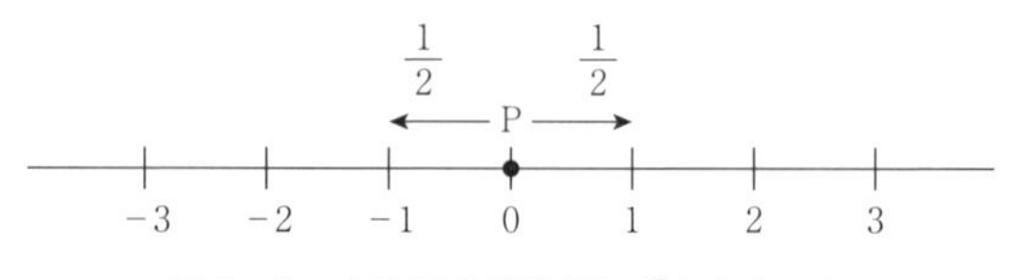

図6-3　1次元の対称ランダムウオーク

られるような指導に留意する必要がある。例えば，条件付き確率の指導にあたっては，具体例や図を通して，その意味を理解できるようにする。また，確率変数とその分布の意味についても具体例を通して，十分に理解できるようにする。確率変数の性質については，その必要性が感じられる場面を取り上げ，学習を進めることが大切である。

教育実践例として，中学校の教材と高等学校の教材をつなぐ中学校での発展的な単元について述べる。題材として1次元のランダムウオークを取り上げる。数直線上を動く点Pを考える。時刻t=0において動点Pは原点にあるとする。動点Pはtが1増えるごとに隣の点に移動する。このとき，両隣のどちらに移動するかは等確率であるとする（図6-3）。

これは1次元のランダムウオークの例である。上記の例は，等確率であるので対称ランダムウオークと呼ばれる。また，どちらの点に移動するかが等確率でない場合を非対称ランダムウオークという。ランダムウオークは，株価の変動，鳥の飛行パターン等をモデル化する基本的な確率モデルの1つである。ランダムウオークは単純なルールで決定されるにもかかわらず，思いもかけない不思議な挙動を示す。その挙動は直観で予測することが難しく，確率を用いて考えることのよさや必要性を感じ取ることができる題材である。

その基本構造は中学生にも十分に理解できる単純なものである。ランダムウオークの問題は，簡単なものについては樹形図を用いて事象の数を数え上げることで解くことができる。しかし，非対称な場合等は，樹形図で解くことは困難になる。そのときには，乗法定理等を用いた確率どうしの計算（高等学校の教材につながる）が必要となる。そこで，ランダムウオークの仕組みを追求することは，確率を対象として計算を行う必然性を生み出す。本教材では，ラン

表6-1　単元計画

次，時	学習主題
第1次　1～2時	対称ランダムウオーク
第2次　1～2時	非対称ランダムウオーク
第3次　1時	まとめと練習

〈ルールⅠ〉
①0からスタートする。
②さいころをn回振る。
　偶数の目が出たとき，正の方向に1進み，
　奇数の目が出たとき，負の方向に1進む。
③止まるところを予想した人が勝ち。

図6-4　ルール1

ダムウオークをゲーム化し，その仕組みを確率の考えを用いて解き明かすという活動を軸に学習を展開することで高等学校の確率教材への接続をねらったものである。本来は，高等学校の教材だが，中学校でも発展教材として用いることができる。

具体的には，何回かサイコロを振って，サイコロの目によって右方向，もしくは左方向に動点Pを進めるランダムウオークを考える。どちらの方向に進むかの確率が等確率であるとき，対称ランダムウオークとなり，等確率でないとき，非対称ランダムウオークとなる。そして生徒は，サイコロを振る回数を指定したときに，どこの目に動点Pが止まるかを予想する。その予想を適切なものとするために，動点Pが止まる確率を考えるのである。

単元計画は，表6-1の通りである。対象学年は中学校第3学年である。

第1次では図6-4のようなルールを確認し，対称なランダムウオークゲームを行ってみることから始める。

まず，$n=5$の場合のゲームを数回，4人1組で試してみる。このゲームのなかで，生徒はいくつかの目盛りに均等な確率で止まるわけではないこと，止まらない目盛りがあること等に気付いていく。

次に，確率を用いて，4人のグループで止まりやすい場所を予想し，その考えた結果をもとにグループ対抗のゲームを行うことを伝える。生徒は少しでも自分のグループが有利になるように，既習の確率の概念を用いて，話し合いを重ねていく。その話し合いをもとに，さらにグループ対抗でゲームを行い，その後それぞれのグループの考えをまとめたプリントを配布し，全体で交流する。生徒の考えの例は図6-5の通りである。

対称な場合のゲームでは，ほとんどのグループが，樹形図を用いて数え上げ

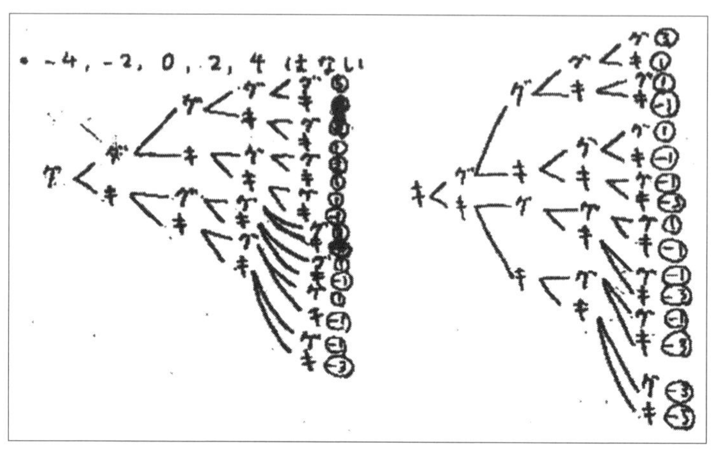

図6－5　生徒がかいた樹形図

〈ルールII〉
①0からスタートする。
②さいころを n 回振る。
　1, 2, 3, 4の目が出たとき，正の方向に1進み，
　5, 6の目が出たとき，負の方向に1進む。
③止まるところを予想した人が勝ち。

図6－6　ルール2

て考える。計算を用いようと試みるグループもあったが，結論に至ることはできなかった。樹形図の説明が最もわかりやすかったようである。

第2次では，図6－6のようなルールの非対称なランダムウオークゲームを考える。

生徒は第1次と同様に試しのゲームを数回行い，見通しをもった後，グループでその仕組みを考えた。この場合は，樹形図を用いて考える方法，計算で求める方法等が出された（図6－7）。考え方を交流した後では，計算で求める方法が支持された。その理由は，「個数が多くなってくると時間がかかる」「樹形図だと複雑になってくると間違いやすい」「計算の方がシンプルではやい」等であった。これらの記述から，確率の計算で求めることのよさを獲得していっ

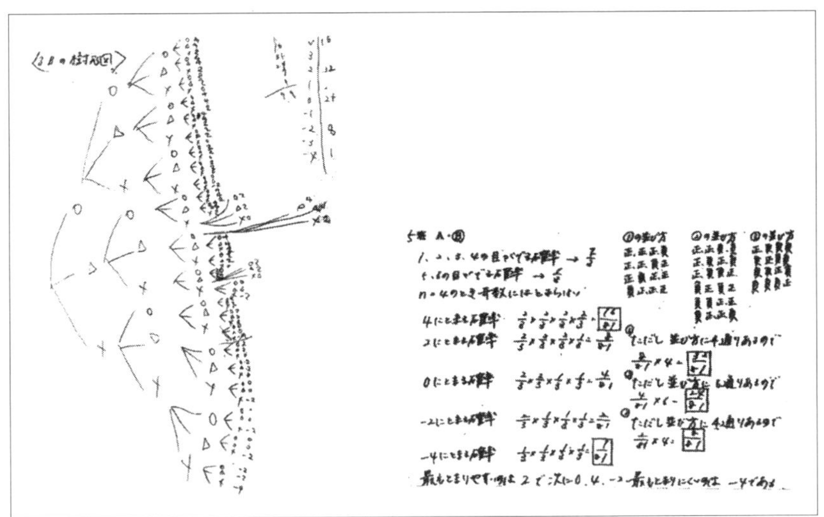

図6－7　生徒の解法例

たことがわかる。

3　確率分野における数学的背景

（1）直観的理解を促すシミュレーションを用いた確率教育

今日において，すべての中学生，高校生にとっても数学的素養が必要であることはいうまでもないが，そのなかでも本章で扱う確率は，データ分析はもちろんのこと，金融やマーケティングをはじめ，多くの分野で予測や推定など，未確定要素を扱う文系分野でも必要不可欠な概念である。もちろんこのことは工学や医学をはじめとする理系でも同様に考えられる。

特に前節までにも述べたように，学習指導要領においても，統計教育の充実に伴い確率教育も改善されており，集合論や基礎的な確率，確率変数と確率分布，データ分析と合わさり統計的推定や統計的仮説検定まで学校教育で学ぶことになった。また条件付き確率を踏まえて，一部ではベイズの定理からベイズ統計へのアプローチも感じられる。

このように確率に関する内容も拡充される傾向ではあるが，確率に対して，苦手意識をもつ学生も少なくないと聞く。それらには，統計的（経験的）確率と理論確率，また公理的確率，主観確率など，確率という言葉1つとっても複数の定義もあり，また「同様に確からしい」などと，用語としても定義を理解しがたいものとも感じられることが，原因の1つになっているかもしれない。

そこで本節では学習指導要領でデータの分析にも書かれている理論的な取扱いに深入りしないことを踏まえ，少なくとも数学に携わる教員が知っておくべき事柄について，シミュレーション等を用いて概念理解をする方法を紹介する。いくつかは教科書にも同様のシミュレーションが掲載されているケースもみられるが，実際に教える立場で生徒たちと実施できるよう，身近なソフトであるExcelを用いた方法を具体的に紹介する。加えて学習指導要領では，条件付き確率までの履修だが，その考えを発展したベイズの定理にも触れる。

（2）理論確率と統計的（経験的）確率の関係把握

サイコロを投げて1の目が出る確率は，理論確率でいえば，サイコロの目は1から6まであり，正しいサイコロであればそれぞれが同様に確からしいため，1/6と求まる。この方法では理論的な確率（理論確率，論理的な確率，数学的確率ともいう）である。一方で実際にサイコロを多数回投げて，その相対的な割合による確率（統計的（経験的）確率，頻度確率ともいう）を求めることもできる。多数回実験を行うことにより，この理論確率と統計的（経験的）確率は一致する。このことはExcelを用いて，図6-8のように確認できる。

手順としては次の通りである。まず乱数を用いた疑似的出現データを作成する。図のExcelの画面において，A列に「回数」（いくつでもよいが，1,000回など実際にサイコロをふるには大きい数字が望ましい），B列に「=RANDBETWEEN(1,6)」を入力する。念のために，E1:G8セルにサイコロの目が出るたびに度数分布表を作成し，偏りが出ていないかを確認している。参考までにその下に理論確率である1/6=16.7%も求めている。次にC2に「=COUNTIF($B$2:B2,1)/COUNTA($B$2:B2)」と入力し，そこまでに1の目が出た割合を求め

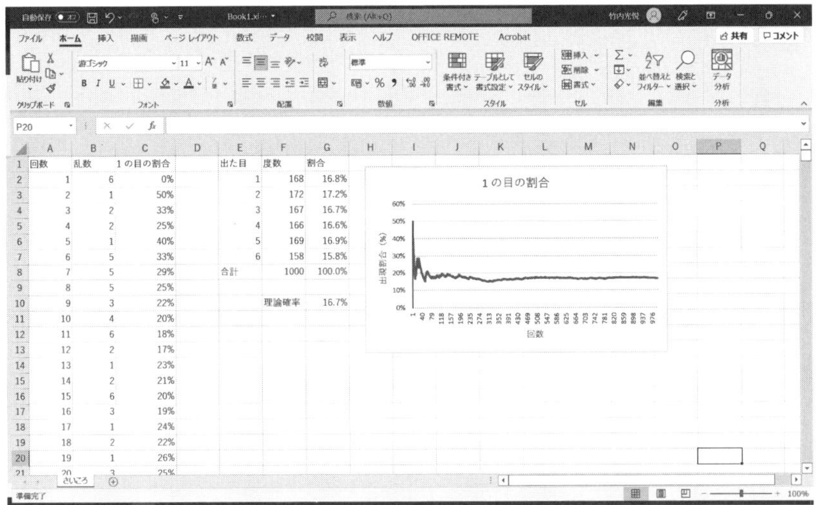

	A	B	C	D	E	F	G
1	回数	乱数	1の目の割合		出た目	度数	割合
2	1	6	0%		1	168	16.8%
3	2	1	50%		2	172	17.2%
4	3	2	33%		3	167	16.7%
5	4	2	25%		4	166	16.6%
6	5	1	40%		5	169	16.9%
7	6	5	33%		6	158	15.8%
8	7	5	29%		合計	1000	100.0%
9	8	5	25%				
10	9	3	22%			理論確率	16.7%
11	10	4	20%				
12	11	6	18%				
13	12	2	17%				
14	13	1	23%				
15	14	2	21%				
16	15	6	20%				
17	16	3	19%				
18	17	1	24%				
19	18	2	22%				
20	19	1	26%				
21	20	3	25%				

図6-8　サイコロの1の目が出る割合の統計的（経験的）確率と理論確率

ている。またこの結果を，折れ線グラフを用いて表現した。Excelはこのように関数で相対参照しておくと，パソコンのF9キーを押すたびに再計算するため，F9を押しながらグラフの動きをみて，最初に100%から始まるケースもあれば，最初は低い割合だったケースもみられる。どちらにしても最終的には理論確率である16.7%に近づく様子がみられる。もちろん今回はサイコロにしたが，1から4にすればトランプのマークでスペードのカードを引く割合や，1から2にすればコイン投げの実験にもつながる。実際にサイコロを投げたり，トランプのカードを引くと，より実感が湧くかもしれないが，授業時間の制約もあり，このようなExcelを用いた方法でも十分に認知しやすいと思われる。

この結果は「確率pで起こる事象において，試行回数を増やすほど，その事象が実施に起こる確率はpに近づく」という大数の法則（Bell Curve, 2022a）の概念理解にもつながることに注意されたい。なお冨島（2017）などの一般書で扱っている大数の法則の事例なども参考にすると理解の助けになる。

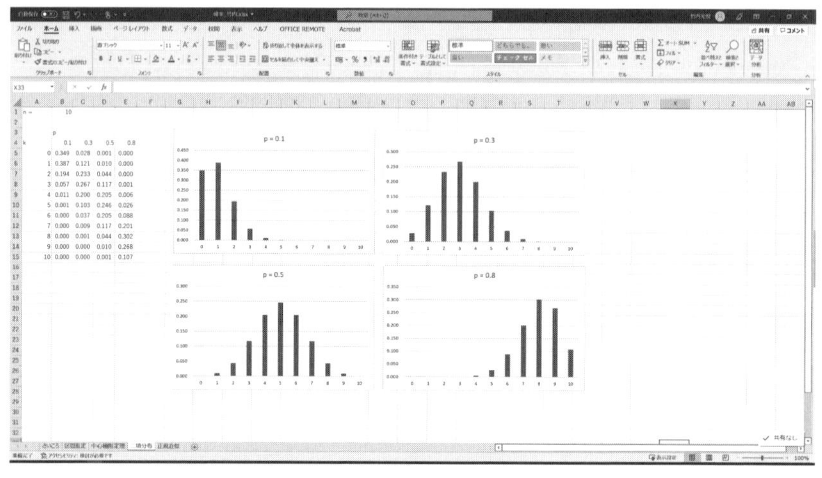

図6-9　n を固定し，p を変えた二項分布のグラフ

（3）確率分布および正規近似の概念理解

確率の考え方を発展し，確率変数および確率分布を学ぶことは様々な分野におけるモデルを構築するためにも重要である。学習指導要領では高等学校数学Bの統計的推測の部分で触れる。ここでは確率変数および確率分布，またその具体的な確率分布として，離散型確率分布の代表といえる二項分布と連続型確率分布の代表といえる正規分布の２つに限定して指導を行う。このとき２つの確率分布の性質や特徴について理解することが学習指導要領に示されている。特に注意事項として「理論的な取扱いに深入りせず，具体的な例を工夫したりコンピュータなどの情報機器を用いるなどして確率分布の考えや統計的な推測の考えを理解できるようにする。例えば，二項分布が正規分布で近似されることなどの数理的現象については，コンピュータなどを用いて直観的に理解できるようにすることが考えられる」（文部科学省，2019）と触れており，ここでは，後半の二項分布が正規分布で近似される（正規近似）について，具体的に示そう。

二項分布は１つの試行において，ある事象が起こる確率 p として，その思考を独立に n 回だけ繰り返したとき，ある事象が起こる回数を確率変数 X とすれば，X は二項分布 $\mathrm{B}(n,\ p)$ に従い，$\mathrm{P}(X=k)={}_n\mathrm{C}_k p^k(1-p)^{n-k}(k=0,\ 1,\ 2,\ \cdots,$

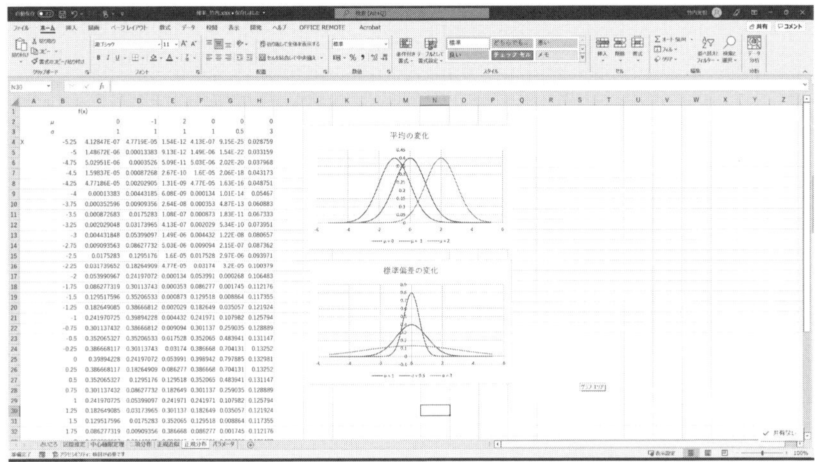

図 6－10　平均と標準偏差の値を変えての正規分布の特徴の理解

n）と定義される。つまり n と p が決まれば唯一に定まる分布である。なお定義に従い，この場合の X の平均は np，分散は $np(1-p)$ であることがわかる。

Excel における二項分布の確率は BINOM.DIST で求めることができ，図 6－9のように n を固定し p を変えて二項分布の特徴をみることが可能である。p を固定し n が変わる場合の二項分布の特徴は正規分布の紹介の後に触れる。

二項分布は，ある政策に関して支持するか否かに対して，支持率 p で n 人に聞いた場合の支持する人数の確率分布や，ある商品が売れる確率を p として，n 人の来店者のうち購入する人数の確率分布，など二択での事象が起こる回数の確率分布であり，適用分野も多い。しかしながら n が大きくなると，計算量が大きくなり，手計算では難しい。

正規分布は多くの分野で利用されている確率分布であり，二項分布のように近似的に正規分布に従うと見なせるものもあり，重要な確率分布である。平均 μ および標準偏差 σ を用いて，$\mathrm{N}(\mu, \sigma^2)$ と表し，次の式で確率密度関数が定義される。

$$f(x)=\frac{1}{\sqrt{2\pi}\sigma}e^{-\frac{(x-\mu)^2}{2\sigma^2}}$$

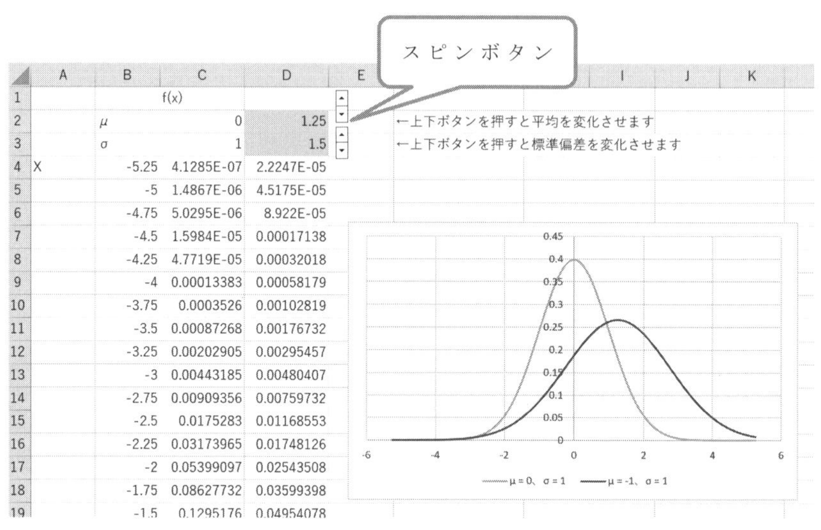

	A	B	C	D
1			f(x)	
2		μ	0	1.25
3		σ	1	1.5
4	X	-5.25	4.1285E-07	2.2247E-05
5		-5	1.4867E-06	4.5175E-05
6		-4.75	5.0295E-06	8.922E-05
7		-4.5	1.5984E-05	0.00017138
8		-4.25	4.7719E-05	0.00032018
9		-4	0.00013383	0.00058179
10		-3.75	0.0003526	0.00102819
11		-3.5	0.00087268	0.00176732
12		-3.25	0.00202905	0.00295457
13		-3	0.00443185	0.00480407
14		-2.75	0.00909356	0.00759732
15		-2.5	0.0175283	0.01168553
16		-2.25	0.03173965	0.01748126
17		-2	0.05399097	0.02543508
18		-1.75	0.08627732	0.03599398
19		-1.5	0.1295176	0.04954078

図6－11　スピンボタンを利用した分布の形状の変化の確認

正規分布も二項分布と同様にNORM.DIST関数を使うことで，図6－10のようにグラフ描画が可能である。平均と標準偏差の値を変えた際にどう変化するかを直観的に理解できる。

またExcelの開発ツール（オプションから選ぶ必要あり）を用いると，マクロなどのプログラムを使わなくても，スピンボタンを付け，それに適切に設定することで，上下ボタンを押すと平均と標準偏差を少しずつ変えることができ，標準偏差を固定し平均を変えると分布の形状は変わらないが左右に分布が動くことや，逆に平均値を固定し標準偏差を変えることで，分布の中心は動かないが，形がとんがったり，平らになっていくなどの分布の変化も確認することが可能である。スピンボタンは最小値が0からでないとならないことや変化の増分が正の整数値になるため，調整が必要だが，数値を入力せずにボタンをクリックするだけで変化がみえるので分布の変化が理解しやすいだろう。

また正規分布は各観測値から平均を引き，標準偏差で割るという標準化（基準化）を行うことで，標準正規分布となり，教科書の巻末の正規分布表で確率を求めることが可能である。

さらに二項分布は n の値が大きいとき，近似的に正規分布と見なせることが学習指導要領で触れられているが，この n の値がどの程度大きくなると，正規分布 $\mathrm{N}(np, np(1-p))$ に近づいていくかの直観的な理解についても触れている。この場合もこれまでと同様に図6－11のようにExcelを用いて，n と p を変えることで，どのように正規分布に近付くかを直観的にみることが可能である。例えば $p=0.5$ であれば，n が比較的小さくても正規分布に近い形になっているのに対して，0.5から離れて0.2ぐらいであれば，$n=30$ でも正規分布とのずれがあることがわかり，$n=100$ や $n=400$ であれば p がどのような値でも比較的正規分布に近似できることが直観的に理解できるであろう。

このように n が大きくなれば二項分布は正規分布に近似でき，正規分布は標準正規分布に変形できるため，n が大きい二項分布も近似値として確率を求めることが可能である。

（4）中心極限定理の概念理解

統計的推定や統計的仮説検定では，前節までに触れた大数の法則や中心極限定理と呼ばれる定理が背景にあり，統計的推定や仮説検定を行う際にはこの定理が裏付けとして必要である。中心極限定理は具体的には以下の内容である。

中心極限定理とは「標本を抽出する母集団が平均 μ，分散 σ^2 の正規分布に従う場合においても，従わない場合においても，抽出するサンプルサイズ n が大きくなるにつれて標本平均の分布は『平均 μ，分散 $\dfrac{\sigma^2}{n}$』の正規分布 $\mathrm{N}\left(\mu, \dfrac{\sigma^2}{n}\right)$ に近づく」（Bell Curve，2022b）ものである。

この定理で直観的に不思議に思う点は「母集団が平均 μ，分散 σ^2 の正規分布に従う場合においても，従わない場合においても」の点であり，これらを直観的に目で見える形で理解することが望ましい。そこでExcelで図6－12のような設定を行う。

手順はA列に回数，B列からAE列まで「＝RANDBETWEEN(1,6)」を入力，つまり今回は一様分布であるサイコロの目に対して，30個の標本の大きさによるシミュレーションをしている。AF列では30個の標本の平均（標本平均）

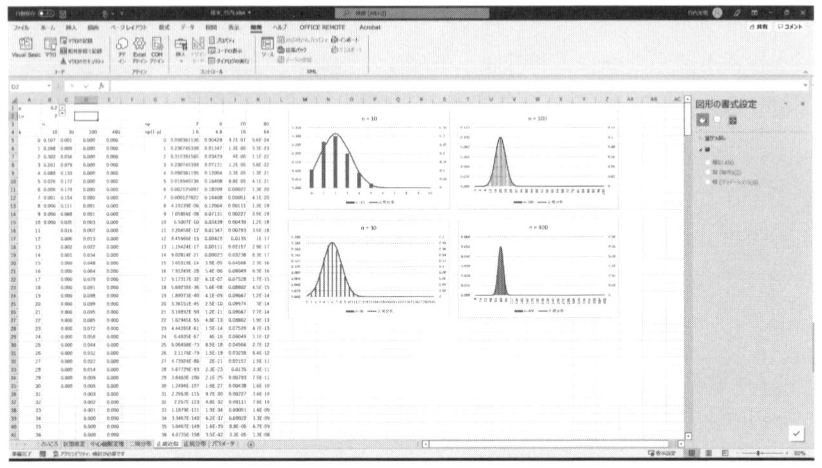

図 6－12　二項分布の正規近似

を求めている。また AI 列と AJ 列では0.25刻みの標本平均の度数分布表を求め，その動きをヒストグラムでみえるようにしている。なお今回は一様分布であることから，母集団の母平均は3.5，母分散は2.917となる。中心極限定理では，母集団がどのような分布であろうが，標本分布は平均が母平均，分散が母分散をサンプル数（30個）で割った数をもつ正規分布に近似されることを意味し，今回のシミュレーション結果でもそのことが目で見て理解できるだろう。実際にこちらでも再計算をする F9ボタンをくり返し押すことで，その動きを理解することができるだろう。

（5）区間推定の信頼度の意味理解

統計的推測を指導する際に注意すべき点の１つとして，区間推定の信頼度がある。母平均の区間推定の場合の信頼度は母平均が求めた区間に入る確率ではなく，複数回標本をとり，そのたびに区間推定を行った際に，母平均がその区間に入る割合を意味している。このことを実験により体験したのが図 6－13である。

今回は登校時間を B 列に500個乱数で作成した。こちらを母集団とする。それ

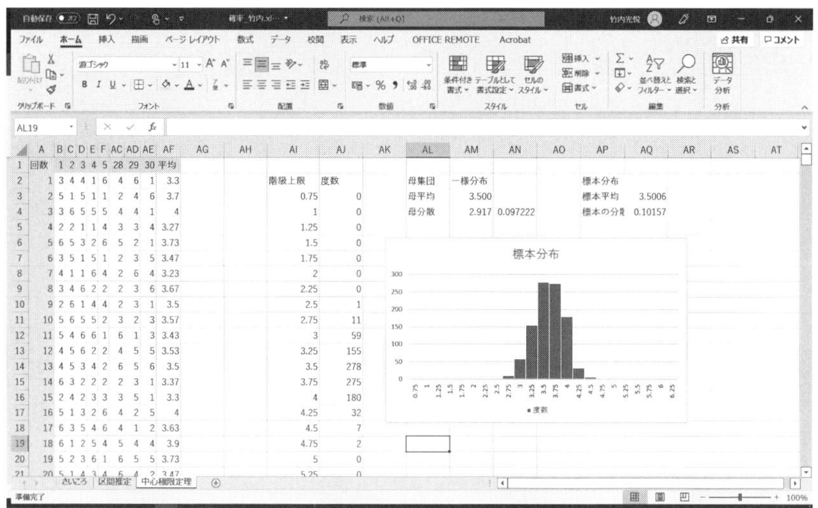

図6－13　中心極限定理のシミュレーション

それに一意に定まる番号をA列に付与した。ここで何番目の標本なのかを意味する番号をD列に付けた。図6－13で下の方が見えないが50個の標本を求めている。今回は500個の母集団としているため，E列には乱数「＝RANDBETWEEN(1,500)」を入力している。母集団からE列の番号と同じA列の番号をもつ観測値の登校時間をF列で「＝VLOOKUP(E2,$A$2:$B$501,2,0)」として情報を取得している。これで50個の大きさの標本が取得できることからH2にこれらの標本平均を，J2には母集団の母平均を求めている。H4:L24にはF9を押すたびに変わる標本平均を用いた母平均の区間推定の上限と下限を求め，その結果を折れ線グラフで表現している。これにより，母平均の区間推定で上限と下限の間に母平均が入る割合が求められ，今回の20回の標本平均での区間推定では，F9で再計算した際に，おおむね1回程度が外れることを目で確認できるだろう（図6－14）。

このようにExcelを使うことで難しい理論の修得を必要とせず，自らの目でその結果を確認することが可能である。今回あげた方法以外にも様々な方法ができるため，いろいろと試していただきたい。

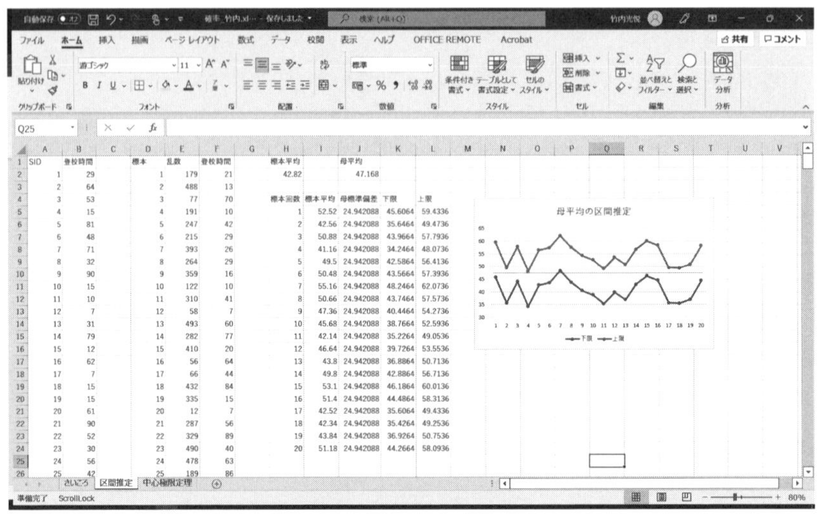

図 6 - 14　母平均の区間推定のシミュレーション

（6）条件付き確率とベイズの定理

学習指導要領では，高等学校数学 A の場合の数と確率のところで，「条件付き確率の意味を理解し，簡単な場合について条件付き確率を求めること」と条件付き確率までの履修を示しているが，学習指導要領解説でも条件付き確率の説明を行う際に，これらの考えを展開したベイズ統計に触れている。ベイズ統計ではこれまでの確率を用いた場合，ある原因がもたらす結果を予想することができることに対して，結果からその原因となる確率を求めることができるため，IT や AI などの分野をはじめ，多くの分野で注目されており，関連する雑誌の特集や書籍等も多数出版されるようになった（ニュートンプレス，2020a；2020b）。

条件付き確率は「ある事象が起こるという条件のもとで，別のある事象が起こる確率」（Bell Curve, 2022c）と定義され，例えば事象 A が起こったという条件に対して，事象 $B_i (i=1, 2, 3)$ が起こる条件付き確率の場合，$P_A(B_i) (i=1, 2, 3)$（$P(B_i | A)$ と書く場合もある）と表現して，

$$P_A(B_i)=\frac{\text{事象}A\text{と事象}B_i\text{がともに起こる場合の数}}{\text{事象}A\text{が起こる確率}}=\frac{P(A\cap B_i)}{P(A)}(i=1,2,3)$$

と定義する。この式を変形し，$P(A\cap B_i)=P(A)\times P_A(B_i)\ (i=1,2,3)$ として，これを確率の乗法定理と呼ぶことなどが，教科書で触れられている。ここでこの式において，A と $B_i(i=1,2,3)$ を逆に考え，$P(A\cap B_i)=P(B_i)\times P_{Bi}(A)$ $(i=1,2,3)$，$P(A)=P(A\cap B_1)+P(A\cap B_2)+P(A\cap B_3)$ であることから，

$$P_A(B_i)=\frac{P(A\cap B_i)}{P(A)}=\frac{P(B_i)\times P_{Bi}(A)}{P(A\cap B_1)+P(A\cap B_2)+P(A\cap B_3)}$$

$$=\frac{P(B_i)\times P_{Bi}(A)}{P(B_1)\times P_{B1}(A)+P(B_2)\times P_{B2}(A)+P(B_3)\times P_{B3}(A)}(i=1,2,3)$$

がいえる。このような式をベイズの定理と呼んでいる。例えば，3つの袋があり，それぞれの袋が選ばれる事象を B_1, B_2, B_3 とする。各袋には白玉と赤玉が複数個入っていることがわかっており，袋から1つ玉を取り出し，それが白玉である事象を A とする。各袋に入っている白玉と赤玉の割合がわかっていることから，$P_{B1}(A)$, $P_{B2}(A)$, $P_{B3}(A)$ はわかっている。また各袋を選ぶ確率 $P(B_1)$, $P(B_2)$, $P(B_3)$ も既知とする。つまり「袋 B_i が選ばれたときに白玉となる確率 $P_{Bi}(A)\ (i=1,2,3)$」はわかっているので，これらを用いて逆に「白玉が出た際に，その白玉が袋 B_i から出てくる確率 $P_A(B_i)\ (i=1,2,3)$」を求める際にベイズの公式を用いる。

このように原因の確率を求めるベイズ統計は，「事前確率」「事後確率」という表現を用いて求めたい確率を計算し，事後確率を次の事前確率として用いて計算を行う「ベイズ更新」などでさらに展開していく。松原（2017）ではExcelを用いたこれらの簡単な計算例も紹介しているため，参照されたい。

引用・参考文献

久富洋一郎（2014）「高等学校数学における理解を深めるための指導方法に関する研究（Ⅲ）」『全国数学教育学会誌数学教育研究』第20巻，第2号，pp. 11-19.

小林隆義・辻山洋介（2020）「中学校数学科における多様なモデルの解釈・評価・比

較に焦点を当てた確率の学習過程――根元事象と同様に確からしいことの意識化を視点として」『日本数学教育学会誌』第102巻，第1号，pp. 3-14.
国立教育政策研究所（2017）「平成29年度　全国学力・学習状況調査報告書」.
国立教育政策研究所（2018）「平成30年度　全国学力・学習状況調査報告書」.
口分田政史・渡邉伸樹（2014）「小学校高学年における確率に課する子どもの認識に関する研究」『数学教育学会誌』第54巻，第3・4号，pp. 87-98.
文部科学省（2018a）「小学校学習指導要領（平成29年告示）解説　算数編」日本文教出版.
文部科学省（2018b）「中学校学習指導要領（平成29年告示）解説　数学編」日本文教出版.
文部科学省（2019）「高等学校学習指導要領（平成30年告示）解説　数学編　理数編」学校図書.
守屋誠司・岡部恭幸他（2019）『小学校指導法算数』玉川大学出版部.
岡部恭幸（2007）「確率概念の認識における水準とそれに基づくカリキュラムに関する研究」神戸大学学位論文。
Bell Curve（2022a）統計WEB，17-1　大数の法則1　https://bellcurve.jp/statistics/course/8539.html（2022年1月24日アクセス）.
Bell Curve（2022b）統計WEB，17-3　中心極限定理1　https://bellcurve.jp/statistics/course/8543.html（2022年1月4日アクセス）.
Bell Curve（2022c）統計WEB，10-1　条件付き確率 https://bellcurve.jp/statistics/course/6438.html（2022年1月24日アクセス）.
松原望（2017）『やさしく知りたい先端科学シリーズ1　ベイズ統計学』創元社.
ニュートンプレス（2020a）「ゼロからわかる統計と確率――基本からベイズ統計まで」『ニュートン別冊』.
ニュートンプレス（2020b）「ベイズ統計超入門」『ニュートン』9月号.
冨島佑允（2017）『「大数の法則」がわかれば，世の中のすべてがわかる！』ウェッジ.

（岡部恭幸，竹内光悦）

第7章
統　計

学校数学における統計の学びでは，児童生徒の技術的な活用能力の獲得も必要であるが，それだけにとどまらず数学的な内容の十分な理解も必要となる。算数・数学科では，小学校から高等学校まで統計の学びがあるため，系統的な指導によりそれらの力をつける的確な指導が可能となる。

本章では，第1節で統計分野の内容構成，第2節で統計分野の学習指導，第3節で統計分野における数学的背景を説明している。これらを学ぶことから，生徒が数学の内容を理解し，さらに十分な活用もできるために的確な統計指導力を獲得することが本章での目標となる。

● ● ● 学びのポイント ● ● ●

・小中高等学校の統計分野に関する学習指導要領解説の内容を理解する。
・統計分野に関する子どもの認識の実際を理解する。
・記述統計に関する数学的内容を理解する。
・推測統計に関する数学的内容を理解する。
・統計的問題解決の学び（PPDAC サイクルの学び）を理解する。
・小中連携，中高接続の視点で，統計教育の内容を理解する。
・統計分野に関する指導の指針について理解する。
・統計分野に関する発展的な指導について理解する。
・実際に，指導の指針（記述統計，推測統計，統計的問題解決）に基づいた指導の具体的な計画をたてることができる。
・実際に，統計分野に関する発展的な指導の具体的な計画をたてることができる。

小学校算数科，中学校数学科，高等学校数学科における統計分野の主な学習内容

高等学校	統計分野の主な内容		
数学Ⅲ		数学C	(3)数学的な表現の工夫 数学的な表現の意義やよさ ・図，表，統計グラフ，離散グラフ，行列
数学Ⅱ		数学B	(2)統計的な推測 確率分布 ・確率変数と確率分布 ※確率変数の平均，分散，標準偏差 ・二項分布 正規分布 ・連続型確率変数 ・正規分布 統計的な推測 ・母集団と標本 ・統計的な推測の考え ※区間推定，仮説検定
数学Ⅰ	(4)データの分析 データの散らばり ・分散，標準偏差 データの相関 ・散布図，相関関数 仮説検定の考え方	数学A	

中学校	統計分野（「D データの活用」領域）の主な内容
第３学年	標本調査 ・標本調査の必要性と意味　・標本を取り出し整理すること
第２学年	データの分布の比較 ・四分位範囲や箱ひげ図の必要性と意味　・箱ひげ図で表すこと
第１学年	データの分布の傾向 ・ヒストグラムや相対度数の必要性と意味

小学校	統計分野（「D データの活用」領域）の主な内容
第６学年	1　データの考察 代表値の意味や求め方／度数分布を表す表やグラフの特徴と用い方／目的に応じた統計的な問題解決の方法
第５学年	1　円グラフや帯グラフ 円グラフや帯グラフの特徴と用い方／統計的な問題解決の方法 2　測定値の平均 平均の意味
第４学年	1　データの分類整理 二つの観点から分類する方法／折れ線グラフの特徴と用い方
第３学年	1　表と棒グラフ データの分類整理と表／棒グラフの特徴と用い方
第２学年	1　簡単な表やグラフ 簡単な表やグラフ
第１学年	1　絵や図を用いた数量の表現 絵や図を用いた数量の表現

1 統計分野の内容構成

小学校算数科の「Dデータの活用」領域，中学校数学科の「Dデータの活用」領域，高等学校での各科目の内容に基づき，小学校から高等学校までの統計分野の主な学習内容を示す。統計学では主に，記述統計と推測統計とに分類されるため，ここでは記述統計と推測統計に分類して述べる。記述統計は，与えられたデータから特徴を見いだす統計であり，推測統計は一部のデータ（サンプル，小標本）を利用して，全体（母集団）の特徴を確率統計的に推測する統計である。なお推測統計は，20世紀のはじめにR. A. Fisherによってその基礎が形成されたように，比較的歴史は浅い。

記述統計

① 小学校での扱い

第1学年で，絵や図を用いて数量を表現すること，データの個数などから日常事象の特徴を捉えることを学習する。

第2学年では，日常の数量を分類整理して，簡単な表やグラフ（一次元の表や○などを並べたグラフ）にして考察できることを学ぶ。

第3学年で，日時・場所・曜日・時間などの観点からデータを分類し，二次元の表に表したり，読んだりすることを学習する。その際，目的の明確化，資料の条件整理，分類の観点整理，資料に落ちや重なりのない項目選択などを学ぶ。また棒グラフの特徴（数量の大小や差，最大値・最小値，項目間の関係，集団の全体的特徴など）や用法を学習する。

第4学年では，データの分類整理として，2観点から分類整理する方法を学習する。その際，2観点から物事の分類や整理をすること，起こる可能性がある場合を調べること，分類や整理での落ちや重なりの有無について検討することを学ぶ。また，時間経過に伴うデータの変化の様子を折れ線グラフ（横軸：時間経過，縦軸：データの値）で表し，時間的変化からデータの特徴や傾向を分析することを学習する。このような学びから，ある問題に対して，目的に応じたデータを収集し，分類や整理を行い，データの特徴・傾向に着目して，問題解決に適した表やグラフを活用するなどして結論を導き，その妥当性を批判的に検討，つまり多面的・多角的に吟味し，全体的な結論や改善点を得るといった，統計的プロセスを意識した統計的問題解決の初歩を学ぶ。

第５学年では，代表値として，測定値についての平均の意味を理解し，平均で示せることを学習する。なお，平均は測定値の桁数程度でよい。また，本格的に統計的問題解決に取り組む。その際，取組みに必要となる，数量の関係を割合で捉え，基準量と比較量の関係を表す円グラフや帯グラフの意味および利用方法を学ぶ。なお，統計的プロセスを意識した統計的問題解決（PPDAC）とは，⑴問題：Problem，⑵計画：Plan，⑶データ：Data，⑷分析：Analysis，⑸結論：Conclusion という PPDAC という統計的プロセスを経て問題を解決することであり，⑴では日常事象について興味・関心に基づき，統計的に解決が可能な問題を設定する。⑵では結論までの見通しを立ててデータの種類や収集方法について計画を立てる。⑶ではデータの収集および分類や整理をする。⑷では目的の観点に応じて，データをグラフや表に表し，その特徴や傾向を把握する。⑸では問題に対する一定の結論を得て，さらなる問題点，改善点を検討する，こととされている。

第６学年では，量的データの特徴を読み取るために，データ全体の表す指標の代表値として，データの個々の値の合計をデータ個数で除した値の平均値，データを大きさ順に並べた際の中央の値の中央値，データの中で最も多く現れる値の最頻値を学び，これらの値の差異や特徴を理解し，有効活用，最適判断などができることを学習する。量的データの散布度の様子や代表値の意味を捉えやすくするための方法として，数直線上にデータを配置し，同じ値のデータを積み上げて表したドットプロットを学習する。また，量的データの分布の様子や特徴を捉える柱状グラフおよび度数分布を表す表を学ぶ。そして，柱状グラフを用いることで，全体の形や左右の広がりの範囲，対称性など，資料の分布の様子を直観的に把握できること，そしてドットプロットとの差異や扱い方，

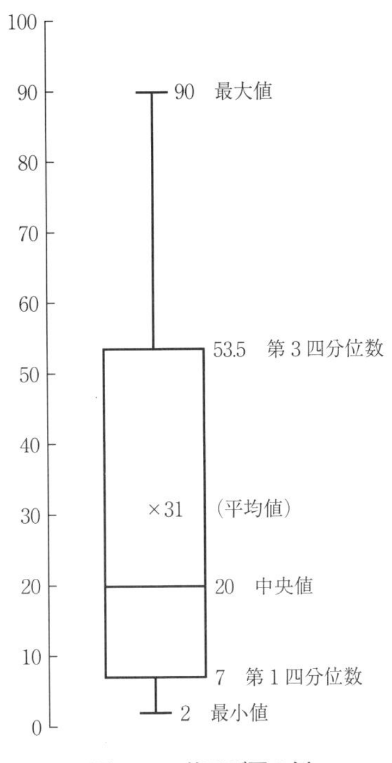

図７－１　箱ひげ図の例

棒グラフとの差異や扱い方を学習する。さらに，実際に総合的な統計的問題解決について学ぶ。

② 中学校での扱い

第１学年で，量的なデータの分析の様子を捉える際に大切である横軸に階級，縦軸に度数をとるヒストグラムの必要性とその意味，データの散らばりの程度を表す範囲によるデータの特徴の読み取り，大きさの異なる２つ以上の集団の傾向を比較する際に大切である全体に対する部分を表す相対度数の必要性やその意味，最小の階級から各階級までの度数の総和である累積度数，最小の階級から各階級までの相対度数の総和である累積相対度数の必要性やその意味を学ぶ。そして，自分自身で目的に応じてデータを収集し，データの分布の傾向を読み取るために，ヒストグラムや相対度数などを作成，活用し，批判的に考察・判断できるようになることを学習する。これは，小学校から引き続いて学習をしているPPDACの統計的プロセスを意識した統計的な問題解決として学習する。

第２学年で，複数の集団のデータ分布に着目し，その傾向を比較検討できるために，四分位範囲や箱ひげ図を学ぶ。なお，箱ひげ図は，最小値，第１四分位数，中央値，第３四分位数，最大値を箱とひげ（線）で表現した図である。例えば２，６，８，10，20，36，37，70，90の箱ひげ図は図７－１の通りである。四分位範囲は，第３四分位数－第１四分位数の値であり，データの散らばり程度を表す。これらの学びより，PPDACの統計的プロセスの学習として，自分自身で目的に応じてデータを収集し，複数のデータの分布の傾向を読み取るために，箱ひげ図や四分位範囲を作成，活用し，批判的に考察・判断（多面的・多角的に吟味し，さらによりよい結論を得る）できるようになることを習得する。

③　高等学校での扱い

数学Ⅰの「データの分析」では，まず，データの散らばり度合いを表す新たな指標として，分散，標準偏差の意味を学習する。データの相関については，散布図および相関係数の意味を学ぶ。そして，小学校から学んできているPPDACの統計的プロセスの学習において，情報機器等を利用して，分散や標準偏差の統計量を算出することなどから，データの傾向や特徴を見いだすことができるように学習する。この段階では，これまでに学んできた平均値，最小値，最大値，中央値，最頻値，範囲，四分位範囲などの統計量，棒グラフ，折れ線グラフ，ヒストグラム，箱ひげ図，散布図などのグラフを必要に応じて取捨選択する方法を習得する。なお，文字情報として得られる質的データと数値情報として得られる量的データが混在した，複数の種類のデータの処理方法も学ぶ。

推測統計

①　小学校での扱い

特に扱いはない。

②　中学校での扱い

第３学年で標本調査を学習する。全体のデータを取ることができず，一部のデータを元にして全体の傾向をつかもうとするのが標本調査であるため，この必要性とその意味を学ぶ。母集団から標本を抽出する方法は様々なものがある。その中で，標本が母集団の特徴をよりよく反映するために偏りなく抽出する代表的な方法である無作為抽出の意味とその必要性，および活用方法を習得する。そして，身の回りにある標本調査の方法や，標本調査の結果を，その方法や結果の過程を批判的にみることができるように学習する。また，統計的な問題解決学習として，実際にPPDACの統計的プロセスに沿って，自分自身で標本調査を行い，母集団の傾向を推定し，それを批判的に分析・判断できること，つまり多面的・多角的に吟味し，よりよい結論を得ることを習得する。

③　高等学校での扱い

数学Ⅰの「データの分析」では，具体的な事象における仮説検定の考え方を学習する。あわせて，不確実な事象の起こりやすさに対して，主張の妥当性について，実験などを通して判断したり，批判的な考察をしたりすることなどを学ぶ。

数学Ｂの「統計的な推測」では，標本調査の意味，必要性，確率変数と確率分布の意味，必要性，二項分布と正規分布の性質や特徴および確率変数の平均・分散・標準偏差などを用いて，確率分布や標本分布の特徴を考察すること，そして正規分布を用いた区間推定や仮説検定について学ぶ。

2　統計分野の学習指導（先行研究における課題と指導の指針）

（1）先行研究における課題

記述統計

現在の児童生徒の学力を大学入試センター試験（2020年度），大学入学共通テスト（2021年度），全国学力・学習状況調査（2019，2017，2016，2015年度）の結果からみる。まず，2020年度大学入試センター試験，2021年度大学入学共通テストの結果は次の通りである[(1)]。

数学Ⅰ・Ａの２[２]でいずれも「データの分析」が出題されている。2020年度について，設問[２]-(１)は四分位数の意味を問う問題で，正答率は16.9%，44.2%であった[(2)]。設問[２]-(４)は散布図からヒストグラムを選ぶ問題であり，正答率は52.4%であった（図７-２参照）。これらのことから，記述統計に関する数学的内容の意味理解が不十分であることがわかる。

2021年度は，[２]-(２)の箱ひげ図からヒストグラムを推定する問題について，正答率は70%未満，[２]-(４)の条件を満たす散布図を答える問題の正答率は60%未満であった（図７-３参照）。これらのことから，ヒストグラムや散布図といった重要な内容が十分に理解できていないことがわかる。

中学校の全国学力・学習状況調査の結果は次の通りである。(3)

2019年度にヒストグラムから判断の根拠となる代表値を選ぶ問題がある。正答率は54.1％であった（図7－4参照）。なお，2017年度の範囲の意味の正答率は28.8％，2016年度の最頻値の意味の正答率は46.2％であった。2015年度の中央値の意味の問題の正答率は46.3％であった。これらのことから，代表値の用語に関する簡単な意味（定義）の理解も十分にできていないことがわかる。

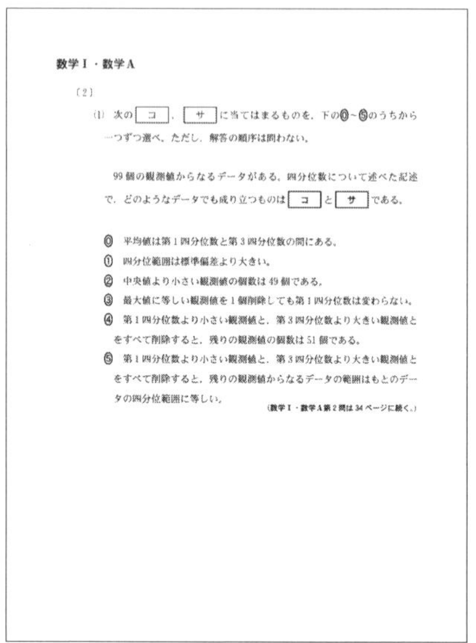

数学Ⅰ・数学A

〔2〕

(1) 次の コ ， サ に当てはまるものを，下の⓪～⑤のうちから一つずつ選べ。ただし，解答の順序は問わない。

99個の観測値からなるデータがある。四分位数について述べた記述で，どのようなデータでも成り立つものは コ と サ である。

⓪ 平均値は第1四分位数と第3四分位数の間にある。
① 四分位範囲は標準偏差より大きい。
② 中央値より小さい観測値の個数は49個である。
③ 最大値に等しい観測値を1個削除しても第1四分位数は変わらない。
④ 第1四分位数より小さい観測値と，第3四分位数より大きい観測値とをすべて削除すると，残りの観測値の個数は51個である。
⑤ 第1四分位数より小さい観測値と，第3四分位数より大きい観測値とをすべて削除すると，残りの観測値からなるデータの範囲はもとのデータの四分位範囲に等しい。

(数学Ⅰ・数学A第2問は34ページに続く。)

図7－2　2020年度大学

推測統計

2020年度大学入試センター試験，2021年度大学入学共通テストの結果をみる。数学Ⅱ・Bの選択問題でいずれも「確率分布と統計的推測」が出題されている。なお，「確率分布と統計的な推測」と「数列」「ベクトル」の3題から2題の選択となっている。

正答率をみると，2020年度は，設問[5]-(1)の期待値・標準偏差の計算の問題では，正答率は45～70％である。設問[5]-(2)の二項分布を正規分布で近似し，与えられた範囲の値をとる確率を求める問題では，正答率はおおよそ20～30％，設問[5]-(3)の母平均に対する信頼度95％の信頼区間を求める問題の正答率は，前半で約40％，後半は20％未満であった（図7－5参照）。なお，「確率分布と統計的な推測」の問題選択率は3.4％と極端に低いものである。

2021年度は，設問[3]-(1)～(5)の二項分布に関する平均と標準偏差，正

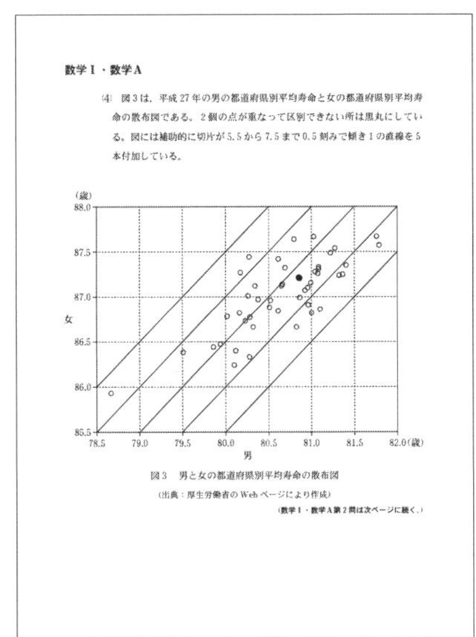
数学Ⅰ・数学A

(4)　図3は，平成27年の男の都道府県別平均寿命と女の都道府県別平均寿命の散布図である。2個の点が重なって区別できない所は黒丸にしている。図には補助的に切片が5.5から7.5まで0.5刻みで傾き1の直線を5本付加している。

図3　男と女の都道府県別平均寿命の散布図

(出典：厚生労働省のWebページにより作成)

(数学Ⅰ・数学A第2問は次ページに続く。)

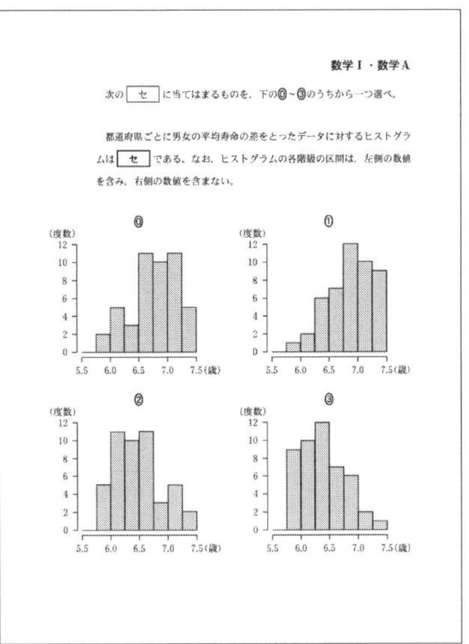
数学Ⅰ・数学A

次の［セ］に当てはまるものを，下の⓪～③のうちから一つ選べ。

都道府県ごとに男女の平均寿命の差をとったデータに対するヒストグラムは［セ］である。なお，ヒストグラムの各階級の区間は，左側の数値を含み，右側の数値を含まない。

入試センター試験「数学Ⅰ・A」

規分布による近似，信頼区間に関する問題について，［3］-(1)-［ア］と［3］-(5)-［ソ］以外の問題では，正答率が35%を超えていない（図7-6参照）。なお，「確率分布と統計的な推測」の問題選択率は4.9%とかなり低い。

したがって，推測統計に関する内容は全体的に理解が困難な現状にあることがわかる。また，推測統計を学んでいる生徒が少ない可能性があることが推定される。

（2）指導の指針

記述統計，推測統計のいずれでも，利用する数学用語の十分な意味や概念の理解から始めることが大切である。なおこの学習では，単にそれらの内容を扱う単発的な学習にとどまるのではなく，多種多様な場面での活用を実際に行うことにより，問題解決過程で十分に自分自身で使いこなせるだけの深い理解につなげることが望ましい。小中高等学校のいずれの学習指導要領でも指摘されてはいるが，統計を活用した問題解決は，P（Problem，問題），P（Plan，計画），

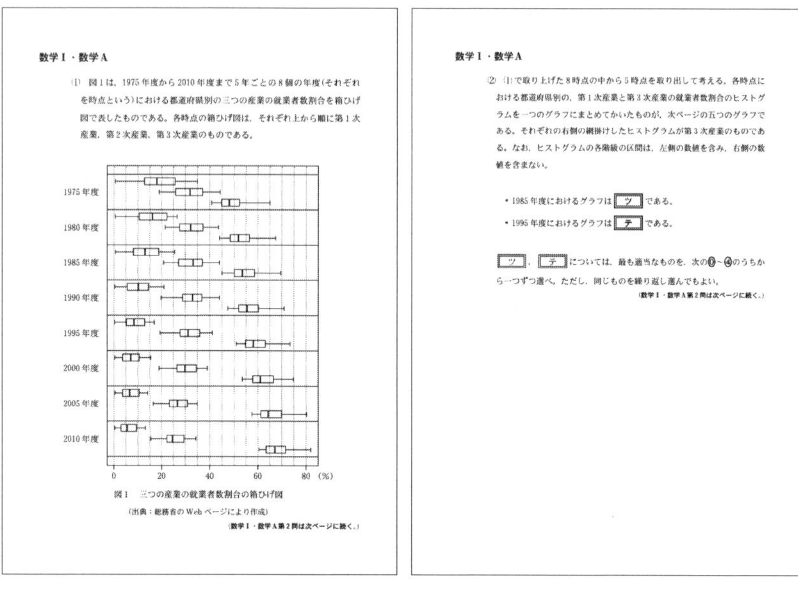

数学Ⅰ・数学A

(1) 図1は，1975年度から2010年度まで5年ごとの8個の年度(それぞれを時点という)における都道府県別の三つの産業の就業者数割合を箱ひげ図で表したものである。各時点の箱ひげ図は，それぞれ上から順に第1次産業，第2次産業，第3次産業のものである。

図1　三つの産業の就業者数割合の箱ひげ図

(出典：総務省のWebページにより作成)

(数学Ⅰ・数学A第2問は次ページに続く。)

数学Ⅰ・数学A

(2) (1)で取り上げた8時点の中から5時点を取り出して考える。各時点における都道府県別の，第1次産業と第3次産業の就業者数割合のヒストグラムを一つのグラフにまとめてかいたものが，次ページの五つのグラフである。それぞれの右側の網掛けしたヒストグラムが第3次産業のものである。なお，ヒストグラムの各階級の区間は，左側の数値を含み，右側の数値を含まない。

- 1985年度におけるグラフは［ツ］である。
- 1995年度におけるグラフは［テ］である。

［ツ］，［テ］については，最も適当なものを，次の⓪～④のうちから一つずつ選べ。ただし，同じものを繰り返し選んでもよい。

(数学Ⅰ・数学A第2問は次ページに続く。)

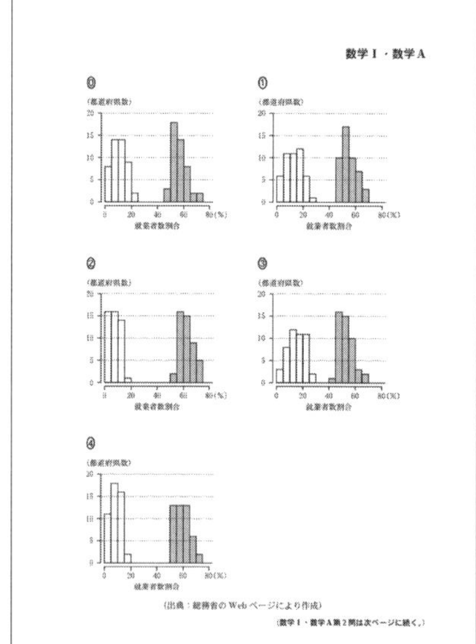

数学Ⅰ・数学A

(出典：総務省のWebページにより作成)

(数学Ⅰ・数学A第2問は次ページに続く。)

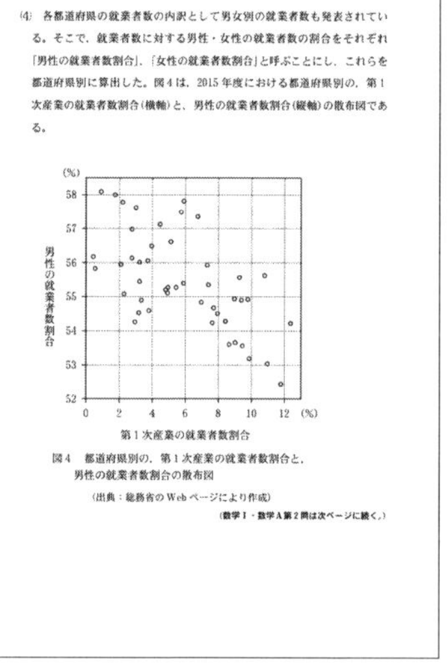

数学Ⅰ・数学A

(4) 各都道府県の就業者数の内訳として男女別の就業者数も発表されている。そこで，就業者数に対する男性・女性の就業者数の割合をそれぞれ「男性の就業者数割合」，「女性の就業者数割合」と呼ぶことにし，これらを都道府県別に算出した。図4は，2015年度における都道府県別の，第1次産業の就業者数割合(横軸)と，男性の就業者数割合(縦軸)の散布図である。

図4　都道府県別の，第1次産業の就業者数割合と，男性の就業者数割合の散布図

(出典：総務省のWebページにより作成)

(数学Ⅰ・数学A第2問は次ページに続く。)

図7-3　2021年度大学入学共通テスト「数学Ⅰ・A」

（図7－3のつづき）

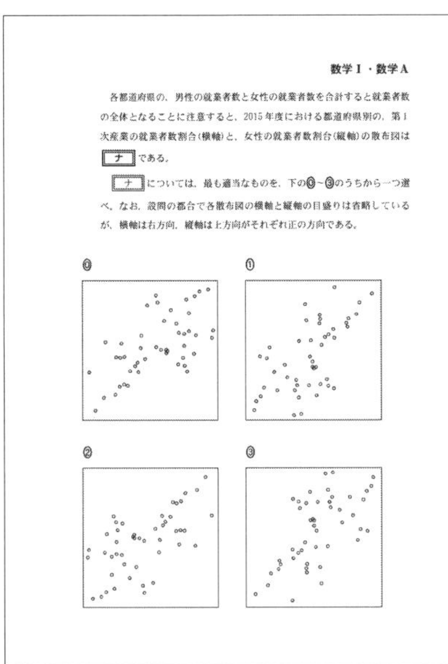

数学Ⅰ・数学A

各都道府県の，男性の就業者数と女性の就業者数を合計すると就業者数の全体となることに注意すると，2015年度における都道府県別の，第1次産業の就業者数割合(横軸)と，女性の就業者数割合(縦軸)の散布図は［ナ］である。

［ナ］については，最も適当なものを，下の⓪～③のうちから一つ選べ。なお，設問の都合で各散布図の横軸と縦軸の目盛りは省略しているが，横軸は右方向，縦軸は上方向がそれぞれ正の方向である。

⓪　①　②　③

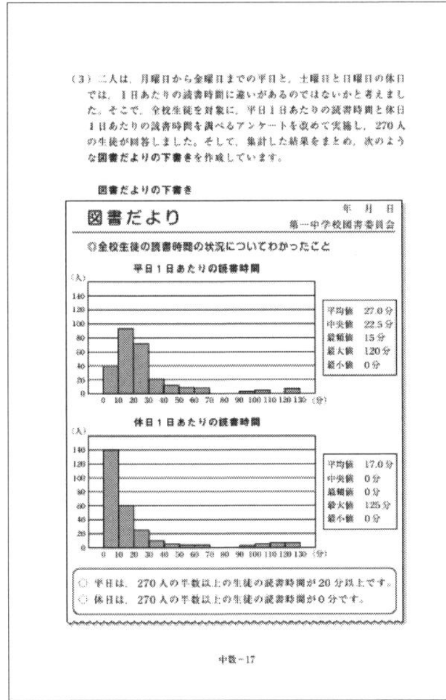

（3）二人は，月曜日から金曜日までの平日と，土曜日と日曜日の休日では，1日あたりの読書時間に違いがあるのではないかと考えました。そこで，全校生徒を対象に，平日1日あたりの読書時間と休日1日あたりの読書時間を調べるアンケートを改めて実施し，270人の生徒が回答しました。そして，集計した結果をまとめ，次のような**図書だよりの下書き**を作成しています。

図書だよりの下書き

中数－17

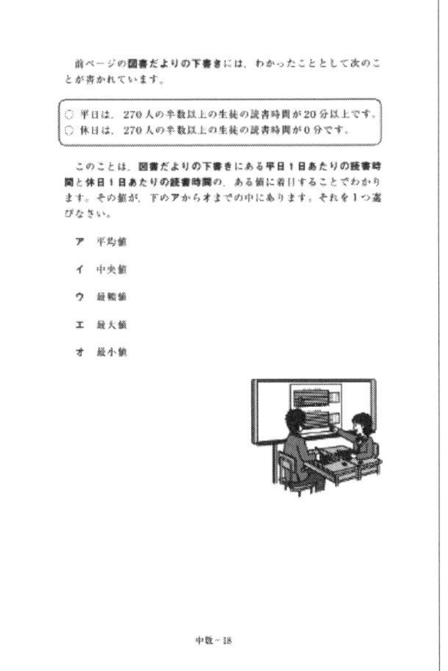

前ページの**図書だよりの下書き**には，わかったこととして次のことが書かれています。

○ 平日は，270人の半数以上の生徒の読書時間が20分以上です。
○ 休日は，270人の半数以上の生徒の読書時間が0分です。

このことは，**図書だよりの下書き**にある**平日1日あたりの読書時間**と**休日1日あたりの読書時間**の，ある値に着目することでわかります。その値が，下のアからオまでの中にあります。それを1つ選びなさい。

ア　平均値

イ　中央値

ウ　最頻値

エ　最大値

オ　最小値

中数－18

図7－4　2019年度全国学力・学習状況調査

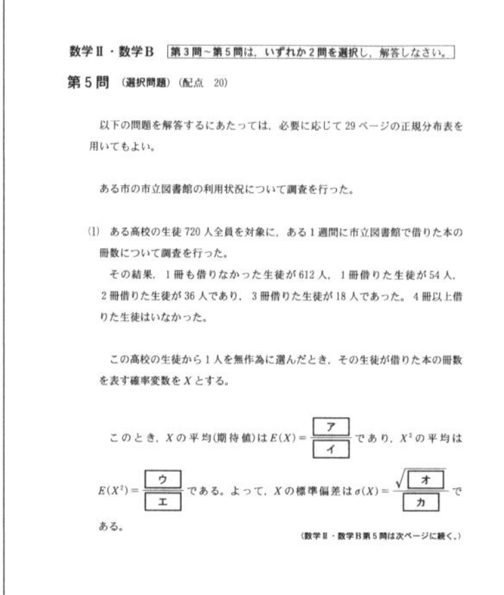
数学Ⅱ・数学B　第3問～第5問は，いずれか2問を選択し，解答しなさい。

第5問　（選択問題）（配点　20）

以下の問題を解答するにあたっては，必要に応じて29ページの正規分布表を用いてもよい。

ある市の市立図書館の利用状況について調査を行った。

(1)　ある高校の生徒720人全員を対象に，ある1週間に市立図書館で借りた本の冊数について調査を行った。

その結果，1冊も借りなかった生徒が612人，1冊借りた生徒が54人，2冊借りた生徒が36人であり，3冊借りた生徒が18人であった。4冊以上借りた生徒はいなかった。

この高校の生徒から1人を無作為に選んだとき，その生徒が借りた本の冊数を表す確率変数をXとする。

このとき，Xの平均(期待値)は$E(X)=\dfrac{\boxed{ア}}{\boxed{イ}}$であり，$X^2$の平均は$E(X^2)=\dfrac{\boxed{ウ}}{\boxed{エ}}$である。よって，$X$の標準偏差は$\sigma(X)=\dfrac{\sqrt{\boxed{オ}}}{\boxed{カ}}$である。

（数学Ⅱ・数学B第5問は次ページに続く。）

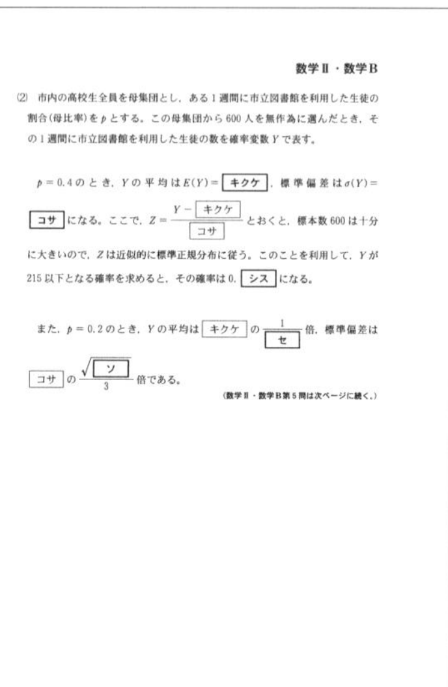
数学Ⅱ・数学B

(2)　市内の高校生全員を母集団とし，ある1週間に市立図書館を利用した生徒の割合(母比率)をpとする。この母集団から600人を無作為に選んだとき，その1週間に市立図書館を利用した生徒の数を確率変数Yで表す。

$p=0.4$のとき，Yの平均は$E(Y)=\boxed{キクケ}$，標準偏差は$\sigma(Y)=\boxed{コサ}$になる。ここで，$Z=\dfrac{Y-\boxed{キクケ}}{\boxed{コサ}}$とおくと，標本数600は十分に大きいので，$Z$は近似的に標準正規分布に従う。このことを利用して，Yが215以下となる確率を求めると，その確率は0.$\boxed{シス}$になる。

また，$p=0.2$のとき，Yの平均は$\boxed{キクケ}$の$\dfrac{1}{\boxed{セ}}$倍，標準偏差は$\boxed{コサ}$の$\dfrac{\sqrt{\boxed{ソ}}}{3}$倍である。

（数学Ⅱ・数学B第5問は次ページに続く。）

図7－5　2020年度大学入試

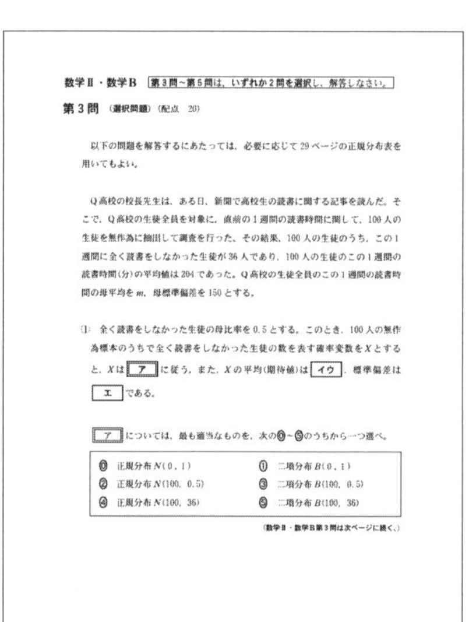
数学Ⅱ・数学B　第3問～第5問は，いずれか2問を選択し，解答しなさい。

第3問　（選択問題）（配点　20）

以下の問題を解答するにあたっては，必要に応じて29ページの正規分布表を用いてもよい。

Q高校の校長先生は，ある日，新聞で高校生の読書に関する記事を読んだ。そこで，Q高校の生徒全員を対象に，直前の1週間の読書時間に関して，100人の生徒を無作為に抽出して調査を行った。その結果，100人の生徒のうち，この1週間に全く読書をしなかった生徒が36人であり，100人の生徒のこの1週間の読書時間(分)の平均値は204であった。Q高校の生徒全員のこの1週間の読書時間の母平均をm，母標準偏差を150とする。

(1)　全く読書をしなかった生徒の母比率を0.5とする。このとき，100人の無作為標本のうちで全く読書をしなかった生徒の数を表す確率変数をXとすると，Xは$\boxed{ア}$に従う。また，Xの平均(期待値)は$\boxed{イウ}$，標準偏差は$\boxed{エ}$である。

$\boxed{ア}$については，最も適当なものを，次の⓪～⑤のうちから一つ選べ。

⓪　正規分布$N(0,1)$	①　二項分布$B(0,1)$
②　正規分布$N(100,0.5)$	③　二項分布$B(100,0.5)$
④　正規分布$N(100,36)$	⑤　二項分布$B(100,36)$

（数学Ⅱ・数学B第3問は次ページに続く。）

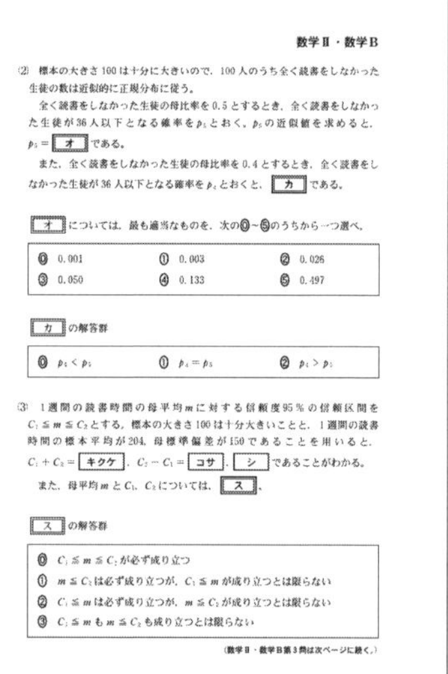
数学Ⅱ・数学B

(2)　標本の大きさ100は十分に大きいので，100人のうち全く読書をしなかった生徒の数は近似的に正規分布に従う。

全く読書をしなかった生徒の母比率を0.5とするとき，全く読書をしなかった生徒が36人以下となる確率をp_5とおく。p_5の近似値を求めると，$p_5=\boxed{オ}$である。

また，全く読書をしなかった生徒の母比率を0.4とするとき，全く読書をしなかった生徒が36人以下となる確率をp_4とおくと，$\boxed{カ}$である。

$\boxed{オ}$については，最も適当なものを，次の⓪～⑤のうちから一つ選べ。

⓪　0.001	①　0.003	②　0.026
③　0.050	④　0.133	⑤　0.497

$\boxed{カ}$の解答群

⓪　$p_4<p_5$	①　$p_4=p_5$	②　$p_4>p_5$

(3)　1週間の読書時間の母平均mに対する信頼度95％の信頼区間を$C_1\leqq m\leqq C_2$とする。標本の大きさ100は十分大きいことと，1週間の読書時間の標本平均が204，母標準偏差が150であることを用いると，$C_1+C_2=\boxed{キクケ}$，$C_2-C_1=\boxed{コサ}$.$\boxed{シ}$であることがわかる。

また，母平均mとC_1，C_2については，$\boxed{ス}$。

$\boxed{ス}$の解答群

⓪　$C_1\leqq m\leqq C_2$が必ず成り立つ
①　$m\leqq C_2$は必ず成り立つが，$C_1\leqq m$が成り立つとは限らない
②　$C_1\leqq m$は必ず成り立つが，$m\leqq C_2$が成り立つとは限らない
③　$C_1\leqq m$も$m\leqq C_2$も成り立つとは限らない

（数学Ⅱ・数学B第3問は次ページに続く。）

図7－6　2021年度大学入学

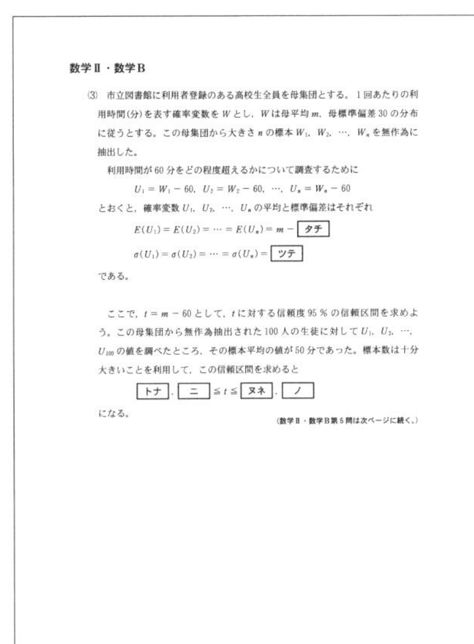

数学Ⅱ・数学B

(3)　市立図書館に利用者登録のある高校生全員を母集団とする。1回あたりの利用時間(分)を表す確率変数を W とし，W は母平均 m，母標準偏差30の分布に従うとする。この母集団から大きさ n の標本 W_1，W_2，…，W_n を無作為に抽出した。

利用時間が60分をどの程度超えるかについて調査するために

$$U_1 = W_1 - 60,\ U_2 = W_2 - 60,\ \cdots,\ U_n = W_n - 60$$

とおくと，確率変数 U_1，U_2，…，U_n の平均と標準偏差はそれぞれ

$$E(U_1) = E(U_2) = \cdots = E(U_n) = m - \boxed{タチ}$$

$$\sigma(U_1) = \sigma(U_2) = \cdots = \sigma(U_n) = \boxed{ツテ}$$

である。

ここで，$t = m - 60$ として，t に対する信頼度95％の信頼区間を求めよう。この母集団から無作為抽出された100人の生徒に対して U_1，U_2，…，U_{100} の値を調べたところ，その標本平均の値が50分であった。標本数は十分大きいことを利用して，この信頼区間を求めると

$$\boxed{トナ}.\boxed{ニ} \leqq t \leqq \boxed{ヌネ}.\boxed{ノ}$$

になる。

(数学Ⅱ・数学B第5問は次ページに続く。)

センター試験「数学Ⅱ・B」

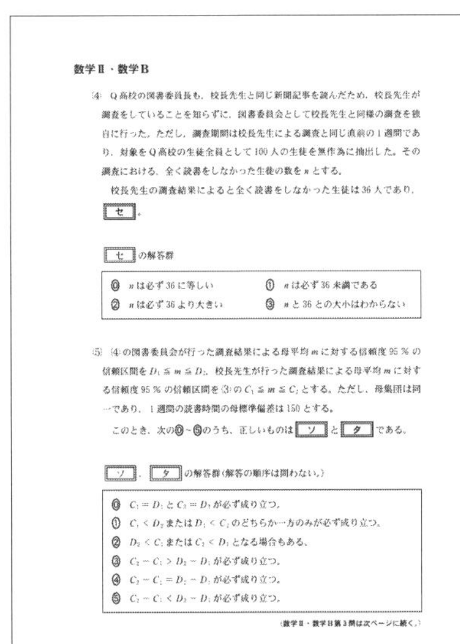

数学Ⅱ・数学B

(4)　Q高校の図書委員長も，校長先生と同じ新聞記事を読んだため，校長先生が調査をしていることを知らずに，図書委員会として校長先生と同様の調査を独自に行った。ただし，調査期間は校長先生による調査と同じ直前の1週間であり，対象をQ高校の生徒全員として100人の生徒を無作為に抽出した。その調査における，全く読書をしなかった生徒の数を n とする。

校長先生の調査結果によると全く読書をしなかった生徒は36人であり，$\boxed{セ}$。

$\boxed{セ}$ の解答群

⓪ n は必ず36に等しい	① n は必ず36未満である
② n は必ず36より大きい	③ n と36との大小はわからない

(5)　(4)の図書委員会が行った調査結果による母平均 m に対する信頼度95％の信頼区間を $D_1 \leqq m \leqq D_2$，校長先生が行った調査結果による母平均 m に対する信頼度95％の信頼区間を(3)の $C_1 \leqq m \leqq C_2$ とする。ただし，母集団は同一であり，1週間の読書時間の母標準偏差は150とする。

このとき，次の⓪～⑤のうち，正しいものは $\boxed{ソ}$ と $\boxed{タ}$ である。

$\boxed{ソ}$，$\boxed{タ}$ の解答群（解答の順序は問わない。）

⓪ $C_1 = D_1$ と $C_2 = D_2$ が必ず成り立つ。
① $C_1 < D_2$ または $D_1 < C_2$ のどちらか一方のみが必ず成り立つ。
② $D_2 < C_1$ または $C_2 < D_1$ となる場合もある。
③ $C_2 - C_1 > D_2 - D_1$ が必ず成り立つ。
④ $C_2 - C_1 = D_2 - D_1$ が必ず成り立つ。
⑤ $C_2 - C_1 < D_2 - D_1$ が必ず成り立つ。

(数学Ⅱ・数学B第3問は次ページに続く。)

共通テスト「数学Ⅱ・B」

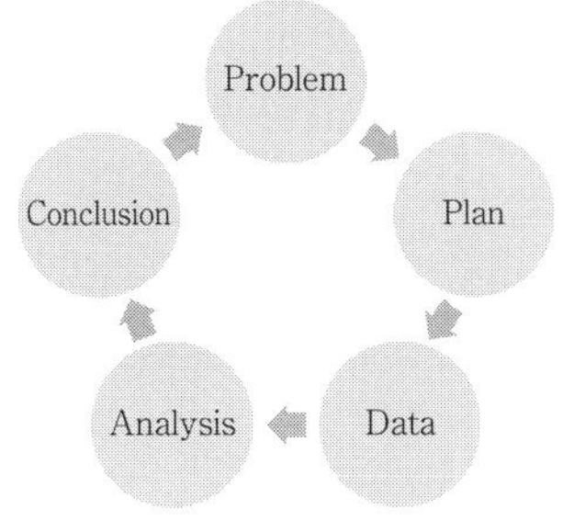

図7-7　PPDACサイクル

D（Data，データ収集），A（Analysis，分析），C（Conclusion，結論）のPPDACの統計的プロセスが重要となる（図7-7）。なお，学校での一般的な考査や入試のような筆記試験対策としての教科書やワーク依存型の授業では，結局，生徒にとっては与えられた問題の解決に終始し，本来のPPDACの学び，すなわち自分自身で率先的に課題を見いだし，それを解決するための問いの立て方から始める学習とはならない。

この問いの立て方は，数学の問題解決学習（例えば，数学的モデリング）と同様であるため，数学の他分野・他領域の学習においても，常時，問題解決を意識して取り組むことが大切となる。その際に，統計も利用できることが目標となる。教科書（やワーク）の中だけのPPDACの学び

に陥らないことに注意をはらう必要がある。

なお，多種多様なPPDACの学びを最初から独自に見いだすことは困難であるため，先行研究に着目して，それらを参考にしながら学習するのも効果的である。例えば，「数学の学習は人生の役に立つのか」というのは問題解決として，とても興味深い課題であると考えられる。この問題解決方法は様々に考えられるが，統計を利用することは，これまでの研究成果をベースとすれば，十分可能となると考えられる。そこで，この課題について，記述統計と推測統計での解決方法を考えてみる。

まず，研究成果の１つとして「数学の学習と年収[(4)]」がある（数学を学ぶことにより，年収が高くなるという結論）。この研究を参考にすれば，(1)問題：数学の学びが人生の役に立つのか。「役に立つ」を「年収が高い」と設定する。そこで，数学の学びが就職後の年収に好影響を与えるのか，という問題設定ができる。(2)計画：年収は企業により差がでてくるため，ひとまず理系学部出身者を除き，文系学部大卒就職者１万人に無作為抽出で年収を聞くことにする。その際に大学受験での数学受験の有無を聞く。(3)データ：数学の受験の有無と平均年収を収集する。(4)分析：数学受験の有無にグループ分類し，平均値を整理して比較をする。例えば，数学受験者が748万円，数学未受験者が641万円であったとする。(5)結論：数学を学ぶことは，そもそも理系学部でなくても就職後の年収に大きく好影響を及ぼす可能性があることが示唆される。このような記述統計のPPDACの学びが想定される。

次に「数学学習の脳活動への影響[(5)]」という研究を参考とする（数学を学ぶと思考過程に役立つ脳内物質の濃度が増加するという結論）。この先行研究を参考にすれば，(1)問題：高等学校での数学の学習は人生の役に立つのか。「役に立つ」を「脳内の活動で人生生活に有益な変化がみられる」とする。(2)計画：無作為抽出で抽出した18歳で数学学習者の25人と18歳で数学非学習者の25人の生徒について脳測定を行う。脳内の測定については，推論，問題解決，記憶など多くの人生に重要な認知機能に関与する脳内物質GABA（γ-アミノ酪酸）の濃度の増減をはかる。なお，16歳までは数学・物理・化学・生物・地学は必修であり，

16歳から数学や物理・化学・生物・地学の学習の選択が可能となっている。(3)データ：18歳の生徒の脳内の濃度の測定データを収集する。(4)分析：18歳での各グループの平均値の差に関する検定を行う。例えば，18歳の数学学習者と非数学学習者のグループ間で有意差がみられたとする（平均値は数学学習者の方が高い）。(5)結論：このことから，16歳以降で数学の学習を行わないことは，脳内物質 GABA の濃度の低下をもたらすことが示唆され，この点において数学の学習が人生の役に立つ可能性が示唆される。このような推測統計の PPDAC の学びが設定可能となる。

このように，自身で問いを立てた後，先行研究の PPDAC の手法を参考に，自身で PPDAC の学習を行うことが可能となる。先行研究の多くは多種多様な PPDAC に基づいて行われているため，こうした学びを何度もくり返すことから，より深い PPDAC の学びにつながるといえる。また，単なる数学用語の意味理解についても，こうしたことをくり返すことが重要である。くり返すことにより，記述統計や推測統計の重要な数学用語に関する本来的な意味や概念，その必要性について，それぞれのつながりや差異，特長，また利用効果などが十分に把握できるため，深い理解につながることはいうまでもないからである。

記述統計

記述統計では，一般的な受験や考査の筆記問題の対策のために，単に公式に当てはめて値を算出することに終始するのではなく，記述統計に関する用語の十分な意味理解が大切であり，問題解決に活用して，統計問題解決ができることが重要となる。

記述統計では，収集したデータを整理し，データの示す特徴などを分析する。その資料の整理に利用するのが，尺度，度数分布，代表値，散布度，相関などである。こうした数学用語の十分な理解が重要である。十分な用語の理解には，実際の活動を通して，体得できることが望ましい。

中学校（小学校高学年）では，まずは実際にデータを収集することから始める。データは質的データと量的データに分かれる。そのため，連続量と離散量のデータの差異や，間隔尺度，比率尺度，順序尺度，名義尺度における尺度の差異の理解が大切となる。そして，実際にデータを整理する。その際，度数分布表，ヒストグラムで全体の傾向を把握する。度数分布表作成では，変量（連続変量，離散変量），階級（階級値）の理解が必要となる。度数分布表からグラフ化したヒストグラム，度数分布多角形の理解も大切である。代表値では，全体の傾向だけでなく，集団の特徴を表せる。代表値として，平均値，中央値，最頻値の理解は必須である。これらの１つずつの理解は容易であるが，差異を理解して，具体的に使いこなせることが望ましい。あわせて，データの散布度（ちらばり）の把握のために四分位範囲や箱ひげ図の理解も重要となる。

高等学校になれば，散布度の学習としては分散，標準偏差，変動係数などによる分析ができることも必要となる。また，２変量間の関連を分析する図としての散布図，相関図，関係を表す統計量の相関係数について理解をし，さらに回帰直線による分析の理解も必要となる。

記述統計に関する小中高等学校のいずれの内容も，実際の活動において十分な理解をするとともに，PPDAC の学びで適宜活用できることが望ましい。

推測統計

推測統計は，全体の母集団の性質を標本をもとに推測するものであり，推定と検定がある。記述統計と同じく，用語の十分な意味理解が大切であり，問題解決に活用して，統計問題解決ができることが重要となる。

推測統計では，母集団から一部分の標本を抜き出す標本調査があり，その際，抽出方法の１つとして無作為抽出（任意抽出）を行う。この無作為抽出は重要な内容であるため，小学校からランダムサンプリングの素地の学習を開始し，大まかな概念をつかむことが大切となる。

中学校になれば，標本調査においては，母集団と標本を理解し，抽出としてランダムサンプリングの理解が必要である。

高等学校になれば，分布として連続分布の正規分布，指数分布，離散分布の二項分布，ポアソン分布の理解が大切となる。

母集団と標本との関係では，母集団分布（母平均，母分散，母標準偏差），標本分布（標本平均，標本分散，標本標準偏差）の学習が必要となる。

そして，標本からおおよその値を求める推定（点推定，区間推定）と，母集団の特徴を判断する検定がある。推定として，母平均の推定，母比率の推定の学習が基礎となる。一方，検定について，仮説，有意水準，棄却，棄却域，片側検定，両側検定などの理解とともに，二項検定，正規分布検定の理解が基礎となる。あわせて，小標本の場合に利用する t 検定，等分散の検定である F 検定の理解も望まれる。また，χ^2 検定は，実際に得られた値と理論値のずれを検定する適合度の検定，２標本の得られた数値がそれぞれ独立かを検定する独立性の検定で必要となる。

推測統計に関するこれらの内容は，実際の統計的問題解決で正確に活用できるように体得することが望まれる。

※なお，的確な指導を目指すためには，まずは小中高等学校の教科書や参考書および大学の初歩的統計の書籍を利用して，記述統計・推測統計に関する上述の数学用語に関する内容を自身で十分に理解すること，あわせて，実際に指導の指針（記述統計，推測統計，統計的問題解決）に基づいた指導の具体的な計画をたてることなどが必須となる。

（３）発展的な指導

エビデンス取得・活用を意識したPPDACの学び

推測統計の学習においてもPPDACの学習は推奨されるものの，実際には数学学習において他の分野でも指摘されていることと同様に，いわゆる筆答試験問題用の学び（受動的な学び）となる危惧がある。したがって，本来は実際に日常生活から自身の課題を見いだし，その解決を通して，自身の生活（人生）に役立たせることができるような学習が望まれる。

現在の社会において，エビデンスをもとにした主張は必要不可欠である。特に自身の主張のためにエビデンスを得る意義は大きい。エビデンスの取得には仮説検定の考えが重要な要素の１つである。仮説検定の実施を行えば，統計的には強固な証拠となりうる。ただし，エビデンス主張による学習モデルはあまり目にすることはない。したがって，まずは受動的ではあるが，与えられた課題に関してのエビデンスの取得によるPPDACのモデルを理解する学びが不可欠である。それらの積み重ねから，徐々に自身の課題の解決に関する学習をすることが望ましい。エビデンスをもとにする主張は日常での活用場面では多々あるため，この学びが体得できれば，数学教育の究極的な目標であるよりよい社会や自身の人生を切り開くことにつながることが想定される。ここでは，エビデンス取得・活用を意識したPPDACの学びの簡単な例を示す。

指導例：X高等学校では学園祭が5日間ある。3年1組はA君が模擬店の責任者である。3年（1組と2組）はフランクフルトとミルク煎餅を販売することになっており，A君は毎日，販売内容の改善をしていくことが責務とされている。その場合，A君は例えば次のようなことができる。(1)1日目の1組のフランクフルトとミルク煎餅の販売数が423本と162枚で，2組の販売数が298本と151枚であったとする。このとき，販売数の割合に着目して販売数の割合に関する検定を行う（χ^2検定)。なお，Excelによって統計量の算出も可能である（図7-8）。結果的に，1組と2組で売り上げの割合に有意差があった（1組の方がミルク煎餅の売り上げの割合が小さい）とすれば，1組のミルク煎餅の売り上げをさらに向上させることが可能と考えられる。A君は，2日目の対策として，フランクフルトとミルク煎餅のセット割引販売を行うなどの改善策を練ることができる（1日目の販売方法では，ミルク煎餅の売り上げが少なくなる傾向があるというエビデンスを取得できる)。(2)また，1日目に1組と2組のフランクフルトとミルク煎餅の味をそれぞれ10点満点で9人ずつの購買者に評価してもらい，データを収集する。それぞれ平均値の差の検定を行ったところ有意な差がみられた（1組の方が平均値が高い）とする（対応のないt検定)。なお，Excelによって統計量の算出も可能である（図7-9）。あわせて，箱ひげ図で売り上げ状況の傾向の分析が可能である（図7-10)。これらのことから，A君は，2日目の対策（味に大幅な変更の必要性はない）を練ることができる（1日目の販売方法では，2組との有意差がみられたため，ひとまず大幅な変更は必要ない，というエビデンスを取得できる)。

G3　=CHISQ.TEST(C3:D4,C9:D10)

観測値	フランクフルト	ミルク煎餅	合計
1組	423	162	585
2組	298	151	449
合計	721	313	1034

p = 0.039

期待値	フランクフルト	ミルク煎餅	合計
1組	408	177	585
2組	313	136	449
合計	721	313	1034

図７－８　Excel による χ^2 検定
（CHISQ.TEST 関数の利用）

	得点	
番号	1組	2組
1	6	1
2	6	3
3	9	10
4	6	1
5	7	4
6	8	2
7	8	2
8	5	10
9	8	3

t-検定: 分散が等しくないと仮定した２標本による検定

	変数１	変数２
平均	7	4
分散	1.75	12.5
観測数	9	9
仮説平均との差異	0	
自由度	10	
t	2.384	
P(T<=t) 片側	0.019	
t 境界値 片側	1.812	
P(T<=t) 両側	0.038	
t 境界値 両側	2.228	

図７－９　Excel による t 検定（データ分析；t 検定を利用）

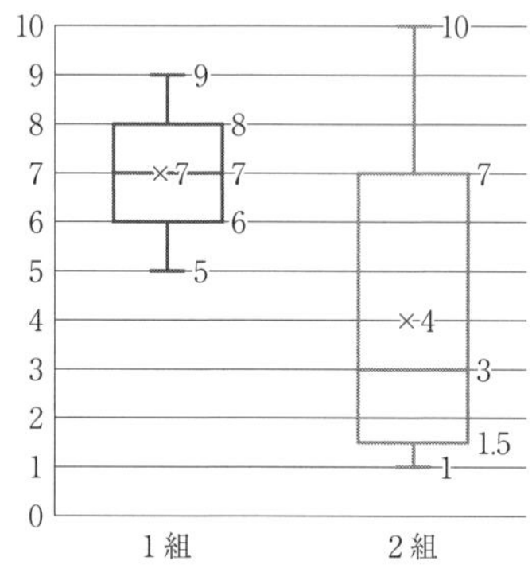

図7-10　Excelによる箱ひげ図

なお，数学におけるPPDACサイクルによる自身に直結した喫緊の課題解決は，小学校の低学年から戦略的に系統的な指導をしておくことが大切である。系統的な指導をしておくことにより，仮説検定を学ぶ段階では，幅広く，奥深いPPDACの実施が可能となる。最近では，上述のようにExcelやSPSSなどで，統計量の算出や有意差判定などは容易であるため，一段と発展的なPPDACの学びにも取り組みやすくなったといえる。

※なお，的確な指導を目指すためには，まずは上述の発展的な指導を理解し，他の発展的な指導についても十分に調べて理解すること，あわせて実際に発展的な指導の様々な具体的計画をたてることなどが必要不可欠となる。

3　統計分野における数学的背景

（1）統計の理解を促す分布の理解：分布の可視化の統計グラフ

前節までに紹介されたように，小中高等学校でデータの活用に関する領域が設定され，体系的な学びができるようになった。特に小学校でのドットプロットや柱状グラフ（ヒストグラム），中学校でのヒストグラムや箱ひげ図，高等学校での散布図など，データや分布の可視化に関する統計グラフが拡充されていることに気づく。本節では，これらのグラフについて考察する。

①　ドットプロット

新しく小学校で学ぶドットプロットから触れよう。ドットプロットとは，量的データの散布度の様子や代表値の意味を示す方法として，数直線上にデータを配置し，同じ値のデータを積み上げて表した統計グラフといえる。補足するならば，年齢や来店回数のような離散型の量的変数の場合，同じデータの値が

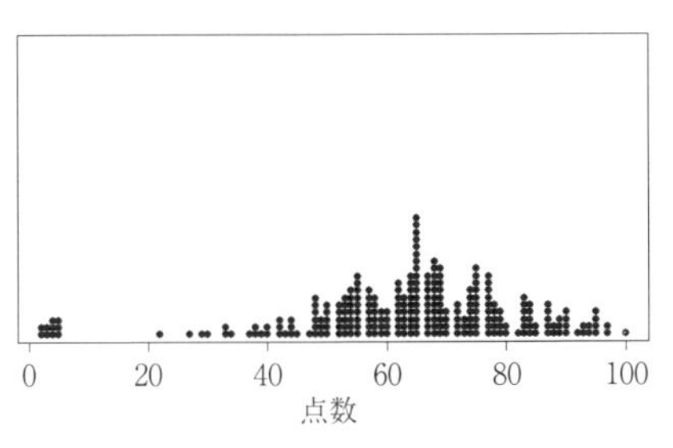

図7-11　ドットプロット（離散量）

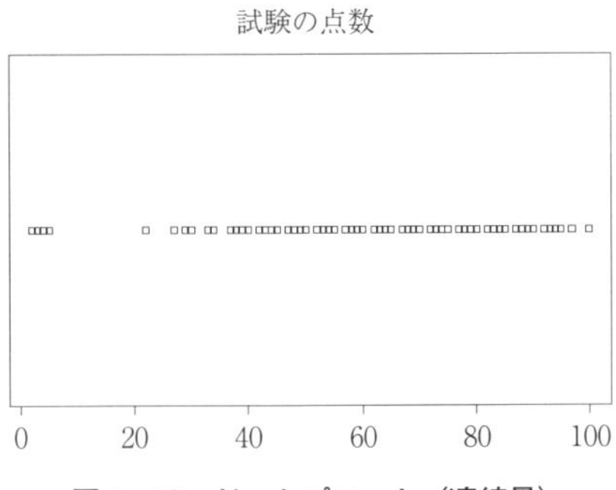

図7-12　ドットプロット（連続量）

数直線上だと重なるため，積み上げる形式を取る場合もある（図7-11）。身長や商品の重さなど，連続型の量的変数の場合，厳密には多くは重複しないこともあり，重ならない（図7-12）。この場合，同じデータの値が多い場合，その値の近くに点（ドット）が集中し，数直線上のその付近の密度が増すことがわかる。したがってドットの集まり具合で中心傾向の把握，散らばり具合で散らばりの大きさを直観的に理解することが可能である。なおどうしてもドットの重なり具合で分布の散らばりがみづらい場合は，確率的に上下のずれを考慮した図も提案されている（図7-13）。

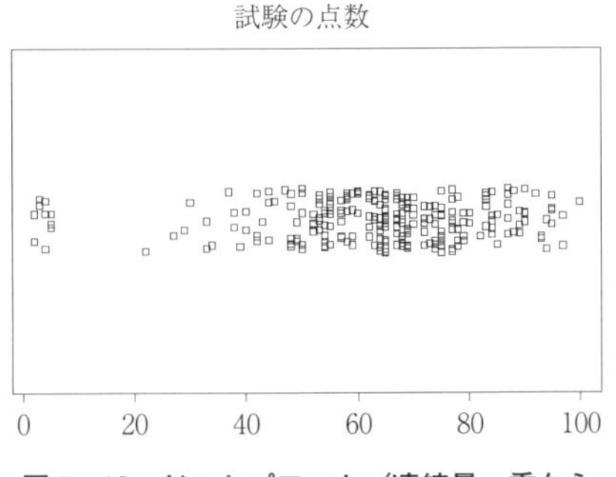

図7-13　ドットプロット（連続量。重ならないようにした図）

ここで今一度，統計についてふり返る。一般的に「統計」といえば，国勢調査等にみられるような人間社会における人々の地理的情報の分布や市場調査にみられるような人々の意識・行動情報の傾向情報を意味することもある。つまりこれらの人（本来は人だけに限らないが）の集団の特徴を把握することに意義がある。したがってこれら集団の「分布」を考えることで，分布の中心傾向や散らばりの大きさを理解したり，分布の形状や外れ値の存在の把握，また集団を上位，中位，下位グループに分けて，それぞれの特徴を把握し，課題があれば何らかのそれらのグループに合う対策を施すことも行う。これらは生物の生息分布や自然災害の発生傾向の分布などをみることも，統計・データの活用としては重要視されていることを表している。つまり統計・データの活用では，分布の可視化および分布の特性の把握が重要であり，そのために学習指導要領に含まれており，分布の可視化の統計グラフの拡充はそれらを反映しているものとも考えられる。その出発点として，小学校で一番シンプルなドットプロットが採用されたのもデータの可視化という処理の導入として有意義といえる。

② ヒストグラム，箱ひげ図，バイオリンプロット

ドットプロットはデータの個数が増えると，重複部分が多くなり分布を理解することが難しくなる。そこで区間を区切り階級を作り，そのなかに含まれるデータの個数を，棒を用いて表現するヒストグラム（柱状グラフ）を学ぶ。連続量の量的変数の場合，数直線上をいくつかの階級に区分することから，ヒストグラムでは棒同士の間は本来つながったものとして，すき間を作らない（図7-14）。また棒グラフとは異なり，分布の理解が本来の目的のため，度数の多い順に並べ替えるなどの位置を変えたりもできない。また階級の幅の違いによって含まれるデータの値も変わるため，階級の幅を広くした場合は棒の高さを調整するなど，ヒストグラムでは棒の高さではなく，棒の面積でその度数を表す。図7-15は総務省統計局（2021）の２人以上の世帯の貯蓄現在高階級別世帯分布（2020年）の図である。階級の左側は100万円の階級幅になっているが，右側は100万円以上の階級の幅となり，棒の上の数値をみてもわかるように高さが調整されているのである。

ヒストグラムにより，分布を棒の形等で確認することができ，本来，１つの峰をもつ山型の分布となることが多いが，２つの峰をもつＭ字型分布の場合，２つの集団が混ざっていないかどうか検証することが望ましい。例えば，クラスにおける身長の分布を考えてみよう。ヒストグラムをみるとふた山のＭ字分布になっていないだろうか。もしそうであれば，おそらく性別で２つの集団が混ざっていることから，ふた山になっている可能性がある。このような場合

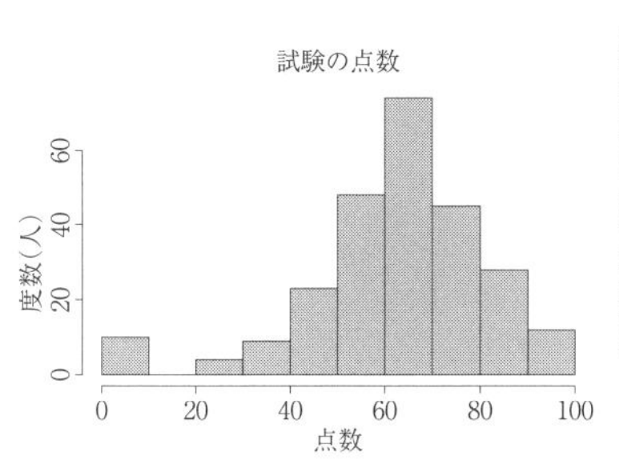

図7-14　ヒストグラム

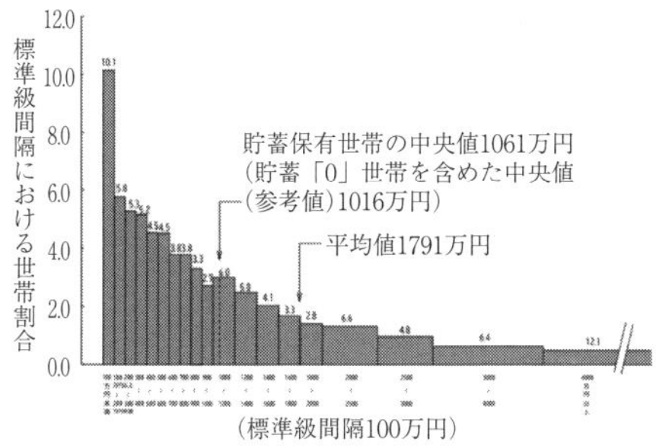

図7-15　階級の幅が一定ではないヒストグラム

出所：総務省統計局，2021.

はそれぞれ別のヒストグラムに分けて書くことで，ひと山の分布として比較することが可能である。このように分布を分けることにより，集団の特性をみやすくすることはもちろんのこと，平均や分散といった統計量も，よりそれぞれの集団の特性を適切に表したものといえる。ここでヒストグラムを使うことの注意点を述べると，ヒストグラムは階級の幅を変えることにより，階級に属するデータの個数が変わるため，ある意味で，分析者の主観で分布を変えることができるともいえる。この意味ではこのような主観が入らないドットプロットの方がより客観的なグラフともいえる。

これらの分布を表すグラフにおいて，複数の集団を比較する場合に注意してほしい重要なポイントがある。それは軸を揃えることである。集団の中心位置や散らばりの大きさを比較するためには同じ数直線上でグラフをかき，議論することが大切である。ヒストグラムでも2つの集団を比較する場合は背中合わせにヒストグラムをかくことがあり，これにより共通の数直線上で分布を比較することが可能である。背中合わせのヒストグラムとしてよく知られているものに，人口ピラミッドがある。人口ピラミッドでは男女を背中合わせに年齢別の人口を表現している。

次に3つの集団の比較をすることを考えよう。この場合は数直線上に3つのヒストグラムをかくことになり，みづらいが，まだかけそうである（図7-16）。しかしこれが4つ，センター試験でも出題されたが，さらに増えて47都道府県

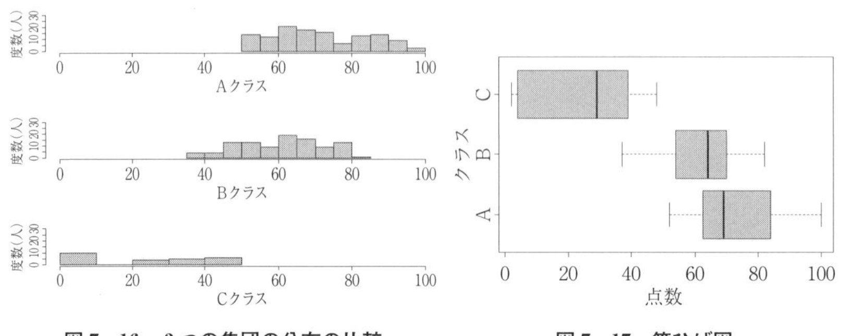

図7-16　3つの集団の分布の比較

図7-17　箱ひげ図

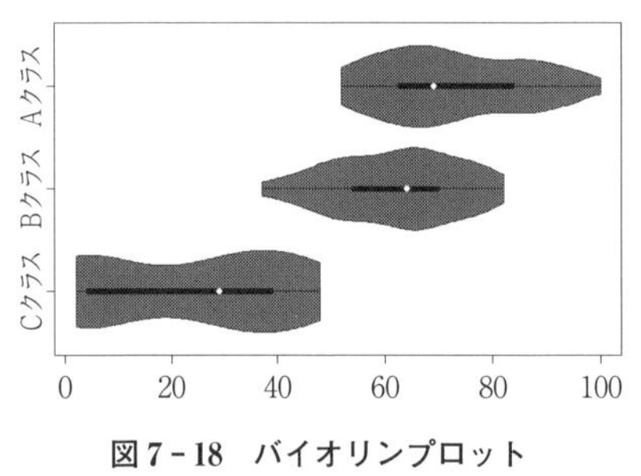

図7-18　バイオリンプロット

の分布を比較するとなるとどうだろうか。ヒストグラムでは数直線を揃えて比較しやすいとはいい難い。このような場合には箱ひげ図が有効である（図7-17）。箱ひげ図は共通の数直線の軸をもち，複数の集団の比較が可能である。また最小値，第1四分位数，中央値，第3四分位数，最大値の5点で表現することから，データの個数が増えても変わらず比較ができる。

さらに四分位範囲を用いて，外れ値を客観的に抽出することもできる。なお箱ひげ図は5点のみの情報を使うため，分布の形状情報は落ちることもあり，複数の集団に混ざるようなM字分布などの場合はそれらを適切に表現することができない。このような場合には学校教育では学ばないが，バイオリンプロットなどのさらに複雑なグラフが存在する（図7-18）。

③　散布図

これまで1変量の分布を表す統計グラフを紹介したが，変量を2変量に増やし，その同時分布をみる散布図もよく使われる。散布図は2変量を，各観測値を x-y 平面に表示した図と考えられる。このことから，2変量の関係である「相関関係」を目でみて確認することができ，右肩上がりの直線状に分布するようであれば「正の相関」，右肩下がりの直線状に分布するようであれば「負の相関」と呼び，直線状に近づいて分布するほど「相関は強い」と表現し，直線状とはいえなくなるほど，「相関は弱い」または「相関はない」などと表現をする。また図ではグラフの目盛りの設定のしかたから分布が変わる場合もあるため，相関関係を数量で測った「相関係数」も求めて，散布図と相関係数の両方をみながら，相関関係を考えることが肝要である。当然ながら，散布図でのデータの分布が定まれば相関係数が一意に定まるが，その逆に相関係数が決まっても散布図が一意に定まるとはいえないことに注意されたい。また散布図は2変量の同時分布であることから，各変量，つまり散布図を構成している1変量の分布を考えることも可能である。つまり散布図を構成する1変量の分布（周辺分布）を表すヒストグラムや箱ひげ図を考え，散布図に付与するグラフもある（図7-19）。当然ながら，こちらも逆に散布図を構成する1変量のデータの分布が与えられていても，それらの同時分布の散布図を求めることは基本的にできない。また散布図のかき方によっては分布のみた目が変わり，相関関係が変わる。図7-20は，Excel を用いて原点を含めてかいたものである。次に図7-21や図7-22は軸の範囲を変えたものだが，分布の印象が少なからず変わるといえよう。また散布図でも複数の集団が含まれたものがある。この場合は，各集団でドットの色を変えたりして，「層別散布図」として表現することもある（図7-23）。これらのことを踏まえ，層別も考慮し，1つの散布図のかき方として，(1)中心を2つの変数の平均値，(2)表示範囲を各変数の標準偏差×6程度とする場合もあることに注意されたい（図7-24）。

3変数のデータの同時分布は3D散布図で表現することは可能だが，視認性が高いとはいい難い。4変数以上のデータの同時分布を表現することも容易ではない。この場合は，レーダーチャートなどの多変量データを表現できる統計グラフを使うことで表現することは可能である。またそれぞれの変数の組を考え，(i, j) に変数 i と変数 j の散布図を置き，(i, i) には変数 i のヒストグラムを置いた「散布図行列」と呼ばれるものもある（図7-25）。

また高等学校の情報科の情報Ⅱの資料（文部科学省，2021）では，多次元データを次元縮約して低次元で表現して検証できるようにする主成分分析など

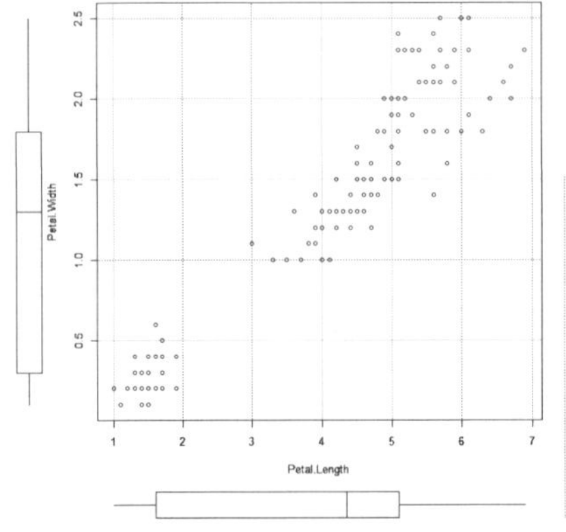

図７-19　周辺分布を箱ひげ図として付記した散布図

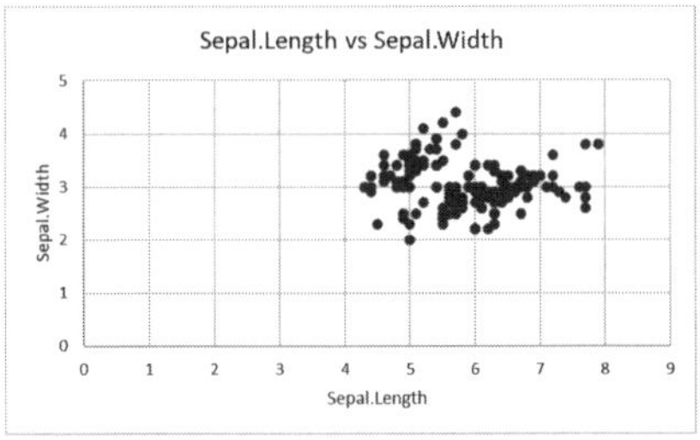

図７-20　原点を含む散布図

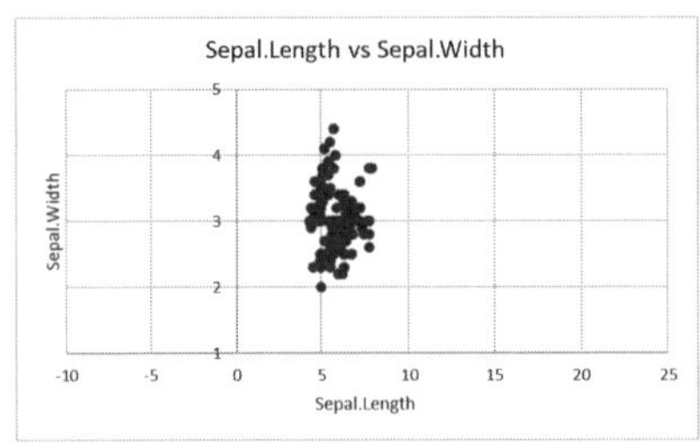

図７-21　横軸の範囲を変えた散布図

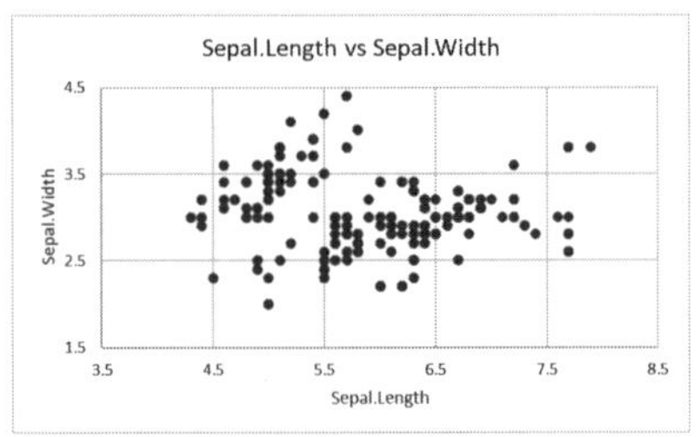

図７-22　横軸と縦軸の範囲をデータがすべて入るように調整した散布図

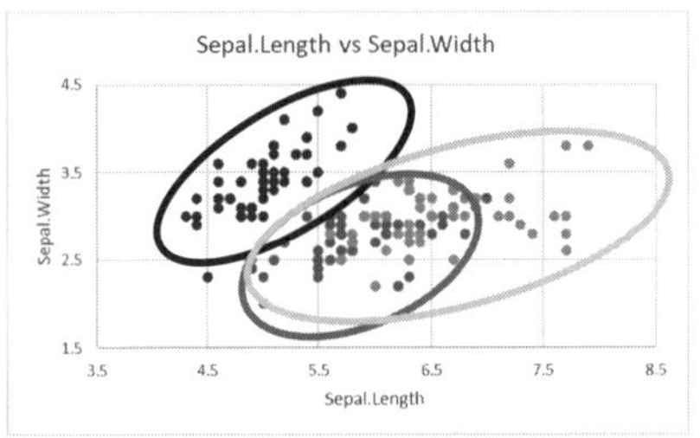

図７-23　層別散布図

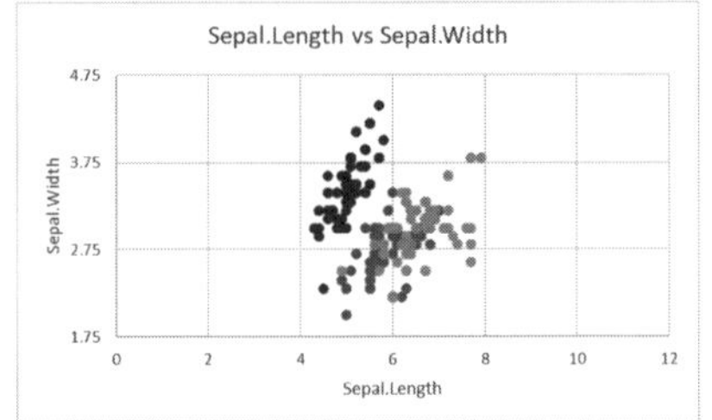

図７-24　平均と標準偏差で調整した散布図

の多変量解析もあるため，参考にしていただきたい。

小中高等学校の学びを通じて，このように統計データの分布を検証することが可能になったことから，社会における集団の分布の見方，かき方，活用のしかたを理解し，教育実践にいかしてもらいたい。なお確率分布を用いる統計的な推測に関しては第６章の第３節でシミュレーションを用いた説明方法など，区間推定などを紹介しているので参照されたい。

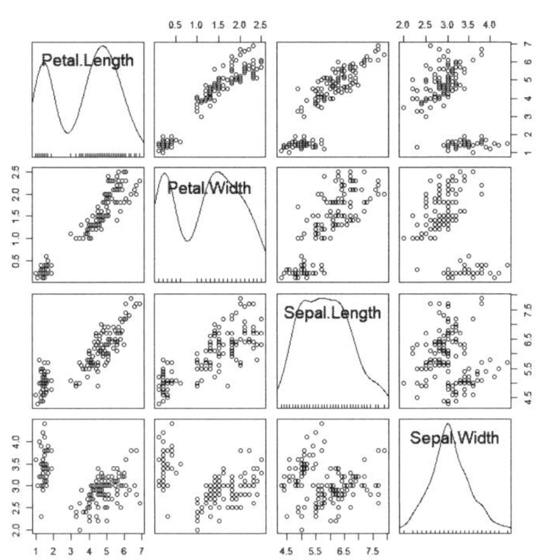

図７－25　散布図行列

（２）統計的問題解決力を育成するコンテストの紹介

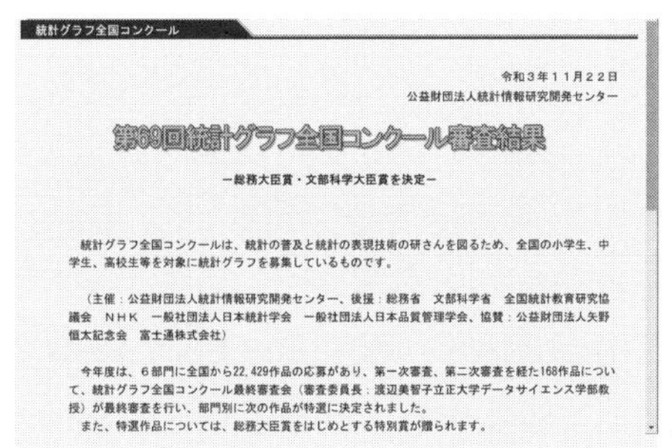

統計グラフ全国コンクール

令和３年１１月２２日
公益財団法人統計情報研究開発センター

第69回統計グラフ全国コンクール審査結果

ー総務大臣賞・文部科学大臣賞を決定ー

統計グラフ全国コンクールは、統計の普及と統計の表現技術の研さんを図るため、全国の小学生、中学生、高校生等を対象に統計グラフを募集しているものです。

（主催：公益財団法人統計情報研究開発センター、後援：総務省　文部科学省　全国統計教育研究協議会　ＮＨＫ　一般社団法人日本統計学会　一般社団法人日本品質管理学会、協賛：公益財団法人矢野恒太記念会　富士通株式会社）

今年度は、６部門に全国から22,429作品の応募があり、第一次審査、第二次審査を経た168作品について、統計グラフ全国コンクール最終審査会（審査委員長：渡辺美智子立正大学データサイエンス学部教授）が最終審査を行い、部門別に次の作品が特選に決定されました。
また、特選作品については、総務大臣賞をはじめとする特別賞が贈られます。

図７－26　第69回統計グラフ全国コンクール

これまでのところでも述べたように，「統計的問題解決」が今後の学びとして重要である。これらは通常の授業で学んだ知識や技能を利活用して，様々な日常的な課題や社会的な問題をテーマにし，探究学習として学ぶことが求められている。ここでは，これらの探究学習の発表の場として，学校内での発表会はもちろんのこと，学外での統計的問題解決力を育成するコンテストへの参加も生徒の力を伸ばすためにもよい経験と考えられる。ここでは参加活動を通じて，これらの統計的問題解決力を育成することができるコンテストを紹介する。

① 統計グラフコンクール

統計グラフコンクールは公益財団法人統計情報研究開発センターが主催し，

図 7－27　ISLP Poster Competition 2020-2021

図 7－28　統計データ分析コンペティション

2021年度で第69回となる老舗の統計に関係するコンクールである。各都道府県でまず開催し，そのなかで優秀な作品が全国大会に選出され，審査される。近年では全国で２万件以上の作品の応募がある（統計情報研究開発センター，2021，図７－26）。過去の受賞作品についてもサイトから参照できるため，各部門（第１部：小学校第１・２学年の児童，第２部：小学校第３・４学年の児童，第３部：小学校第５・６学年の児童，第４部：中学校の生徒，第５部：高等学校以上の生徒・学生および一般，パソコン統計グラフの部：小学校の児童以上の６部門）の作品を参照し，どのようなテーマで，どのようなデータを収集し，分析し，ポスターとして表現しているかなどを生徒とともに議論し，まとめることも傾向の把握として有効である。

② ISLP International Poster Competition

国際統計協会（IASE）などが主催する国際的な統計ポスターコンペティションである（IASE，2021，図７－27）。このコンペティションでは，大学生の部門（Undergraduate division），高校生の部門（Older age division），中学生以下の部門（Younger age division）があり，各エリアコーディネーターが主催する国内大会の審査を経て，世界大会に選出される。なお2020～2021年度の中学生以下の部門では，日本から選出された作品が優勝（1st prize）している。上述の①の統計グラフコンクールと同様に受賞作品はサイトに掲載されるため，参照されたい。ルール上，英語でなくても応募はできるが，多くは英語で書かれているため，グローバルとデータサイエンスの両方を学ばせたいときには望ましいコンペティションである。

③　統計データ分析コンペティション

総務省統計局，統計センター，統計数理研究所，日本統計協会が共同で開催しているコンペティションである（統計データ分析コンペティション事務局，2021，図7-28）。毎年，開催され，公的統計を教育標準データセットとして公開し，それらを用いた分析力を競う。高校生の部と大学生・一般の部があるが，どちらも論文形式で募集している。このコンペティションでも受賞作品は専門家が指摘・調整して論文を公開しているため，単に教育用のデータを利用するだけでも有益だが，データの利活用の方法を知る意味でも有意義である。

その他にも，各自治体，各大学で開催されているものがあるので参考にしていただきたい。

注

(1)　大学入試センター試験，大学入学共通テストの問題は，独立行政法人大学入試センターのHP（https://www.dnc.ac.jp/）に掲載されている（2021年8月31日アクセス）。

(2)　2020年度大学入試センター試験，2021年度大学入学共通テストの正答率は，河合塾の答案再現分析の結果（寺尾，2020；瀬戸山，2021）による。

(3)　全国学力・学習状況調査の結果や正答率は，国立教育政策研究所のHP（https://www.nier.go.jp/）に掲載されている（2021年8月31日アクセス）。

(4)　西村和雄「理系出身者と文系出身者の平均年収の比較」RIETI（独立行政法人経済産業研究所）https://www.rieti.go.jp/jp/columns/a01_0304.html（2021年10月10日アクセス）。

(5)　Zacharopoulos G., Sella F., & Cohen Kadosh R. (2021) “The impact of a lack of mathematical education on brain development and future attainment”, *Proc Natl Acad Sci USA*. Jun 15;118 (24): e2013155118. doi: 10.1073/pnas.2013155118. PMID: 34099561; PMCID: PMC8214709.

引用・参考文献

亀谷俊司・横地清編（1966）『確率と統計　高校生の数学シリーズ6』国土社.

向後千春・冨永敦子（2007）『統計学がわかる』技術評論社.

町田彰一郎（1972）『確率と統計　中学生の数学12』国土社.
文部科学省（2018）「小学校学習指導要領（平成29年告示）解説　算数編」日本文教出版.
文部科学省（2018）「中学校学習指導要領（平成29年告示）解説　数学編」日本文教出版.
文部科学省（2019）「高等学校学習指導要領（平成30年告示）解説　数学編　理数編」学校図書.
鍋島信太郎・横地清（1950）『数理統計学初歩』池田書店.
瀬戸山義治（2021）『大学入試 分析と対策　2021 令和３年度　数学』啓林館.
篠田正人編著（2008）『確率論・統計学入門』共立出版.
寺尾仁志（2020）『大学入試 分析と対策　2020 令和２年度　数学』啓林館.
渡邉伸樹（2014）「確率・統計教育における実践」黒田恭史編著『数学教育実践入門』共立出版，pp. 189-245.
渡邉伸樹（2011）「確率・統計」黒田恭史編著『数学教育の基礎』ミネルヴァ書房，pp. 98-127.
山田覚（2002）『医療・看護のためのやさしい統計学 基礎編』東京図書.
山主富士彦（1983）「小学校におけるサンプリング学習」横地清編『教育内容の開拓』ぎょうせい，pp. 189-236.
横地清（1990）『パソコン統計実習』現代数学社.
横地清（1981）「教育内容の数学的背景――割合を例として」横地清編『数学教育学序説　下』ぎょうせい，pp. 105-178.
文部科学省（2021）「高等学校情報科『情報Ⅱ』教員研修用教材（本編）」https://www.mext.go.jp/a_menu/shotou/zyouhou/detail/mext_00742.html（2021年12月20日アクセス）.
総務省統計局（2021）「家計調査報告（貯蓄・負債編）――2020年（令和２年）平均結果　(二人以上の世帯)，貯蓄の状況」.
統計データ分析コンペティション事務局（2021）統計データ分析コンペティション https://www.nstac.go.jp/statcompe/（2021年12月20日アクセス）.
統計情報研究開発センター（2021）統計グラフ全国コンクール https://www.sinfonica.or.jp/tokei/graph/（2021年12月20日アクセス）.
IASE（2021）ISLP International Poster Competition http://iase-web.org/islp/Competitions.php（2021年12月20日アクセス）.

（渡邉伸樹，竹内光悦）

第8章
集合と命題

本章では，集合と命題の教育について検討する。第1節では，集合と命題の教育の意義と内容について述べる。第2節では，集合と命題の教育における生徒の理解の実態と今日的課題について述べる。さらに，学習指導の留意点や事例についても言及する。第3節では，その数学的背景として，集合論の基礎と集合の考えをいかした指導例について説明する。

● ● ● 学びのポイント ● ● ●

- 「集合と命題」分野の教育は，小中高等学校の様々な単元を通して行われていることを知る。
- 「集合と命題」分野の内容は，統合的な考え方とも密接な関わりがあることを理解する。
- 「集合と命題」分野の内容を直接的カリキュラム改善とする研究も今後の課題であることを理解する。
- 集合論の基礎を確認する。
- 集合の考えをいかした指導例を学ぶ。

中学校数学科，高等学校数学科における集合と命題分野の主な学習内容

高等学校	集合と命題分野と関連する主な内容
数学C 数学B 数学A 数学Ⅲ 数学Ⅱ	集合と命題に特化した項目はないが，定理・公式を導く際や各単元または複数の単元に関連する問題解決の場面で「集合と命題」に関連する知識，考え方を活用する。
数学Ⅰ	(1)数と式 数と集合 ・集合と命題

中学校	集合と命題の分野と関連する単元と主な内容： 中学校では，この分野に関連する単元や項目はなく，４つの領域で帰納的，類推的，演繹的な推論を行う場面が多くなる。また，命題とその真偽を考察する場面もある。以下では，特に証明に関わる内容を示す。
第３学年	「B図形」領域において，図形の相似，円周角と中心角，三平方の定理で証明を扱い，演繹的な推論を学習する。
第２学年	基本的な平面図形と平行線の性質，図形の合同

１ 集合分野の内容構成

（１）高等学校，中学校，小学校での扱い

高等学校学習指導要領では，数学Ⅰに「集合と命題に関する基本的な概念を理解すること」「集合の考えを用いて論理的に考察し，簡単な命題を証明する」の２つの内容が位置付けられている。

具体的には，集合に関する基本的な用語・記号などを取り扱う。命題については，集合の包含関係と関連付けて理解できるようにする。例えば，命題「$x>5$ ならば $x>2$ である」について，数の集合 $A=\{x \mid x>5\}$，$B=\{x \mid x>2\}$ を考え，$A \subset B$ であることを数直線を利用して理解させたり，その命題の真偽を取り扱うことなどが考えられる。必要条件，十分条件や対偶などの指導においても，図表示による集合の包含関係と関連付けるなどして，直観的に理解させる。

また，ここでは生活のなかで取り上げられるものや中学校ですでに学習した数の性質や図形の性質を取り上げ，「簡単な命題」の証明も取り扱う。「簡単な命題」とは，対偶を利用した証明や背理法による証明などの考え方が容易に理解できるもので，それらを命題として表現させ，必要条件，十分条件について考えたり，対偶を利用した証明や背理法による証明などを考えたりする。

数学Ａ，数学Ｂ，数学Ｃ，数学Ⅱ，数学Ⅲにおいては，集合と命題に特化した項目はないが，定理・公式を導く際や各単元または複数の単元に関連する問題解決の場面で「集合と命題」に関連する知識，考え方を使用する。

小学校・中学校の学習指導要領でも，集合と命題に特化した項目はない。しかし，小学校算数科・中学校数学科の様々な領域において，「集合と命題」に関連する知識や考え方は使用される。中学校数学科でも，定理・公式を導く際や各単元または複数の単元に関連する問題解決の場面で「集合と命題」に関わる考え方を使用する。特に「Ｂ図形」領域の証明に関わる内容について，図形の相似，円周角と中心角，三平方の定理で証明を扱い，演繹的な推論を学習す

る。基本的な平面図形と平行線の性質，図形の合同などの学習でも同様である。もちろん，他の単元教材においても，「集合と命題」に関わる内容や見方・考え方が活用されているが，中学校の現場においては，特にこの単元を強く意識して指導しているといえる。小学校でも多くの教材においてこの見方・考え方は活用され，涵養されているが，カリキュラムには明示されていないこともあり，教員の意識は高くない。

以上のことを踏まえて，中学校・高等学校の「集合と命題」分野についてまとめ直したのが174頁である。

（2）「集合と命題」分野の教育の経緯

1950年代から1960年代にかけて数学教育現代化運動が起こり，カリキュラム改革が行われた。数学教育現代化運動は，科学・技術，とりわけコンピュータの急速な進歩や現代的な数学観そのものの変化を理由とし，新たなカリキュラムを提案するものであった。この時代に，日本でも中学校では「集合・論理」が学習指導要領の１つの領域となり，小学校学習指導要領でも「集合」が学習内容とされた。「集合と命題」分野の内容が，学習指導要領の内容として大きく取り上げられた時代といえる。しかしながら，児童生徒の実態に合っていなかったという指摘もあり，現代化運動は失速していく。その結果，「集合・論理」は日本の小学校・中学校では，少なくとも学習指導要領での内容や用語としては消えてしまった。

（3）2018年の学習指導要領の改訂

2018年の学習指導要領の改訂では，高等学校数学科の目標は以下の通りである。「数学を活用して事象を論理的に考察する力，事象の本質や他の事象との関係を認識し統合的・発展的に考察する力，数学的な表現を用いて事象を簡潔・明瞭・的確に表現する力を養う。」

このなかであげられている「論理的に考察する力」「統合的に考察する力」は，「集合と命題」の内容と深く関連する。この「論理的に考察する力」「統合的に考察する力」は，小学校学習指導要領，中学校学習指導要領の算数・数学の目標にも記載されている。「論理的に考察する力」は，命題の学習につながる考え方であり，「統合的に考察する力」は，集合の考えを必要とする。このことから，明示的にカリキュラムに取り上げられていないものの，小学校・中学校でもその内容については意図的に取り上げる必要があると考えられる。

2　「集合と命題」分野の学習指導（先行研究における課題と指導の指針）

本節では，数学において基礎となる「集合と命題」の課題および指導指針について述べる。

（1）学力調査における生徒（中学生）の実態

中学校学習指導要領では，「集合と命題」分野の内容は明示されていないため，直接的にその内容を問う問題は全国学力・学習状況調査では出題されていない。しかし，前提として「集合と命題」分野の見方・考え方を用いる問題は出題されている。

2019年度全国学力・学習状況調査の1の問題（図８－１）は，数の集合と四則計算の可能性について理解することができるかどうかをみる問題である。

四則計算の可能性について考察する場面では，数の範囲を正の数と負の数に

1　aとbが正の整数のとき，下のアからエまでの計算のうち，計算の結果が正の整数にならないことがあるものはどれですか。正しいものをすべて選びなさい。

ア　$a+b$

イ　$a-b$

ウ　$a\times b$

エ　$a\div b$

図８－１　2019年度全国学力・学習状況調査　中学校1

まで拡張し，四則計算の結果の特徴について，数の集合と関連付けて捉えることが求められている。具体的には，この問題は，数の集合が正の整数のとき，減法と除法はいつでも可能であるとは限らないことを理解しているかどうかをみることを目的としている。数の集合と四則計算の可能性について理解することは，数の概念の理解を深めるために必要であることから出題されている。いうまでもなく，この問題には，集合の見方・考え方が活用されているといえる。

13 次の図の直線は，二元一次方程式 $2x+y=6$ のグラフを表しています。このとき，この方程式の解である x，y の値の組を座標とする点について，下のアからオまでの中から正しいものを1つ選びなさい。

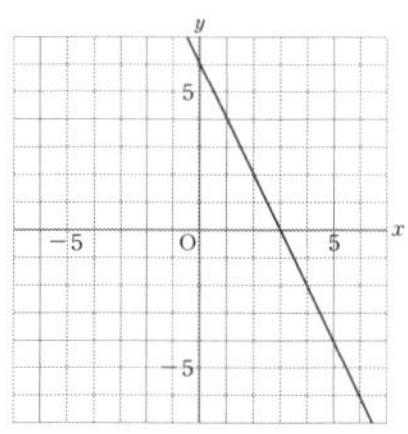

ア　解である x，y の値の組を座標とする点はない。

イ　解である x，y の値の組を座標とする点は1つだけある。

ウ　解である x，y の値の組を座標とする点は2つだけある。

エ　解である x，y の値の組を座標とする点は無数にあり，その x，y の値は整数である。

オ　解である x，y の値の組を座標とする点は無数にあり，その x，y の値は整数であるとは限らない。

図 8-2　2012年度全国学力・学習状況調査中学校 A13

正答率は，62.4％（イ，エ）である。誤答のうち，イと解答しているのが15.3％，エと解答しているのが4.7％，イ，ウ，エと解答しているのが2.1％，それ以外の解答を選んだのが15.3％である。四則計算の可能性について考察する場面において，四則計算の結果の特徴を的確に捉え，その計算の可能性について，数の集合と関連付けて理解できていないといえる。

2012年度全国学力・学習状況調査の問題13（図 8-2）は，二元一次方程式のグラフはその方程式を満たす x, y の値の組を座標とする点の集合で表されることを理解しているかどうかをみる問題である。

この問題は，二元一次方程式のグラフは直線として表されることから，解を座標とする点は無数にあり，その x, y の値は整数であるとは限らないということを理解しているかどうかをみている。正答率は，40.6％であり，二元一次方程式のグラフはその方程式を満たす x, y の値の組を z 座標とする点の集合で表されることの理解に課題があるといえる。

（2）先行研究における課題指摘

第1節でも述べたように，現代化以降は集合・論理を直接扱うことを避けるようになったこともあり，学習指導要領のなかで教育内容として集合や論理のことを直接に扱う単元がなく，学校現場においてもこれらが積極的に指導されることはなくなっている。海外では，現在でも当然の内容として教科書で扱われていることが多く，日本だけが特別な状況となっている。このような状況であるが，様々な単元のなかで，「論理的に考察する力」「統合的に考察する力」等が強調されるなど，「集合と命題」分野の教育について改めて考える機会が少しずつであるが増えてきているといえよう。

上述したような状況もあり，「集合と命題」分野の直接的な内容を扱うことに関わる研究は大変少ない。特にカリキュラムにない小学校・中学校で集合を直接に扱うことへの近年の研究はあまり見当たらない。論理に関わる内容についての研究も多くはないが，守屋・吉田（2002）は，中学生の論理的思考力の育成について，その実態を調査し，現行の教育内容と方法の問題を明らかにするとともに，生徒がもっている論理を梃子にしながら記号論理を介在した新たな論理教育の内容と指導方法を，授業実践を通して作成している。

現代社会では，様々な数学の基礎概念となる集合の教育や命題・論理の教育がますます必要となるであろう。生徒の論理的思考をさらに伸ばすことやその過程の研究，またそのための教育内容の開発と教育課程の研究は，今後も続けられ，教育実践にいかされることが求められるだろう。

（3）指導事例

集合の指導例については，第3節の集合論の数学的背景のなかで述べることとし，この節では，命題の指導例として，中学校において直接的に論理の内容を指導する実験的な指導事例について守屋の研究を引用して述べることとする。

守屋・吉田（2002）は，中学生を対象に，Pri.Logic から Math.Logic へと移行させるための具体的指導例を実態調査の結果をもとに提案している。ここでは，Math.Logic は数学的論理を，Pri.Logic は素朴的論理（Primitive Logic）を

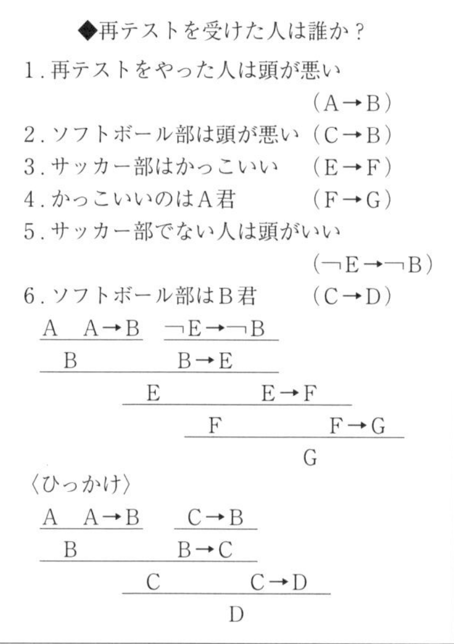

図8－3　生徒が作成した推理問題

出所：守屋・吉田，2002.

さすこととする。素朴的論理とは，生徒のなかで自然に形成された論理のことである。生徒がもっている論理を梃子にしながら記号論理を介在した新たな論理教育の内容と指導方法を，授業実践を通して作成している。

この研究では，「実験１」（公立中学校第１学年５名），「実験２」（公立中学校第１学年８名）の２回の授業実践を行っている。両実験ともそれぞれ合計６時間行っている。その実験のなかで，生徒は左のような推理問題を作成している（図８－３）。

実験の結果，中学生のほとんどがPri.Logicを用いていること，中学校第１学年においても，適切な指導をすることによってMath.Logicへと移行することができることを示している。

3　集合論の数学的背景

高等学校までの算数・数学で集合に関する内容について学習してきた。特に高等学校で学んだ集合論では，ベン図と呼ばれる図を効果的に用いた。それは，高等学校までの算数・数学ではベン図をかけば比較的簡単に答えられる問題が数多く取り扱われているからこそであり，ベン図をかいて集合論の問題が解けたからといって，集合論を理解していると判断するのは危険である。一般に，学校教育の算数・数学において，図を効果的に用いることは理解の助けとなり非常に重要である。一方で，厳密な理論を展開する際には，図による説明はあくまで説明であり，証明ではないと考えた方がよい場合もある。集合の性質を取り扱う集合論は数学において他の分野の基礎となっており，非常に重要な分野であるため，大学の数学では初年次の基礎科目で学ぶ場合が多い。まずはその復習から行おう。

（１）集合論の基礎

ある定まった範囲にある対象となるものの集まりを，集合という。集合 A を構成する個々の対象となるもののことを，A の元または要素という。x が A の元であることを

$$x \in A$$

とかき，x は A に属する，もしくは x は A に含まれるという。この否定を

$$x \notin A$$

とかく。元を全くもたない集合を $\varnothing$ とかき，空集合と呼ぶ。記号「$\varnothing$」は空集合を表す記号であるが，ギリシア文字の「ϕ」（ファイ）で代用する場合もある。集合の表し方として，元を書き並べて

$$\{a_1, a_2, a_3, \cdots, a_n\}$$

と表記したり（外延的記法），元が満たすべき条件，あるいは性質 $P(a)$ を用いて

$$\{a : P(a)\},\ \{a\ ;\ P(a)\},\ \{a \mid P(a)\}$$

と表記したりする（内包的記法）。ここで重要なことは括弧で囲うことにある。例えば

$$2,\ 4,\ 6,\ 8,\ 10$$

と数を列挙しても，今後これを１から10までの偶数という集合を意味しているという主張は認めないという宣言でもある。それは今後

$$\{2,\ 4,\ 6,\ 8,\ 10\},\ \{n : n \text{は１から10までの偶数}\}$$

と表記すべきである。ここで，後者を

$$\{k : k \text{は１から10までの偶数}\}$$

と表記しても本質的に同じであることに注意しよう。実際，それは高等学校の数学で学んだように

$$\sum_{n=1}^{10} n, \quad \sum_{k=1}^{10} k$$

において，文字を n と選ぼうとも k と選ぼうとも，ともに

$$1+2+3+\cdots+10$$

を意味することと同様に考えればよい。一方，集合

$$\{1,\ 2,\ 3,\ 4,\ 5,\ 6,\ 7,\ 8,\ 9,\ 10\}$$

を

$$\{n : 1 \leqq n \leqq 10\}$$

と表記したとき，書き手は n を自然数から選んでいるつもりでも，読み手はこの集合を数直線上の閉区間 $[1, 10]$ と解釈する可能性がある。よって，自然数 $\mathbb{N}$ を表す記号を用いて，より正確に

$$\{n \in \mathbb{N} : 1 \leqq n \leqq 10\}$$

のように，前半に n が自然数であることを宣言し，後半にその性質 $P(n)$，この場合，$1 \leqq n \leqq 10$ を記すことがある。

A と B を集合とする。A の任意の元 x が B の元であるとき A は B の部分集合であると定義し，

$$A \subset B \quad \text{または} \quad A \supset B$$

とかく。次に，$A \subset B$ かつ $B \subset A$ を満たすとき

$$A = B$$

と定義する。この集合の相等，すなわち集合と集合の等号の定義はとても重要である。ここではあらためて集合の等号について定義を与えたことになる。わざわざ，集合と集合の等号をあらためて定義しなくとも，私たちは等号 $A = B$ が示すことを理解しているように思える。例えば，前述の2つの集合をそれぞれ

$$A = \{2,\ 4,\ 6,\ 8,\ 10\},\ B = \{n : n \text{ は 1 から10までの偶数}\}$$

とおくと「これは表現が変わっただけだから等しい」や「集合 A の元の説明をしているので等しい」のように説明すれば，誰もが納得する気もする。しかし，もっと複雑な場合，すぐに判断できないような場合には，何をもって集合 A と集合 B が等しいといえばよいのだろうか。つまり，人によって $A = B$ の

証明として十分なのか不十分なのかの判断基準が異なっていては困るのである。そこで，誰もが納得する$A=B$の定義を，上記によって合意形成したのである。「Aの任意の元xがBの元であり，逆にBの任意の元xがAの元であるので$A=B$」なのである。つまり，「$A\subset B$かつ$B\subset A$を満たしたので$A=B$」なのである。なぜならば，それを集合Aと集合Bに対する$A=B$の定義としたからである。ところで，私たちは小学校以来，等号をやや曖昧に用いている場合がある。例えば，$7=2\times3+1$は数と数を等号でつないでおり，特に問題はないが，$7\div3=2\cdots1$では等号の定義が曖昧である。また，比の値なるものを定義し，$4:2=2:1$のように等号を用いることもある。このような理由からもあらためて等号の定義を確認することには意味があることがわかる。

AとBを集合とする。このとき

$$\{x : x\in A \text{ または } x\in B\},$$
$$\{x : x\in A \text{ かつ } x\in B\}$$

をそれぞれAとBの和集合，共通部分と呼び，それぞれ

$$A\cup B,$$
$$A\cap B$$

と表記する。この定義は2つの集合の間になされているが，より一般的に拡張される。A_λを集合とする（ただし$\lambda\in I$とする。Iは添え字集合）。このとき

$$\{x : \text{ある } \lambda\in I \text{ が存在して } x\in A_\lambda\},$$
$$\{x : \text{すべての } \lambda\in I \text{ に対して } x\in A_\lambda\}$$

をそれぞれA_λの（より正しくは集合族$\{A_\lambda\}_{\lambda\in I}$の）和集合，共通部分と呼び

$$\bigcup_{\lambda\in I} A_\lambda$$
$$\bigcap_{\lambda\in I} A_\lambda$$

と表記する。例えば，$I=\{1, 2\}$であれば

$$\bigcup_{\lambda\in\{1,2\}} A_\lambda = A_1\cup A_2, \quad \bigcap_{\lambda\in\{1,2\}} A_\lambda = A_1\cap A_2$$

が得られる。表記について，$I=\mathbb{N}$のときには和の記号Σと同じように

$$\bigcup_{n=1}^{\infty} A_n, \quad \bigcap_{n=1}^{\infty} A_n$$

と表記することもある。ここで，$\cup_{\lambda\in I} A_\lambda$ の定義には $A\cup B$ の定義にあった「または」が消えてしまい異なってみえるが，これは n を自然数とし，$I=\{1, 2, \cdots, n\}$ の場合を考えると見通しがよい。$A_1, A_2, \cdots, A_n$ を集合とする。このとき和集合は $A\cup B$ の定義を一般化すれば

$$\{x : x\in A_1 \text{または} x\in A_2 \text{または} \cdots \text{または} x\in A_n\}$$

となるであろう。この集合の x に関する条件 $P(x)$ はいい換えれば「ある $\lambda\in\{1, 2, \cdots, n\}$ が存在して $x\in A_\lambda$」となる。やや回りくどいいい換えだが，$\cup_{\lambda\in I} A_\lambda$ の定義では「または」を用いていないが本質的に同じことを示している。では，なぜそのような書き換えを行うのであろうか。それは I が非可算集合の場合，「または」を用いて場合分けのように表現するわけにはいかないためである。これは共通部分に関しても同様である。

高等学校数学で集合を学ぶ際にも集合 A と集合 B に対する相等が，大学で学ぶいわゆる集合論の形で定義されるはずである。しかし，その定義を用いて議論するような場面はほとんどなく，和集合，共通部分や補集合などの概念を習得することが目的であるため，これら基礎的な事項の理解に関して，ベン図を利用し構成要素を問うような問題が多い。しかし，数学を指導する立場を目指すにあたり，そのような集合論の理解にとどまっているのは非常に不安である。例えば，集合の包含関係に対する推移律，すなわち集合 A，B，そして C に対して，$A\subset B$ かつ $B\subset C$ を満たすならば $A\subset C$ が成り立つことは，ベン図（図8-4）をかけば明らかであり，この自明である事実を知識として知った後は，特にその証明を求められる場面がない限り，証明しようという発想すら浮かばないかもしれない。しかし，ベン図による説明はあくまで帰納的推論に過ぎず，それはまさに小学校算数において三角形の内角の和が180°であ

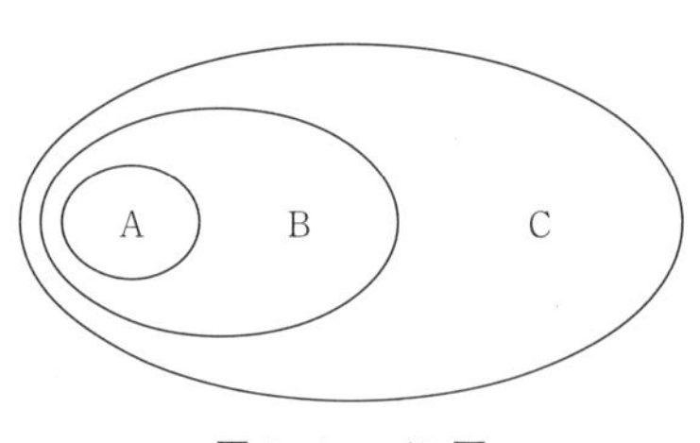

図8-4　ベン図

ることを説明するのに，１つの三角形を紙で用意し３つの角を切り分けて一直線に並べて「内角の和が180°である」と説明することと同じである。なお，中学校第２学年で生徒はこの事実を演繹的推論で学ぶことになるが，一般に児童生徒は発達段階に応じて数学の諸性質について帰納的推論，そして演繹的推論によって理解を深めていけばよい。教員も常に学びの姿勢を忘れず，帰納的推論によって知っている事柄も，可能な限り演繹的推論によって理解を深めておく方がよりよい。実際，大学の初年次に学ぶ集合論で上記推移律の性質の演繹的推論として厳密な証明が求められるが，結局それは定義に戻って議論すればよいだけである。例えば「$x \in A$ とすると，仮定 $A \subset B$ より $x \in B$ が得られ，次に仮定 $B \subset C$ より $x \in C$ が得られるので，包含関係の定義より $A \subset C$ を得る」というような流れになるだろう。また，集合 A と集合 B がその集合の元 x が満たす条件を用いて記する内包的記法によって，

$$A = \{x : P(x)\}, \quad B = \{x : Q(x)\}$$

と表されている場合を考えよう。$A \subset B$ を示すには，やはり定義に戻って，A の任意の元 x が B の元であることを示せばよい。よって $x \in A$ とすると，x は A の元であることの条件 $P(x)$ を満たすことがわかる。後は B の元であることの条件 $Q(x)$ を導けば，$x \in B$ が得られる。一般に明らかに成立しそうな命題ほど証明するのは面倒であるが，結局は定義に戻ればよいのである。教員はこれら本質を正しく理解しておく必要がある。

（2）集合の考えをいかした指導例

集合論に関連して，その本質の理解が中学校数学の指導でいかされるその一例を図形領域の内容を用いて解説してみよう。中学校第２学年では，平行四辺形の性質を学ぶ。まず，平行四辺形は２組の向かい合う辺がそれぞれ平行な四角形として定義される。そして，三角形の合同証明の単元までで学んだ証明の手順をもとに，平行四辺形の性質や平行四辺形になるための条件をその証明とともに学ぶ。その後，様々な四角形（の集合）に対する包含関係や共通部分へと学びを深めていく。具体的にはまず，４つの角がすべて等しい四角形を長方

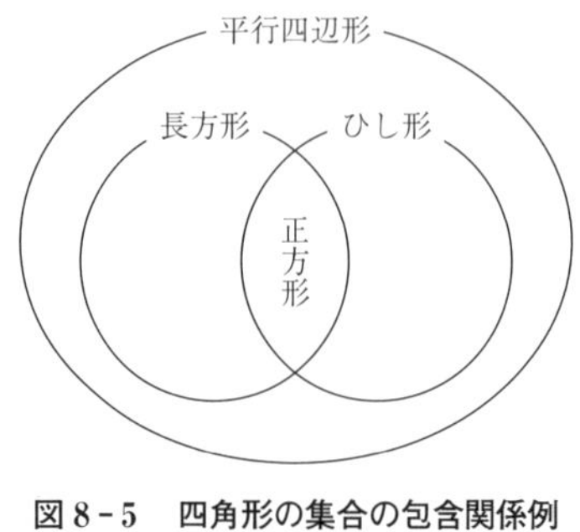

図8-5　四角形の集合の包含関係例（ベン図）

形，４つの辺がすべて等しい四角形をひし形と定義してきたこと，さらに４つの角がすべて等しくかつ４つの辺がすべて等しい四角形，すなわち長方形かつひし形である四角形が正方形の定義であることを確認した後，平行四辺形のそれらの四角形の集合の包含関係について，ベン図を用いながら学ぶ。実際，文部科学省（2017a）には「正方形，ひし形，長方形が平行四辺形の特別な形であること」として

> 「平行四辺形の性質」に関して，内容の取扱い（１）には，「正方形，ひし形，長方形が平行四辺形の特別な形であることを取り扱うものとする」とある。小学校算数科では，正方形，ひし形，長方形，平行四辺形について考察し，それぞれの性質を見いだすとともに，その性質を基に既習の図形を捉え直すことを学んでいる。これを踏まえ，中学校数学科では，正方形，ひし形，長方形，平行四辺形の定義に基づき，「平行四辺形になるための条件」などを手掛かりとして，正方形，ひし形，長方形，平行四辺形の間の関係を論理的に考察し，整理できるようにする。例えば，右のような図を用いて整理したり，平行四辺形で成り立つ性質は，その特別な形である長方形や正方形などでも成り立つことを確かめたりすることが考えられる。

とある。なお，引用中の「右のような図」とは図８-５のことである。より具体的に，長方形は平行四辺形の特別なものであるということを学ぶ場面を考えよう。もちろん，実際には生徒観に大きく依存するが，長方形の集合が平行四辺形の集合の部分集合であることをベン図を用いて説明する場面では単に知識としてその事実を理解するだけでなく，生徒自らの言葉で，なぜ長方形は平行四辺形の特別なものであるといえるのかが説明できるように指導すべきであろう。実際，それを説明するには定義に戻って「４つの角がすべて等しい四角形は２組の向かいあう角が等しい四角形であるので，長方形は平行四辺形になるための条件を満たすから」といった説明になろう。これは正三角形は二等辺三角形の特別なものであるという事実を学ばせる場面でも同様である。教員が集合の包含関係の定義の重要性を正しく理解していれば，集合の考え方がいかされ，生徒の学習がより豊かなものになる。なお，集合に対するこのような考え方は小学校算数でも過去には重要視されてきた。例えば，小学校算数でも文部省（1971）によれば，正方形と長方形の関係において

「正方形は長方形（の特別な場合）である」ことを理解させるには，定義にもどって確認すればよいわけである。たとえば，上の文を定義にもどって書き直せば，「“四つの辺がみな等しく，四つの角がみな直角な四角形”は“四つの角がみな直角な四角形”（の特別な場合）である。」となる。この文は真であって，原理的には，これでよいわけである。

（中略）

一般に，ベン図を用いて論理的な扱いをしようとする場合には，ベン図の各部分を規定している条件を子どもにはっきりといわせたり，各部分にはいるものの実例をあげさせるとよい。

なお，上ではベン図を用いるなどして，論理的な取り扱いをするといってきたが，もちろん小学校で，「かつ」，「または」，……などを形式的に取り上げ，命題論理の初歩を指導するのではない。あくまでも，数や図形などの具体的な内容に即しながら，着実に論理的な取り扱いをしていくのが趣旨である。

と述べられていた。しかし，このような集合・論理の重視は1977年の学習指導要領改訂における集合・論理の削除を境に大きく変化した。例えば文部省（1989）では，小学校第4学年において「長方形は平行四辺形の特別な形であるといったところまでは取り上げる必要はない」と指示されていた。一方，文部科学省（2017b）では「二等辺三角形や正三角形の構成を繰り返すなかで，二等辺三角形の底辺と他の二辺を同じ長さにすると正三角形になることなどに気付かせ，二等辺三角形と正三角形の関係に着目できるよう指導することが大切である」となっている。

集合の考えをいかした指導例をみてきたが，注意点として上記の話は図形の定義に大きく依存することに注意したい。実際，ユークリッド原論にあるように，二等辺三角形や長方形の定義において，それぞれ正三角形や正方形を除いてしまうと話は全く異なってくることがすぐにわかる。それぞれの概念の定義を明確にしておくことが重要である。また，一般に物事をみる際，数学的には正しいという理由で見え方が１つであったとしても，算数・数学教育においては児童生徒の発達段階との関連やその時代背景など，様々な要因によってみえ方は異なることもある。集合・論理の取扱いの歴史については守屋（2008）も参照するとよい。集合論を正しく理解しておき，例えば生徒から「合同な２つの三角形は相似ですか」と問われても，正しい根拠とともに自信をもって答えられる，もしくは適切な指導ができるようにしてほしい。

引用・参考文献

文部科学省（2018）「小学校学習指導要領（平成29年告示）解説　算数編」日本文教出版.

文部科学省（2018）「中学校学習指導要領（平成29年告示）解説　数学編」日本文教出版.

文部科学省（2019）「高等学校学習指導要領（平成30年告示）解説　数学編　理数編」学校図書.

国立教育政策研究所（2019）「平成31年度 全国学力・学習状況調査報告書」.

守屋誠司（1989）「Prolog 言語の論理教育への応用」大阪教育大学数学教室『数学教育研究』第18号，pp. 41-54.

守屋誠司・吉田知也（2002）「素朴的論理から数学的論理への移行を目指した中学校の論理教育」『数学教育学会誌』第42巻，第１・２号，pp. 59-69.

文部省（1971）「小学校算数指導資料 集合の考えの指導」大日本図書.

文部省（1989）『小学校指導書　算数編』東洋館出版社.

文部科学省（2017a）「中学校学習指導要領（平成29年告示）解説　数学編」.

文部科学省（2017b）「小学校学習指導要領（平成29年告示）解説　算数編」.

守屋誠司（2008）「集合・論理」黒田恭史編著『数学科教育法入門』共立出版，pp. 32-36.

（岡部恭幸，深尾武史）

第9章
数学教育における ICT 活用

近年，教育の情報化が進められている。数学教育における ICT 活用については，生徒の数学に関する能力の向上を目標に，その特性を理解していることが必要である。本章では ICT 活用を，プログラミング，数学のアプリケーションソフトウェア，動画教材の観点から考察する。

●●● 学びのポイント ●●●

・ICT 活用の現状と今後の可能性を理解する。
・数学科におけるプログラミング教育の意義をプログラミング例を通して理解する。
・数学のアプリケーションソフトウェアの活用場面と効果について理解する。
・動画教材の可能性と作成・活用について理解する。

1 ICT活用の概要

① ICT活用の状況

2022年現在，情報教育，教科指導におけるICT活用，校務の情報化の3つの側面から教育の情報化が進められている（文部科学省，2019，pp. 1-2）。日本の学校におけるICT[(1)]利活用は世界の現状と比較するとかなり遅れており，学校の授業におけるデジタル機器の使用時間はOECD加盟国で最下位とのデータがある（表9-1）。また，昨今の社会情勢に鑑みて，現在GIGA[(2)]スクール構想の実現に向けて取組みがなされている。GIGAスクール構想とは「1人1台端末と，高速大容量の通信ネットワークを一体的に整備することで，特別な支援を必要とする子供を含め，多様な子供たちを誰一人取り残すことなく，公正に個別最適化され，資質・能力が一層確実に育成できる教育ICT環境を実現する」「これまでの我が国の教育実践と最先端のICTのベストミックスを図ることにより，教師・児童生徒の力を最大限に引き出す」というものである。

表9-1　数学の授業におけるICTの利用

	利用しない	週に 1～30分	週に 31～60分	週に 60分より多い	この教科を受けていない	無回答・その他
日　本	89.0%	3.3%	1.9%	2.6%	0.7%	2.5%
OECD平均	54.4%	19.2%	9.0%	9.6%	0.8%	6.9%

出所：国立教育政策研究所，2019，p. 243のデータより筆者が作成。

② ICTの活用主体

ICTの活用主体には，教員と生徒がある。教員が活用するとは，教員が学習指導の準備や評価のために用いる，授業において課題，図，グラフ，データなどを提示することなどがある。また，生徒が活用するとは，生徒が1人1人端末（例えばタブレットPCなど）を操作して問題場面を理解する，問題解決の方法を検討する，グループで考えを共有する，個人やグループの考えを整理して発表することなどがある。また，ICTを効果的に活用する学習場面として，一斉指導による学び（一斉学習），児童生徒1人1人の能力や特性に応じた学び

図 9-1　ICT を活用した学習場面

出所：文部科学省，2014，p. 2.

（個別学習），児童生徒同士が教え合い学び合う協働的な学び（協働学習）がある（図 9-1）。

これらの３つの学習場面は独立している場合もあるが，実際の授業においては一斉学習から個別学習へ，さらに個別学習から協働学習へと移行していき，再び一斉学習から個別学習へ，個別学習から協働学習へと移行していくような一連の学習過程が考えられる。

③　ICT を活用した指導形態

ICT を活用した指導に関し，一斉学習，個別学習，協働学習における活用の要点を示す（図 9-2）。

一斉学習では，教員による教材の提示が主で，図やグラフを変化させる，拡大・縮小などにより生徒の興味・関心を高める，また課題を考える必然性を喚起することに利用できる。

個別学習では，デジタル教材などの活用により，自らの疑問について深く調

図 9 - 2　ICT を活用した指導形態

出所：文部科学省，2018.

べること，自分に合った進度で学習することができる。また，個別の生徒の学習履歴を把握でき，個々の理解や関心の程度に応じた学びを構築することが可能となる。個別学習は，個に応じる学習，調査活動，思考を深める学習，表現・制作，家庭学習などに分類できる。

協働学習では，タブレット PC や電子黒板等を活用し，教室内の授業や他地域・海外の学校との交流学習において生徒同士による意見交換，発表などお互いを高め合う学びを通じて，思考力，判断力，表現力などの育成につながる。協働学習は，発表や話し合い，協働での意見整理，協働制作，学校の壁を越えた学習などに分類できる。学校の壁を超えた学習に関し，日本とドイツの高校生を対象とした遠隔学習の教育実践に関する研究論文（詫摩，2019）等がある。

ICT 活用の全般的な留意点として，「デジタル教科書・教材のシミュレーションを確認するだけでなく，学習場面によって立体模型に直接触れたり，観察したりすることで，立体に対する感覚を磨く必要もあるので，学習場面に応じ

●学習者用　●指導者用

図9－3　デジタル教科書の種類

出所：一般社団法人教科書協会，2019，p. 4.

て使い分けることが必要」（文部科学省，2014，p. 29）と，学習内容と生徒の実態や発達段階に応じた使い方に留意する必要があることが示されている。また，デジタル教科書と教材とのより一層の一体化が期待される。

④　デジタル教科書

2010年頃から児童生徒が1人1台のタブレット端末を用いて学習することに関心が高まり，教科書のデジタル化が進んだ。一般にデジタル教科書は，指導者用と学習者用の2種類がある（図9－3）。指導者用デジタル教科書は，教員が教科書紙面，動画やアニメーションを一斉授業で電子黒板等に提示するなどして使用するもので，次の効果が指摘されている。⑴教科書内容が拡大提示されるため，「学習情報の共有化」ができる。⑵文や絵，写真，図表を選択して表示できるため，教材内容の「焦点化」ができる。⑶音声，アニメーション，動画などによる「視覚化」で内容理解を一層深められる。⑷話し合い活動を活性化することができる。⑸学年を超えた教科書の活用ができる。

学習者用デジタル教科書は児童生徒が授業などで使用する前提で，紙の教科書と同じ内容をデジタル化しタブレット端末などを用いて使用するものである。

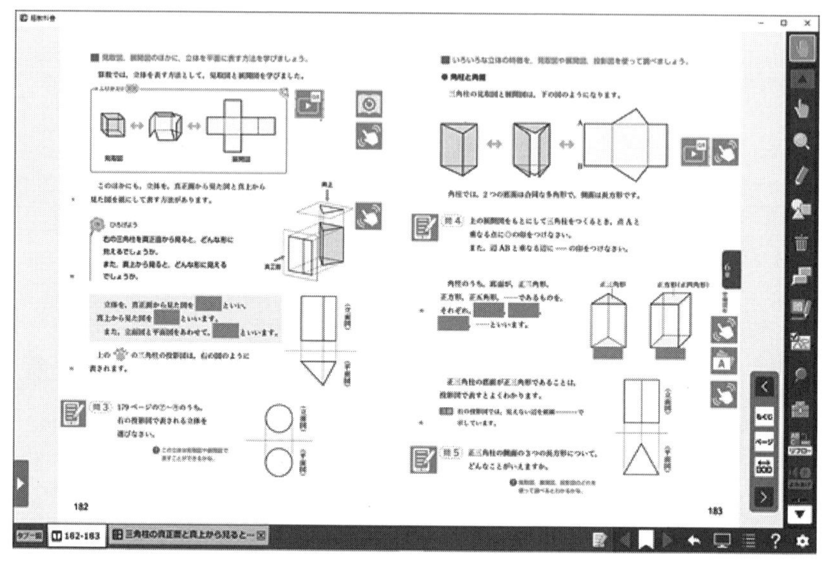

図 9－4　中学校数学科のデジタル教科書（紙面の教科書にはない様々な機能がある）の例
出所：『未来へひろがる数学 1　2021年度以降版指導者用デジタル教科書（教材）』啓林館.

学習者用デジタル教科書は2019年 4 月 1 日から教育課程の一部において紙の教科書に代えて使用できるようになったことから「教科用図書代替教材」ともいわれている。機能として，拡大，書き込み，保存，ページめくりなどの基本機能の他，文字色・背景色の変更，フリガナ表示，リフロー表示，音声読み上げ（機械音声）などの特別支援機能がある。さらに，デジタル教科書では，教科書の文字を抜き出す，動画を再生，図形などをさわって動かせる，朗読音声の再生，アニメーション，教科書準拠ドリルなどとの一体的な活用が可能となる（図 9－4）。また期待される効果として，(1)自己学習力や情報活用力の向上，(2)学習活動のネットワーク化（意見交換・協働的な活動），(3)反復学習や調べ学習などの個別学習のサポート，(4)学習履歴の保存・閲覧・分析・評価，(5)教科書（カリキュラム）のカスタマイズ化，(6)特別な支援を要する児童生徒へのサポートのほか，他のソフトウェアと一体化されて総合的学習支援システムとなる可能性がある。

⑤　電子黒板（e黒板，インタラクティブホワイトボード）

黒板は一斉授業において速記性や柔軟性に富み，教材を提示するための装置として最も適している（鈴木・小川，1999）と考えられ，伝統的に用いられてきた。電子黒板は黒板のもつ機能を拡張し，パーソナルコンピュータ，タブレット端末やネットワークに接続されたもので，ホワイトボード一体型，ディスプレイ一体型，ユニット型（読み取り装置をホワイトボードや黒板に取り付ける）などがある。主な機能として，画面またはスクリーン上でペンや指先で直接書きこみができたり，操作を行うことができるなどタッチパネル・ディスプレイとして使用でき，画面の保存・再利用が可能となっている。電子黒板活用の効果について，学習者の視線集中（佐藤・赤堀，2005），画面上で注釈を書きながら説明する効果（稲垣他，2009），発表における思考支援の事例（豊田他，2007）等が指摘されてきたが，十分に活用されてきたとはいえない。

一方で，急激な社会情勢の変化により，2021年4月時点において全国のほぼすべての小学校，中学校には1人1台タブレット端末などが整備されている。地域や学校の状況に応じて，遠隔授業を取り入れる学校も増えつつあり，電子黒板やタブレット端末などのICT活用に関する実践が各地で行われるようになっている。まさに，ICT活用の実践的な知見の積み重ねが始められたといえる状況にある。ネットワークや端末などのハード面に関する様々な課題も明らかになってきている。今後は，理論と実践の両面からICT活用の検証を行う必要がある。なお，遠隔授業に関連してオンラインと対面授業を組み合わせたブレンド型学習の一形態である反転授業[(3)]がある（ジョナサン，アーロン，2014参照）。最後に，ICT はあくまで生徒の学習を支援するツールであって，ICT活用が目的にならないように留意しなければならない。

2　プログラミング

プログラミングは，一般的に，コンピュータプログラミング（コンピュータのコーディング）とされる傾向にある。学校数学においては，数学に関わる問題解決のプログラミングモデリング（数学プログラミングモデリング）をベースとすることが望まれる。ここでは，数学プログラミングモデリングを中心に説明をする。

① 小学校算数科での扱い

小学校では，プログラミング的思考の育成が重視されている。例えば，「小学校学習指導要領解説　算数編」（文部科学省，2018a，p. 330）では「『プログラミング的思考』とは，自分が意図する一連の活動を実現するために，どのような動きの組み合わせが必要か，どのように改善していけばより意図した活動に近づくのかということを論理的に考えていく力の一つである」としている。なお，ここで実際にはプログラミング的思考のベースが，*Computational Thinking*[(4)]であることに注意が必要である。英国では単にコンピュータを使った問題解決だけでなく，人間だけで問題解決をする場合にも応用できるとする。この能力の集合をLogical　reasoningとし，Abstraction（抽象化），Decomposition（デコンポジション），Algorithmic Thinking（アルゴリズム的思考），Evaluation（評価），Generalization（一般化）に分類している（太田他，2016）。

② 中学校技術・家庭科（技術分野）での扱い

中学校の数学科での扱いはほとんどなく，中学校の技術・家庭科（技術分野）の「D情報の技術」の「(2)ネットワークを利用した双方向性のあるコンテンツのプログラミングによる問題の解決」「(3)計測・制御のプログラミングによる問題の解決」で扱われる。「中学校学習指導要領解説　技術・家庭編」（文部科学省，2018b，p. 54）では，プログラミングに関して「設定した課題を解決するために，適切なプログラミング言語を用いて，安全・適切に，順次，分岐，反復という情報処理の手順や構造を入力し，プログラムの編集・保存，動作の確認，デバッグ等ができるようにする」との説明がある。検定教科書においては，プログラミング言語としてScratchやドリトル，JavaScriptなどが扱われている。ただし，本格的なコンピュータプログラミングには言及されていないとともに，問題解決にも十分に応用されるまでには至っていない。

【容器の水の高さ】
下にコックが付いた容器に水が入っている。コックを開いて水を流出させた時，時間とともに容器内の水の高さがどのように変化していくかを調べたい。ただし，このモデルには要素として「時間間隔」，「流出速度」，「比例定数」，「底面積」，「流失した水量」，「水の高さの変化量」，「水の高さ」が存在する。
(1) 水の流出速度は水の高さに比例する。比例定数kを用いて，流出速度vと水の高さhの関係を数式モデルで表しなさい。
(2) このモデルの要素には，(1)以外にどのような関係が存在するか。数式モデルで表しなさい。
(3) プールの底面積を250m²，最初の水の高さを2.0m，最初の流出速度を10m³/分として，プールの水を抜くときの１分ごとの水の高さを，表計算ソフトウェアを使ってシミュレーションしなさい。

図９-５　容器の水の高さ

出所：『高校情報Ⅰ　Python』（2022）実教出版より．

③　高等学校情報科での扱い

高等学校の数学科でもほとんど扱いがないが，2022年度から情報Ⅰが必修となり，全生徒がプログラミングを学ぶことになる。「コンピュータで情報が処理される仕組みに着目し，プログラミングやシミュレーションによって問題を発見・解決する活動を通して，次の事項を身に付けることができるよう指導する」と「高等学校学習指導要領解説　情報編」（文部科学省，2019，p. 31）の「(3)コンピュータとプログラミング」ではその取扱いを記述している。検定教科書で使用されているプログラミング言語は，VBA，Python，JavaScript，Scratchが多い。問題解決を目標としている内容，例えば，「容器の水の高さ」（図９-５）や「ローン利率と総返済額」など数学的モデリング(5)に近い内容もある(6)。この場合には，実質的に*Computational Thinking*の概念に近い学びになる。

また，大学入学共通テストでも新教科として情報が2025年度から追加されることとなり，そのサンプル問題が公表されている(7)（図９-６）。疑似言語が使用されているが，Pythonに近いと考えられる。

このように考えると，高等学校の情報の学びに向けて，小学校から問題解決

第２問 次の文章を読み，後の問い(**問１～３**)に答えよ。

Mさんは，18歳になって選挙権が得られたのを機に，比例代表選挙の当選者を決定する仕組みに興味を持った。そこで各政党に配分する議席数（当選者数）を決める方法を，友人のKさんとプログラムを用いて検討してみることにした。

```
Tomei = ["A党","B党","C党","D党"]
Tokuhyo = [1200,660,1440,180]
sousuu = 0
giseki = 6
mを0から［ア］まで1ずつ増やしながら繰り返す:
└ sousuu = sousuu + Tokuhyo[m]
kizyunsuu = sousuu / giseki
表示する("基準得票数：",kizyunsuu )
表示する("比例配分")
mを0から［ア］まで1ずつ増やしながら繰り返す:
└ 表示する(Tomei[m],"：",［イ］/［ウ］)
```

図３　得票に比例した各政党の当選者数を求めるプログラム

```
Tomei = ["A党","B党","C党","D党"]
Tokuhyo = [1200,660,1440,180]
Tosen = [0,0,0,0]
tosenkei = 0
giseki = 6
m を 0 から［ア］まで1ずつ増やしながら繰り返す:
└ Hikaku[m] = Tokuhyo[m]
［セ］< giseki の間繰り返す:
│  max = 0
│  i を 0 から［ア］まで1ずつ増やしながら繰り返す:
│  │  もし max < Hikaku[i]ならば:
│  │  │  ［ソ］
│  └  └  maxi = i
│  Tosen[maxi] = Tosen[maxi] + 1
│  tosenkei = tosenkei + 1
└  Hikaku[maxi] = 切り捨て(［タ］/［チ］)
k を 0 から［ア］まで1ずつ増やしながら繰り返す:
└ 表示する(Tomei[k],"：",Tosen[k],"名")
```

図９　各政党の当選者数を求めるプログラム

図９-６　情報のサンプル問題の一部

を目指したプログラミング教育を系統的に行う必要があることがわかる。

④　数学科におけるプログラミング：数学プログラミングモデリング

まず，数学科においては，数学に関わるプログラミングモデリングの学びが必要となる。プログラミングといえば，コンピュータプログラミング（狭義には，コンピュータに処理を行わせるためのプログラムをプログラミング言語で作成するコーディング。広義には，プログラムの仕様設計からテスト修正，変換といった一連のプロセスをも含む）と考えられがちであるが，数学科では，*Computational Thinking* をベースとすべきである。*Computational Thinking* はコンピュータプログラミングだけではなく，広く現実の問題を解決する過程を学ぶ教育を想定している。数学による現実問題解決はすでに数学的モデリングとして定着している。この数学的モデリングをベースとして，英国での Logical　reasoning も参考にすると，現実問題→（抽象化）→現実モデル→（分解）→プログラミングモデル→（一般化，プログラミング）→結果→（評価）→現実問題となる学習モデル（図9-7）が設定できる（渡邉，2020）。ここでのプログラミングはコンピュータプログラミングであり，このなかで同じ段階を踏むこととなる。

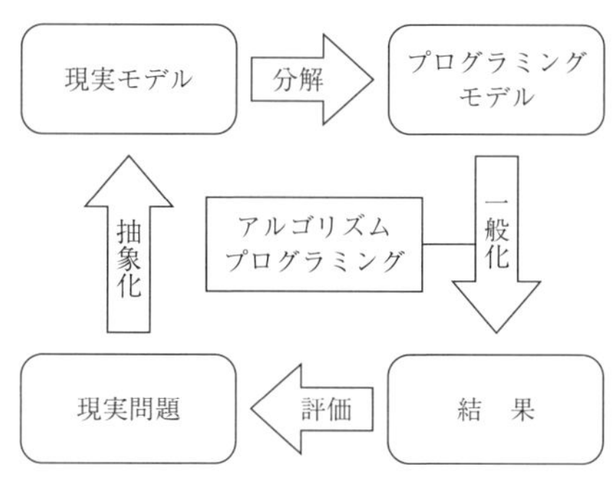

図9-7　プログラミングモデリング

プログラミング言語については，現在，Python，C，Java，C++，C#，Visual Basic，JavaScript，SQL などが人気である（TIOBE Programming Community Index（PCI）の2022年6月版による[(8)]）。それぞれの言語の特性に応じて，またその言語の将来性も考慮して導入することが望ましい。いずれにしても，プログラムでは「順次」「反復」「条件分岐」の三要素を使用する条件を満たしており，アルゴリズムを中心としていることには変わりがない。また，「現実問題」を日常課題をベースとするか数学課題をベースとするかによって，学習内容の傾向は変わってくるものの，学習モデルは変わらない。

⑤　数学を中心とした数学プログラミングモデリング

中高等学校の数学科で学習を行うことを想定すれば，技術・家庭科，情報科との関連もあり，現実問題に数学が緊密に関与したものを教育内容にするのが

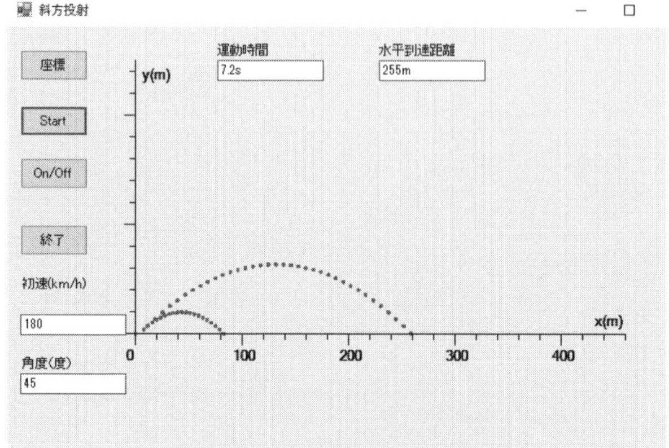

図 9-8　斜方投射の表示画面

```
Form1.vb    Form1.vb [デザイン]
Butsuri                                  Form1
        Timer1.Enabled = True
    End Sub

    Private Sub Button3_Click(sender As Object, e As EventArgs) Handles Button3.Click
        Timer1.Enabled = Not Timer1.Enabled
    End Sub

    Private Sub Button4_Click(sender As Object, e As EventArgs) Handles Button4.Click
        Dim theta As Single
        t = 0 : x = 0 : y = 0
        v0 = Val(TextBox1.Text) / 3.6 '初速度(km/s)
        theta = Val(TextBox2.Text) '投射角 (° )
        theta = theta * Math.PI / 180 '投射角 (° ) のrad換算
        v0x = v0 * Math.Cos(theta) '初速度の水平(x)成分
        v0y = v0 * Math.Sin(theta) '初速度の垂直(y)成分
        Timer1.Enabled = True
    End Sub

    Private Sub Button5_Click(sender As Object, e As EventArgs) Handles Button5.Click
        End
    End Sub

    Private Sub Timer1_Tick(sender As Object, e As EventArgs) Handles Timer1.Tick
        Dim gr As Graphics = CreateGraphics()
        Dim dt As Single = 0.2  'dt=時間(s),
        g = 9.80665 'g=重力加速度(m/s^2)
        t = dt + t
        x = v0x * t
        y = v0y * t - 1 / 2 * g * t ^ 2 '軌跡の式
        xF = 120 + x
        yF = 280 - y
        gr.FillEllipse(Brushes.Red, xF + 2, yF - 2, 4, 4) '軌跡表示
        If y <= 1 Then
            Timer1.Enabled = False
            TextBox3.Text = 1 / 10 * Int(10 * t + 0.5) & "s" '滞空時間表示
            TextBox4.Text = Int(x + 0.5) & "m" '水平到達距離表示
        End If
        Zahyo()
    End Sub

    Private Sub Form1_Load(sender As Object, e As EventArgs) Handles MyBase.Load

    End Sub
```

図 9-9　プログラムの一部

望ましい。

例えば,「現実問題」を数学に関わる日常問題として，最近 MLB（Major League Baseball）で MVP を獲得し，日本でも話題となったロサンゼルス・エンゼルスの大谷翔平選手のホームランに関して「そのすごさを数値で知りたい」とする。打球の初速と角度のデータが MLB の Statcast で公表されており,

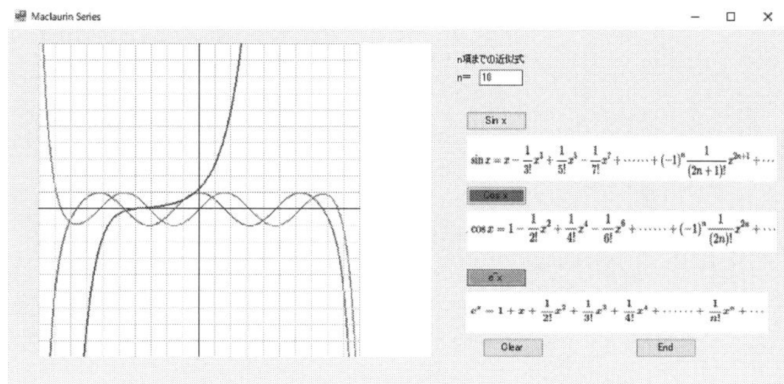

図 9 - 10　マクローリン展開の表示画面

```
マクローリン                                    Button1
Public Class Form1
    Private Sub Button1_Click(sender As Object, e As EventArgs) Handles Button1.Click
        Dim g As Graphics = PictureBox1.CreateGraphics
        Dim m, n, p, q, s, x, y, z, a As Single

        g.DrawLine(Pens.Black, 0, 200, 400, 200)
        g.DrawLine(Pens.Black, 200, 0, 200, 400)

        For i = 0 To 400 Step 20
            g.DrawLine(Pens.SkyBlue, i, 0, i, 400)
            g.DrawLine(Pens.SkyBlue, 0, i, 400, i)
        Next i

        g.DrawLine(Pens.Black, 0, 200, 400, 200)
        g.DrawLine(Pens.Black, 200, 0, 200, 400)



        m = Val(TextBox1.Text) - 1

        For z = 0 To 400 Step 0.01
            s = 0
            For n = 0 To m
                a = 2 * n + 1
                p = 1
                For q = 1 To a
                    p = q * p
                Next q
                s = ((-1) ^ (n) * ((z - 200) / 20) ^ a) / p + s
            Next n

            x = z - 200
            y = -20 * s
            g.DrawEllipse(Pens.YellowGreen, x + 200, y + 200, 1, 1)
        Next z



    End Sub
```

図 9 - 11　プログラムの一部

容易にそれらのデータを入手できるため「ホームランの飛距離や滞空時間を知りたい」という「現実モデル」から，プログラミングを利用して「初速」と「角度」で「飛距離」と「滞空時間」の算出について検討する課題が設定できる。課題の解決について，例えば Visual Basic 2019 を利用すると次のようなプログラミングができる（図 9 - 8，9 - 9）。なお，この学習の場合，「結果」を評価したときは「空気抵抗を採り入れることが望ましい」などの提案が想定される。

一方，「現実問題」を直接的な数学問題と置くならば，例えば「マクローリ

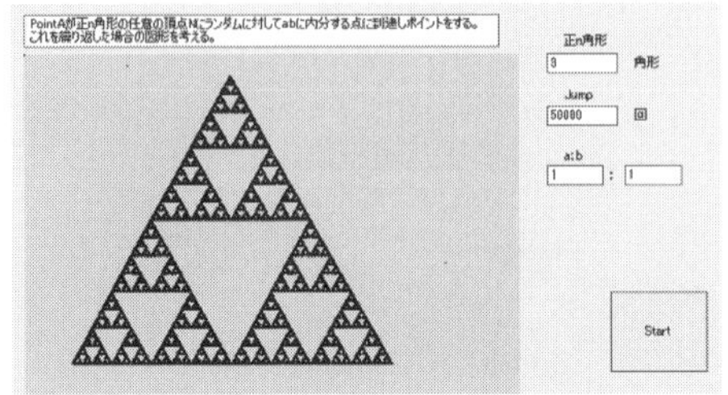

図 9 - 12　「正三角形，1 ： 1」の画面表示

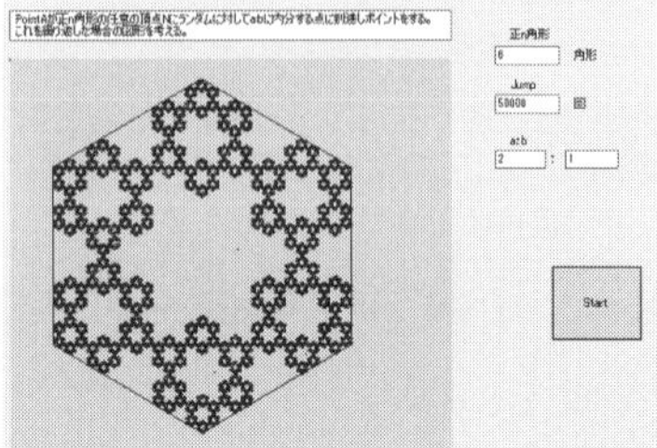

図 9 - 13　「正六角形, 2 ： 1」の画面表示

```
  for t in z0:
    x.append(v0 * math.cos(theta) * t)
    y.append(v0 * math.sin(theta) * t - g * t * t / 2 )
  draw_graph(x, y)
draw_trajectory(180 / 360*100, 45)
draw_trajectory(100 / 360*100, 45)
plt.show()
```

図 9 - 14　図 9 - 8 の Python のプログラムの一部と画面表示

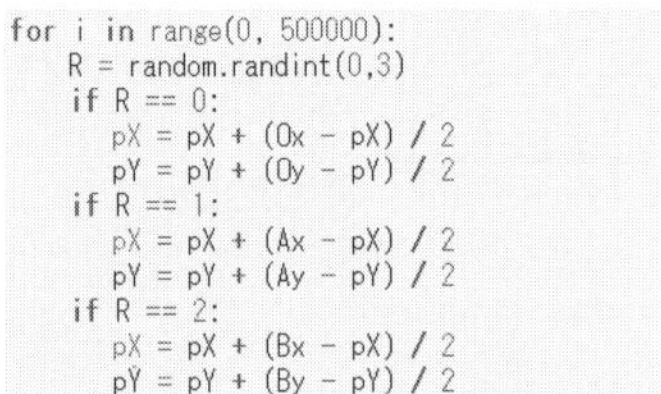

```
for i in range(0, 500000):
    R = random.randint(0,3)
    if R == 0:
        pX = pX + (Ox - pX) / 2
        pY = pY + (Oy - pY) / 2
    if R == 1:
        pX = pX + (Ax - pX) / 2
        pY = pY + (Ay - pY) / 2
    if R == 2:
        pX = pX + (Bx - pX) / 2
        pY = pY + (By - pY) / 2
```

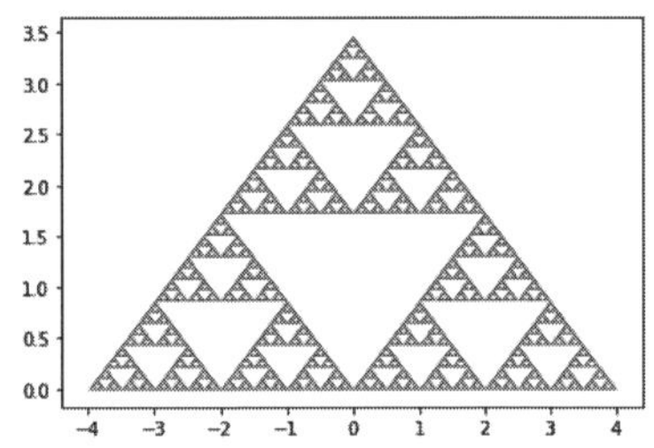

図 9 - 15　図 9 - 12の Python のプログラムの一部と画面表示

ン展開を視覚的に理解したい」という現実問題からプログラミングを利用して，グラフ化し検討するという学習も想定できる（図 9 - 10，9 - 11）。また「ある 1 点から正 n 角形の頂点に n:m の内分比でポイントしていった場合の図形を描きたい」といった直接的な数学の現実問題から，シミュレーションを作成することも考えられる（図 9 - 12，9 - 13）。この学習は「フラクタル」の理解につながる。なおこうした数学の学びは，コンピュータプログラミングのなかで公式の活用が必要となるため，公式の十分な理解にも役に立つ。

ここでは Visual Basic でのプログラミングを取り上げたが，Python など他の言語でも同様のことができる（図9-14，9-15)。数値計算を得意とするプログラミング言語，グラフィックを得意とするプログラミング言語など，課題解決の状況に応じて言語を選択することが望ましい。なお，Visual Basicは最新の学校教科書ではほとんど取り扱われていないが，無料で入手可能なこと，また従前よりBasic言語は初心者に理解しやすいとの評価が定着していること，さらにいまだに世界的に人気があることから，プログラム言語の選択候補として，検討の余地がある。

3　数学のアプリケーションソフトウェア

①　数学のアプリケーションソフトウェアの種類と特徴

数学に特化したアプリケーションソフトウェアは複数ある。例えば，フリーウェア（無料ソフトウェア）として，GC/Win，数学を教える・学ぶためのGeo-Gebra，関数グラフソフトGRAPES，高機能関数グラフ・図形表示ソフトFunctionViewなど，さらにシェアウェアとしてWOLFTAM MATHEMATI-CAがある。これらの大半は，OSに依存せずにラップトップあるいはタブレットPCで動作するものが増えており，用途に応じて使用することができる。

特に数学のアプリケーションソフトウェアの特徴として，問題に示された通りに関数のグラフや図形を短時間で表現することができ，操作とやり直しが簡単である。また，条件を変えてグラフや図形を動かす，あるいは変形することが容易であることがあげられる。そのため，「問題場面の理解に役立つ」「様々な観点から関数，図形，確率や統計に関する事柄の性質を調べることで理解を深めることができる」「問題の解決過程において，思考を助けることにつながる」「条件を変えた場合の考察が容易にできる」などの長所がある。

以下で，数学のアプリケーションソフトウェアの使用例のいくつかを示す。

②　関数のグラフ

関数の特徴や性質を学習する際に，関数のグラフをかく，関数式の一部の値の変化に対応するグラフの変化をみることは有効な手段である。

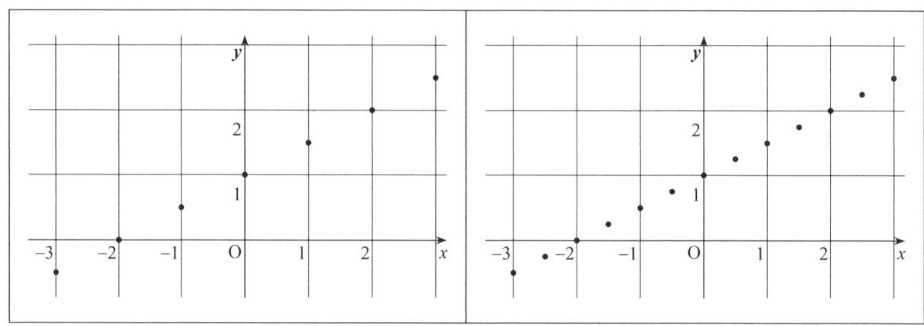

図 9 - 16　表の値に基づいて点をプロットした例（GRAPES で作成）

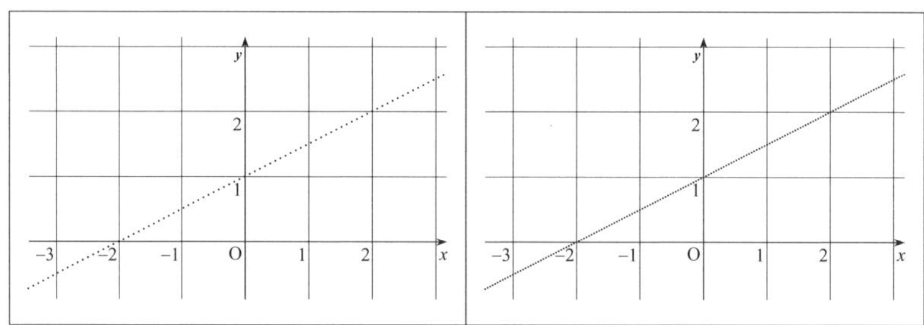

図 9 - 17　数学のアプリケーションソフトウェアを利用した例（GRAPES で作成）

中学校，高等学校で主に連続関数を扱う。グラフをかく際に，x と y の値の対応を表にまとめることが多いが，x の値は整数であることが大半である。したがって，表の値に基づき座標平面上に点をプロットすると図 9 - 16のように離散的に表される。点と点の間にも関数式を満たす点があることを説明するが，アプリケーションソフトウェアを利用すると図 9 - 17のように点の間隔を小さくすることができ，グラフは点の集まりであることを理解しやすくなる。グラフが曲線の場合も同様に説明できる。

また，一次関数 $y=mx+n$，二次関数 $y=ax^2+bx+c$，三次関数 $y=ax^3+bx^2+cx+d$，指数関数 $y=a^x$，対数関数 $y=log_a x$，三角関数 $y=a \cdot \sin(k\theta+n)$ などの関数式に含まれる係数 $m, n, a, b, c, \cdots$ の値が変化するときのグラフの変化を調べることで，それぞれの関数の性質の理解にもつながる。

さらに，媒介変数表示された関数，極方程式で表される関数の性質の理解にも有効である。

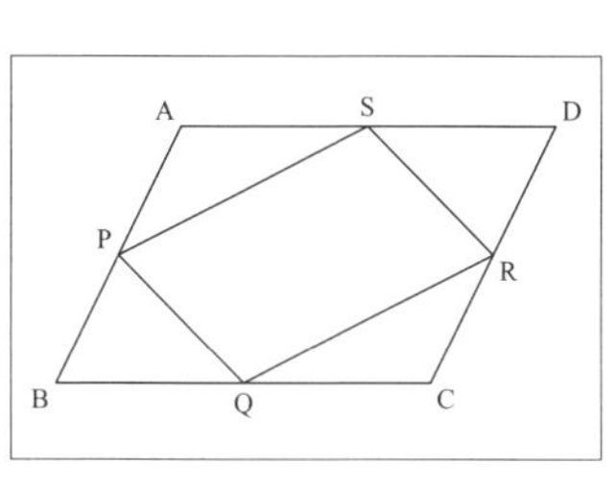

図9-18　よくかかれる平行四辺形（GRAPES で作成）

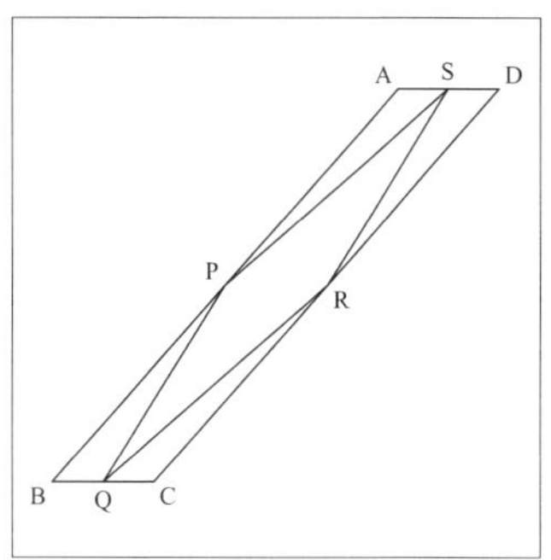

図9-19　細長い平行四辺形（GRAPES で作成）

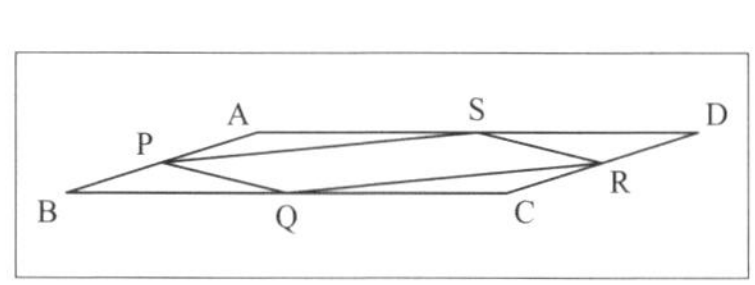

図9-20　横に長い平行四辺形（GRAPES で作成）

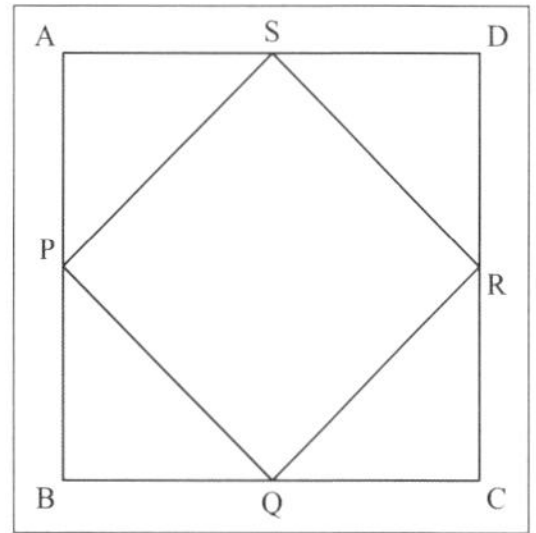

図9-21　正方形（GRAPES で作成）

③　図形と証明

複雑な図形の表示が容易であるが，それだけではない。問題解決の場面において，答えを予想したり，証明の普遍性の理解にもつながる。例えば，「平行四辺形 ABCD の4つの辺の中点を結んでできる四角形 PQRS は，どのような四角形か」という課題の場合，図9-18のような図形をかくことが多い。しかし，図9-19や図9-20のような平行四辺形も当然存在し，このような平行四辺形 ABCD においても四角形 PQRS は平行四辺形になることが予想できる。このように，様々な形の平行四辺形を生徒自身がかくことで結果を予想すること，そして予想した結果は証明が必要であることなど，証明の必要性と普遍性に気付くことにつながる。また，平行四辺形 ABCD が図9-21のように正方

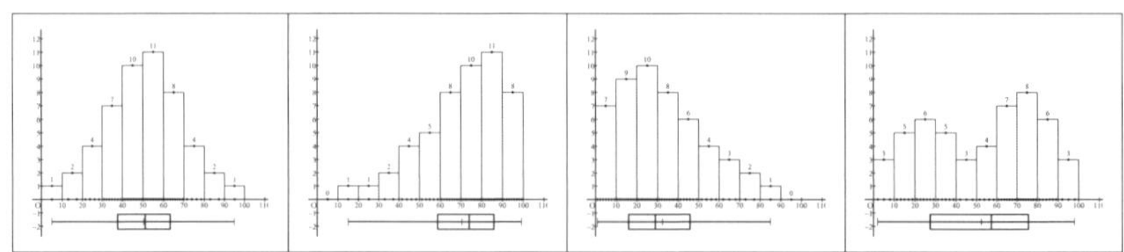

図 9-22　ヒストグラムで表す分布と箱ひげ図の対応の例（GRAPES で作成）

形であるとき，四角形 PQRS も正方形になる。以上のように，生徒自身が平行四辺形 ABCD を変形することで新たな問題を発見する機会となり，問題発見，結果の予想，証明という一連の問題解決の過程の学習の支援となる。したがって，課題学習や探究活動に活用できる。

④　統　計

複数のデータを扱う統計では，ICT の利用が有効である。数学のアプリケーションソフトウェア以外にも表計算ソフト（例えば Microsoft Excel など）にも様々な統計処理ができる機能がある。

量的なデータの分布はヒストグラム，相対度数で表すことができるが，箱ひげ図を用いると，複数のデータの分布を視覚的に比較しやすくなる。このとき，数学のアプリケーションソフトウェアを用いると，ヒストグラムで表す分布と箱ひげ図の対応について，分布の状況に応じて箱ひげ図の対応の様子をシミュレーションすることができる（図 9-22）。また，データの値を生徒自身が設定することも可能で，その値に応じて箱ひげ図がどのように変化するのかみることができるため，学習のツールとして使用できる。同様のことは，度数分布と標準偏差でもシミュレーションが可能で，確率や統計でも有効である。

4　動画教材

①　動画教材の利点と課題

現在，様々な動画教材が制作・公開されているが，その利点は大きく次の 3 つである。

⑴各学習者の都合に合わせて，いつでも，どこでも，どの段階からでも視聴可能であること

⑵ YouTube等にアップロードすれば，人数に制限なく誰もが何度でも視聴可能であること

⑶一旦制作すれば継続的に使用可能であり，修正・改善も容易であること

その一方で，課題として次のことがあげられる。

・学習者の疑問点・理解困難な点に即座に対応できないこと

・いつでも視聴可能であるために，学習者の時間管理が必要なこと

・学習者の反応によって授業進行（動画内容）を変化させることができないこと

ここで重要なことは，動画教材の利点と課題を熟知し，適切な方法で動画教材を提供することである。

②　動画教材を効果的に活用する方法

先にあげた3つの利点をもとに，動画教材を効果的に活用する対象や方法について検討する。

⑴の利点である「いつでも，どこでも，どの段階からでも視聴可能」により，特別な支援の必要な学習者への対応が可能となる。学習する時間や場所を選ばないということから，傷病欠席，院内学級といった学校に来ることのできない学習者への支援が可能となる。こうした学習者への支援は，日本の学校現場において大きな課題となっており，その克服の一方策として期待される。

⑵の利点である「人数に制限なく誰もが何度でも視聴可能」により，一学級といった限られた人数を対象とするのではなく，日本全国の多数の学習者への支援が可能となる。全国に約19万6千人在籍する不登校の学習者への学習支援や，感染症，自然災害等で一時的に学校が休校になった際の学習支援にも役立つことが期待される。また，何度でも視聴可能であることから，理解困難な点についてはくり返しの視聴で，理解につなげることも可能である。

⑶の利点である「継続的に使用可能であり，修正・改善も容易」により，様々な立場の学習者への支援が可能となる。日本語の動画教材を留学生らの協

力を得て多言語に改善（翻訳）すれば，全国に約５万人在籍する日本語指導を必要とする学習者らへの学習支援の可能性が期待される（黒田，2019）。この間，日本語指導を必要とする学習者は急増しており，今後，日本各地の学校現場で課題となることが予想される。

③　動画教材制作・活用の要点

コロナ禍の影響による学校休校に伴い，日本全国の学校現場や教育委員会で動画教材が急ぎ制作されたが，学校現場の教員には大きな負担となった。その要因としては，次の３点が考えられる（黒田，2021a）。

⑴完璧な動画教材を制作しようとする意識が強く，何度も撮り直しをするために１本の制作に膨大なエネルギーを必要としたこと

⑵興味関心の向上や，しっかりと教えたいという意識の強さから，１本の動画教材に多くの情報を詰め込む傾向がみられ長時間動画になったこと

⑶分散登校や同期型のオンライン授業などと並行して動画教材を制作するために，通常の倍近い授業負担となったこと

逆にいえば，⑴〜⑶の意識を変えることができれば，動画教材制作・活用を効果的に行うことの可能性が高まる。

⑴については，教員は映像制作の専門家ではないので，完璧なものを求めないということである。また，あまり凝った画面構成の必要もなく，ビデオカメラを固定して，ズームやワイド機能も最小限の活用に止めることが重要である。映像制作の専門家でない教員が，画面を大きく動かしたり，ズームやワイド機能を多用したりすると，学習者はかえって集中力を切らすことになるので，気を付けなくてはならない。また，映像内での言い間違いや記入ミスについても，改めて映像を撮り直すのではなく，テロップで対応するなどして，労力を極力かけないようにする。実際，対面の授業であっても，教員は言い間違いをしたり記入ミスをしたりするが，そのつど訂正することで対応しているので，それくらいの気持ちで動画教材を制作することが重要である。

⑵については，丁寧にしっかりと学習者に学習内容を伝えたいという思いが強くなりがちであるが，学習する側の気持ちに立って，盛沢山にしないという

ことである。対面授業であれば，50分間の授業もそれほど長いと感じることはないが，50分間連続の動画教材は，成人であっても視聴することに大変な疲れを感じてしまう。したがって，1本の動画教材は15分以内で制作し，学習者に過度の負担がかからないようにすることが重要である。

図9－23　授業内容を分割して収録

(3)については，すべての動画教材を自作する必要はなく，同僚の教員と単元を分担したり，インターネット上で公開されている良質の動画教材を適切に活用したりして授業を行うことである（文部科学省「子供の学び応援サイト」)。その意味で，動画内容に各教員の個性を入れ込みすぎると汎用性が低くなるため，シンプルな内容構成にするという意識が重要である。また，自作の動画教材を他の教員と共有することへの抵抗感があるが，担当する学級の学習者をサポートするだけではなく，より多くの学習者の学習支援に自ら貢献するという教員の意識改革が必要である。

④　動画教材制作・活用の実際

以下では，教員が容易に制作可能な動画教材の制作方法について解説する（黒田，2020)。

1つ目は，ビデオカメラで録画する方法である。通常の対面授業をそのまま録画する方法もあるが，50分間という長時間の動画になるために，別途，ビデオカメラの前で授業内容を細かく分割して収録すると，学習者にとって視聴しやすいものとなる。

図9－23は授業開始場面の様子である。このように，授業で学ぶ内容を示すなどして，学習者の集中力を高める工夫が不可欠である。また，実際の作図や実習といった活動では，左肩上付近から見下ろすような画角で録画するとよい。図9－24は録画場面であり，図9－25はどのように録画されているのかという映像である。

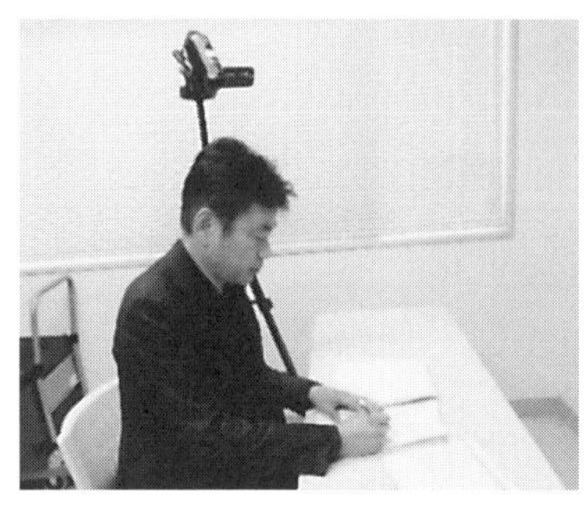

図９－24　左肩上からの録画の配置図

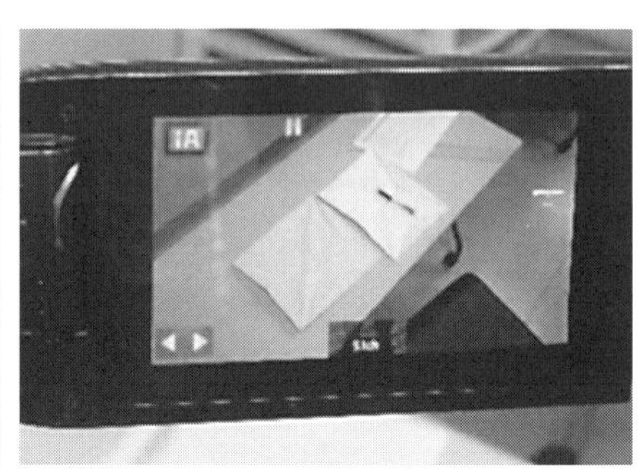

図９－25　録画の実際（左右一致）

図９－26　各スライドに音声を録音

二次関数の解説動画視聴	（10分）
二次関数の問題２問解く	（15分）
問題２問の解説動画視聴	（10分）
類題を解く	（10分）
二次関数のまとめ動画視聴	（５分）

図９－27　学習進行表の例

通常の対面授業での教員の実演では，左右が反転されてしまい，生徒が混乱をきたす場合があるが，このように撮影すると，動画では左右が一致するために理解が促進されやすいという利点がある。

２つ目は，Microsoft PowerPoint 2016 以降に標準装備された録音機能と，MPG-４へのファイル保存機能を用いて動画教材を制作する方法である（図９－26）。特に，すでに生徒への説明用の PowerPoint スライドを制作済みの場合には，非常に容易に動画教材を制作することが可能である。

制作した動画教材は，専用 YouTube サイト等で限定公開し，URL を学習者に知らせるだけで，いつでも，どこでも視聴が可能となる。

実際に動画教材を自宅等で学習する際には，50分間の学習進行表を用意しておくことが重要である（図９－27）。通常の対面一斉授業であれば，教員が授業進行をすべて行うが，自宅ではそれが不可能なために，こうした学習進行表が学習者の自学を助けることになる（黒田，2021b）。

注

⑴　ICTとはInformation and Communication Technology（情報通信技術）である。

⑵　GIGAとはGlobal and Innovation Gateway for All（すべての児童生徒のための世界につながる革新的な扉）である。

⑶　反転授業とは説明中心の講義などをeラーニング化することで学習者に事前学習を促し，対面授業では理解の促進や定着を図るために演習課題，または発展的な学習内容を扱う授業形態である（森，2015）。

⑷　*Computational Thinking*とは，Computational thinking is the thought processes involved in formulating problems and their solutions so that the solutions are represented in a form that can be effectively carried out by an information-processing agent（Cuny, Snyder & Wing, 2010）とされることが多く，Wing（2006）によりその概念が広まったとされる。

⑸　数学的モデリングとは，現実事象について，条件の整理をして現実モデルとし，それを数学化することから数学モデルをつくり，数学的処理をすることから数学的結果を得る。その結果を現実事象に翻訳し，評価をして，さらに改善を図るサイクルである（柳本，2011）。

⑹　実教出版のHPにある，高校情報Ⅰ Pythonのダイジェスト版による（https://www.jikkyo.co.jp/material/dbook/zyouhou_python01_r04_digest/ 2022年3月19日アクセス）。

⑺　大学入試センターのHPにある，サンプル問題『情報』問題による（https://www.dnc.ac.jp/kyotsu/shiken_jouhou/r7ikou.html 2022年3月19日アクセス）。

⑻　TIOBE Programming Community IndexはTIOBEのHPによる（https://www.tiobe.com/tiobe-index/ 2022年6月16日アクセス）。

引用・参考文献

学習社会連携講座監修（2015）『反転学習——生徒の主体的参加への入り口』オデッセイコミュニケーションズ.

学習者用デジタル教科書ガイドブック http://www.textbook.or.jp/publications/data/191030dtbguide.pdf（2021年8月9日アクセス）.

GIGAスクール構想の実現へ https://www.mext.go.jp/content/20200625-mxt_syoto01-000003278_1.pdf（2021年8月9日アクセス）.

稲垣忠・永田智子・豊田充崇・梅香家絢子・佐藤喜信・赤堀侃司（2009）「電子黒板の普及促進を目的とした活用モデルの開発」『教育メディア研究』第16巻，第１号，pp. 53-64.
国立教育政策研究所（2019）『生きるための知識と技能　OECD 生徒の学習到達度調査（PISA）2018年調査国際結果報告書』明石書店.
一般社団法人教科書協会（2019）「学習者用デジタル教科書ガイドブック」http://www.textbook.or.jp/publications/data/191030dtbguide.pdf（2021年８月９日アクセス）.
ジョナサン・バーグマン，アーロン・サムズ，山内祐平他監修（2014）『反転授業』オデッセイコミュニケーションズ.
ジョナサン・バーグマン，アーロン・サムズ，東京大学大学院情報学環「反転学びのイノベーション事業」https://www.mext.go.jp/a_menu/shotou/zyouhou/detail/1408183.htm（2021年８月９日アクセス）.
教科書協会（2011）「質問事項に対する回答　資料５」http://www.kantei.go.jp/jp/singi/it2/kaikaku/dai8/siryou5.pdf（2021年８月９日アクセス）.
『未来へひろがる数学１　2021年度以降版指導者用デジタル教科書（教材）』啓林館.
文部科学省（2014）「学びのイノベーション事業実証研究報告書」https://www.mext.go.jp/b_menu/shingi/chousa/shougai/030/toushin/1346504.htm（2021年８月９日アクセス）.
文部科学省（2018）「第３期教育振興基本計画を踏まえた，新学習指導要領実施に向けての学校のICT 環境整備の推進について（通知）」添付資料「学校における ICT を活用した学習場面」https://www.mext.go.jp/a_menu/shotou/zyouhou/detail/1407394.htm（2021年８月９日アクセス）.
文部科学省（2019）「教育の情報化に関する手引（令和元年12月）」https://www.mext.go.jp/a_menu/shotou/zyouhou/detail/mext_00724.html（2021年８月９日アクセス）.
森朋子「コラム　反転授業」松下佳代・京都大学高等教育研究開発推進センター編著（2015）『ディープ・アクティブラーニング――大学授業を深化させるために』勁草書房.
佐藤弘毅・赤堀侃司（2005）「電子化黒板に共有された情報への視線集中が受講者の存在感および学習の情意面に与える影響」『日本教育工学会論文誌』29(4)，pp. 501-513.
芝池宗克・中西洋介，反転授業研究会編集（2014）『反転授業が変える教育の未来――生徒の主体性を引き出す授業への取り組み』明石書店.
鈴木信也・小川正賢（1999）「教育機器の特性と教室環境（１）コンピュータは生き残れるか」『日本科学教育学会年会論文集』第23号，pp. 357-358.

詫摩京未（2019）「国際遠隔共同学習による教育効果についての一考察——高校生による日独遠隔共同学習の教育実践を通して」『数学教育学会誌』第60巻，第3・4号，pp. 11-23.

豊田充崇・上太一・稲垣忠・永田智子・佐藤喜信・梅香家絢子・赤堀侃司（2007）「電子黒板を活用した授業実践事例の分析とその効果の検証」第33回全日本教育工学研究協議会全国大会.

文部科学省（2018a）「小学校学習指導要領（平成29年告示）解説　算数編」日本文教出版.

文部科学省（2018b）「中学校学習指導要領（平成29年告示）解説　技術・家庭編」開隆堂出版.

文部科学省（2019）「高等学校学習指導要領（平成30年告示）解説　情報編」開隆堂出版.

太田剛・森本容介・加藤浩（2016）「諸外国のプログラミング教育を含む情報教育カリキュラムに関する調査」『日本教育工学会論文誌』40(3)，pp. 197-208.

富永順一（2019）「ICTの活用とプログラミング教育」守屋誠司編著『小学校指導法算数』玉川大学出版，pp. 231-244.

柳本哲編著（2011）『数学的モデリング——本当に役立つ数学の力』明治図書.

渡邉伸樹（2020）「プログラミング教育の学習モデル——Programming Modelingの提案」数学教育学会『数学教育学会誌』第61巻，第3・4号，pp. 37-44.

Cuny, J., Snyder, L., & Wing, J. M.（2010）"Demystifying Computational Thinking for Non-Computer Scientists", Unpublished manuscript in progress, referenced in https://www.cs.cmu.edu/~CompThink/resources/TheLinkWing.pdf（accessed March 19, 2022）.

Wing, J.M.（2006）"Computational Thinking", *Communications of the ACM*, 49, pp. 33-35.

GC/Win http://www.auemath.aichi-edu.ac.jp/teacher/iijima/gc/test-gcwin/download.htm（2021年8月9日アクセス）.

関数グラフソフトGRAPES https://tomodak.com/grapes/（2021年8月9日アクセス）.

高機能関数グラフ・図形表示ソフトFunctionView http://hp.vector.co.jp/authors/VA017172/（2021年8月9日アクセス）.

数学を教える・学ぶためのGeoGebra https://www.geogebra.org/?lang=ja（2021年8月9日アクセス）.

WOLFTAM MATHEMATICA https://www.wolfram.com/index.ja.html（2021年8

月9日アクセス).
黒田恭史(2019)「多言語対応版算数・数学動画コンテンツ制作」教育科学『数学教育』No. 743, 明治図書, pp. 88-91.
黒田恭史(2020)「初めてでもできる動画教材のつくり方」教育科学『数学教育』No. 756, 明治図書, pp. 76-81.
黒田恭史(2021a)「学校のICT環境整備のポイント」『数学教育』編集部『ICT×数学 GIGAスクールに対応した1人1台端末の授業づくり』明治図書, pp. 10-13.
黒田恭史(2021b)「遠隔・オンライン教育」教育科学『数学教育』No. 767, 明治図書, pp. 58-59.
文部科学省「子供の学び応援サイト」https://www.mext.go.jp/a_menu/ikusei/gakusyushien/index_00001.htm(2021年9月22日アクセス).

(二澤善紀, 渡邉伸樹, 黒田恭史)

第10章
学習指導案

本章では，数学科授業を進める上で必要な，学習指導案の作成の手順と具体的な書き方について説明し，いくつか例示する。学習指導案とは，教員が授業をどのように展開していくかを記述した学習指導の計画書である。学習指導要領のもとでは，「指導と評価の一体化」が求められており，「指導と評価の年間計画」や「評価規準と単元計画」を作成した上で，「本時の展開（計画）」の作成に入っていくことが望ましい。ただし，あまり細かな形式にとらわれることなく，学習指導案をみれば，作成者でない他の教員でも同じ授業が展開できる，という視点で作成するとよい。教員は数学の深い理解に加えて，目の前の子どもの数学的認識を細かく捉え，その認識を質的に変えたり引き上げたりする役割が求められる。授業は教員の腕の見せどころでもある。

● ● ● 学びのポイント ● ● ●

・指導と評価の一体化の重要性について理解する。
・学習指導案の作成に関する基本事項を理解し，作成できる。
・教員には数学の理解に加えて，目の前の子どもの数学的認識の理解が必要であることを理解する。
・授業の前後で子どもの認識の変容を捉え，次の授業にいかすことができる。

1　学習指導案の作成について

本章では，学習指導案の作成の手順と具体的な書き方について説明したい。中学校と高等学校の学習指導要領（文部科学省，2017；2018b）のもとでは，「指導と評価の一体化」が求められており，中学校および高等学校の学習指導案については，「指導と評価の年間計画」および「評価規準と単元計画」を作成した上で作成することが望ましい。そうすることによって，授業を行う〈本時〉の科目や内容のまとまり，および単元における位置付けや目標がより明確になる。

（1）「指導と評価の年間計画」について

「指導と評価の年間計画」とは生徒の学習活動に対するより適正な評価，および生徒の学習の改善にいかされる評価（指導と評価の一体化）の実現を目指して作成する。従来の年間指導計画は，多くの場合，学習内容（指導内容）を単に1年間の授業時間数に対して配分しただけに留まることが多かったが，「指導と評価の年間計画」では，学習活動のポイント，観点別の評価のポイント，評価方法，評価規準も含めて記述することが望ましい（文部科学省国立教育政策研究所教育課程研究センター，2021を参照）。

（2）「評価規準とその計画」について

「評価規準とその計画」は，いい換えれば「評価規準を盛り込んだ指導と評価の計画」であり，次の内容構成で作成することが多い。

①　科目全体の「目標」「評価の観点の趣旨」を示す

科目全体の目標は学習指導要領に示された当該科目の目標を記す（文部科学省，2018b を参照）。また，科目全体の評価の観点の趣旨を記す（文部科学省国立教育政策研究所教育課程研究センター，2021を参照）。

② 内容のまとまりごとの「目標」「評価規準」を示す

内容のまとまりごとの目標は学習指導要領の「内容」の大項目ごとの目標を記すことが多い（文部科学省，2018b；2019参照)。また，内容のまとまりごとの評価規準は，３観点別に示した評価規準を記す（文部科学省国立教育政策研究所教育課程研究センター，2021を参照)。

※「内容のまとまり」とは，学習指導要領に示された内容に基づいて，例えば文部科学省（2018b；2019）に示されており，「二次関数」や「データの分析」などである。中学校では内容のまとまりと単元はほぼ同等に近い扱いとなっているが，高等学校の場合は教科書の「章」を内容のまとまりと呼び，教科書の「節」にあたる内容を「単元」として使い分けていることが多い。

（3）「単元指導計画」の実際

① 「単元指導計画」として単元ごとの「目標」「評価規準」を示す

単元の目標は実際の使用教科書等に基づいた授業の進度に沿って，単元ごとに目指す目標であり，学習指導要領の項目ごとのねらいをもとに示す。また，単元の評価規準とは単元ごとに３観点別に示した評価規準であり，「内容のまとまりごとの評価規準」から単元の内容に即してより具体化したものを示す。

② 指導と評価の計画に「◆目標，●活動」と「評価規準」および「評価方法」を示す

[時間]…単元のうち何時間かけるか，本時は単元において何時間目かを示す。

[◆目標，●活動］…上記の「指導と評価の年間計画」および科目の「目標」「評価の観点の趣旨」，内容のまとまりごとの「目標」「評価規準」，単元の「目標」「評価規準」を反映したものとなるようにする。

[評価規準]…「目標」を具体化したものであり，目標が生徒の学習状況として実現された状況を具体的に想定して示す。

[評価方法]…評価方法については，教科・科目の学習活動の特質，評価の観点や評価規準，評価の場面や生徒の発達の段階に応じて，様々な評価方法のなかから，その場面における生徒の学習状況を的確に評価できる方法を選択する（詳細は後述)。

◯評価規準の作成について

評価規準とは「学習指導の目標（ねらい）が実現された状態を具体的に想定したもの」をいう。評価規準は，「すべての生徒にここまで学習実現して欲しい」という目標レベルに対して，「おおむね満足できる」状況を具体的な姿という形で示す。

◯評価規準の作成のポイント

・単元ごとに３つの観点の評価規準が揃うようにする。
・評価規準が細かくなり過ぎないよう，また，多くなり過ぎないようにする。
・子どもたちにとってもわかりやすい表現にする。

観点別学習状況の評価の観点は，以下の３観点に整理されている。評価規準の語尾を次のように揃えるとわかりやすくなる。

「知識・技能」：学習の過程を通した知識および技能の習得状況について評価を行うとともに，既習の内容と結び付けたり，他の学習や生活にも活用したりできる程度に理解しているかどうかを評価する。
→～している，～（する）ことができる，と表現。

「思考・判断・表現」：知識および技能を活用して課題を解決する等のために必要な思考力，判断力，表現力等を身に付けているかどうかを評価する。
→～（する）ことができる，と表現。

「主体的に学習に取り組む態度」：知識および技能を習得したり，思考力，判断力，表現力等を身に付けたりするために，自らの学習状況を把握し，学習の進め方など自らの学習を調整しながら意欲的に学びに向かっているかどうかを評価する。
→～しようと（したり）している，と表現。

◯評価規準の判断について

学習指導要領に示す各教科の目標に照らしてその実現状況を観点ごとに評価し，評価規準に示される状況が実現しているならば「おおむね満足できる」と判断する。実現していなければ「努力を要する」と判断する。また「おおむね満足できる」状況と判断できる生徒の学習状況について，質的な高まりや深まりをもっていると判断されるとき，「十分満足できる」状況であると判断する。

◯評価方法について

評価の方法としては，具体的には「観察，生徒との対話，ノート，（コンピュータ等による）ワークシート等，学習カード，作品，レポート，ペーパーテスト，質問紙，面接」などがあげられる。このなかで，学習活動の特質，評価の観点や評価規準，評価の場面や生徒の発達段階に応じて，学習状況を適切に評価できる方法を選択する必要がある。

（4）「学習指導案」の実際

以下，まず中学校における「三角形と四角形」および「二次方程式」の単元に関する「単元指導計画」と「学習指導案」の例を示す。続いて，高等学校における「データの分析」（内容のまとまり）に関する「評価基準とその計画」「単元指導計画」およびそれらを踏まえたICTを活用した授業の「学習指導案」の例を示す。

[教材観]…学習内容の価値や意義，生徒に身に付けさせたい力，単元における位置付けなどを示す。

[生徒観]…クラス観ともいう。生徒の学びの状況や興味・関心，予想される反応や生徒の活動に対する期待感を具体的に示す。

[指導観]…上記の2つの観点を踏まえ，学習方法や生徒が主体的に学習に取り組み目標に到達するために，指導上で特に留意したり，配慮したりすることを具体的に示す。

※「本時の展開」の作成にあたっては，［学習活動］に対しては［指導上の留意点］をそれぞれ対応させて記入するのが望ましい。

2　中学校における数学科学習指導案の例（その1）

（1）単元指導計画

◇単元名：三角形と四角形

（内容のまとまり：２学年Ｂ（２）「図形の合同」）

◇単元の目標

・平面図形と数学的推論についての基礎的な概念や原理・法則などを理解するとともに，事象を数学化したり，数学的に解釈したり，数学的に表現・処理したりする技能を身に付ける。

・数学的な推論の過程に着目し，図形の性質や関係を論理的に考察し表現することができる。

・図形の合同について，数学的活動の楽しさや数学のよさを実感して粘り強く考え，数学を生活や学習にいかそうとする態度，問題解決の過程をふり返って評価・改善しようとする態度を身に付ける。

◇単元の評価規準

【知識・技能】

○三角形・四角形の合同の意味および三角形の合同条件について理解できる。

○証明の必要性と意味およびその方法について理解を深めることができる。

○定義や命題の仮定と結論，逆の意味を理解している。

○反例の意味を理解している。

○二等辺三角形，直角三角形，正三角形や平行四辺形，正方形，長方形，台形，ひし形の性質について理解できる。

【思考・判断・表現】

○三角形の合同条件などをもとに，三角形や四角形の基本的な性質を論理的に導くことができる。

○証明を読んで新たな性質を見いだし表現することができる。

○証明を用いて新たな性質を見いだし，具体的な場面で活用することができる。

【主体的に学習に取り組む態度】

○証明の必要性と意味およびその方法を考えようとしている。

○図形の合同について学んだことを生活や学習にいかそうとしている。

○平面図形の性質を活用した問題解決の過程をふり返って評価・改善しようとしている。

◇指導と評価の計画

単元の指導計画（全18時間）

第１次　三角形
　第１時　二等辺三角形（本時）
　第２時　正三角形
　第３時　直角三角形
　第４時　事柄の逆と反例

第２次　四角形
　第１時　平行四辺形
　第２時　特別な平行四辺形
　第３時　面積が等しい三角形

知識・技能…【知】　思考・判断・表現…【思】
主体的に学習に取り組む態度…【主】

時　間	◆目標　●活動	評価基準	評価方法
１時間目〈本時〉	◆二等辺三角形の定義，性質を理解できるようにする。 ◆二等辺三角形の性質が証明できるようにする。 ◆証明の必要性と意味およびその方法を考えることができる。 ●二等辺三角形の性質の証明について，クラスでディスカッションすることで，理解を深め合う。	・二等辺三角形の定義，性質が理解できる。【知】 ・二等辺三角形の性質が証明できる。【知】 ・証明の必要性と意味を理解し，証明の方法を考察できる。【思】 ・ディスカッションに積極的に参加できる。【主】	復習プリント 行動観察

（他の時間については省略）

（２）学習指導案

１．日　時　令和〇〇年〇〇月〇〇日
２．対　象　第２学年〇組
３．指導者　〇〇中学校　〇〇　〇〇
４．単元名　三角形と四角形
５．教材観

本単元のねらいは，三角形の合同条件をもとにして，図形の様々な性質を証明により明らかとし，論理的に考察する能力を養うことである。まず，用語の重要性について説明し，定義と定理の違いについて理解させる。定義をもとに図形の性質について証明を行い，証明された事柄のなかで重要な性質を定理と呼ぶことを理解させる。さらには，二等辺三角形，直角三角形，正三角形や平行四辺形，正方形，長方形，台形，ひし形の性質について論理的に分析していく。三角形，四角形の様々な性質を導く過程を通して，証明の有用性を実感させるとともに論理的に証明することの楽しさを伝えていく。

６．生徒観

生徒は三角形や四角形の性質について小学校で学習しており，「証明」という形で一般的に確認していくことに抵抗感を抱くことが多い。この点を踏まえ，小学校で学んだ知識を論理的に構築し直すことにより，事象を論理的に捉えることがとても有意義であることを生徒たちに理解させていく。

また，生徒がお互いに数学的な表現を用いて論理的に説明し合う数学的活動も取り入れていくことで，理解を深めやすくするように配慮していく。

7．指導観

「証明」においてはその過程を詳細に記述する必要があるが，生徒はこれまでの数学の授業で記述することに慣れていないこともあり，苦手意識をもつことが多い。そこで，「証明」の過程を辿ることが自らの頭を整理し，その思考を論述して表現することで論理性を養うことができることを生徒たちに伝え，その有用性を理解させる。また，授業において生徒にきちんと論述を記すように指導するとともに，テストにおいてもできる限り，穴埋めの問題を減らし記述問題を増やすように工夫していきたい。このことは，高等学校における数学の論述問題対策に役立っていく。

全体を通して，定義から定理を導き，さらにその定理を用いて新しい定理を導くという「証明」のプロセスの美しさを生徒たちに伝えるようにしていく。

8．本時の目標

(1) 二等辺三角形の定義を理解する。

(2) 二等辺三角形の性質を論理的に確認するとともに，表現することができるようにする。

9．本時の展開

学習内容	学習活動	指導上の留意点・観点別評価	準備物 (評価方法)
1．導入 〈5分〉	□小学校で学習した二等辺三角形の特徴を復習する。	・「2辺が等しい」「2つの角が等しい」という性質を思い出させる。	教科書 ノート
2．展開 〈35分〉 用語を知る 二等辺三角形の性質	□用語「定義」の意味を知る。二等辺三角形の定義を知る。 □用語「頂角」「底辺」「底角」について知る。 □「二等辺三角形の2角は等しい」ことを証明する。 ＊グループを作り，証明方法を考える。 ＊各グループが発表する。 ＊最もエレガントな証明をクラスで選ぶ。	・「二等辺三角形の2辺は等しい」が二等辺三角形の定義であることを押さえる。【知】 ・「仮定」と「結論」について整理させておく。 ・わかりやすいプレゼンとなるように工夫させる。 ・論理的に証明を行うことの重要性について理解させる。【思】【主】	(行動観察) 発表用シート (行動観察)

	＊証明の表現の仕方について理解する。 □用語「定理」の意味を知る。 《定理》「二等辺三角形の２角は等しい」を理解する。	・「定義」と「定理」の違いについて理解させる。【知】	（行動観察）
３．まとめ〈10分〉	□本時の学習内容について復習プリントを解く。	・復習プリントを解くことで本時の学習内容を定着させる。	復習プリント

10. 板書計画（本書では省略）

３　中学校における数学科学習指導案の例（その２）

（１）単元指導計画

◇単元名：二次方程式　(内容のまとまり：３学年Ａ（３）「二次方程式」)

◇単元の目標

・二次方程式についての基礎的な概念や原理・法則などを理解するとともに，事象を数学化したり，数学的に解釈したり，数学的に表現・処理したりする技能を身に付ける。

・文字を用いて数量の関係や法則などを考察し表現することができる。

・二次方程式について，数学的活動の楽しさや数学のよさを実感して粘り強く考え，数学を生活や学習にいかそうとする態度，問題解決の過程をふり返って評価・改善しようとする態度を身に付ける。

◇単元の評価規準

【知識・技能】

○二次方程式の必要性と意味および未知数や解の意味を理解する。

○因数分解や平方根の考えを用いて，二次方程式が解けることを知る。

○解の公式を導入することにより，二次方程式の解法について理解を深める。

○事象のなかの数量やその関係に着目し，二次方程式を立式することができる。

【思考・判断・表現】

○二次方程式の解法を通して代数的思考の向上を目指す。

○因数分解や平方根の考えをもとにして，二次方程式を解く方法を考察し，表現することができる。

○二次方程式を具体的な場面で活用することができる。

○アクティブラーニングの活動を通して，表現力の育成を図る。

【主体的に学習に取り組む態度】

○二次方程式の必要性と意味を考えようとしている。

○二次方程式について学んだことを生活や学習にいかそうとしている。
○二次方程式を活用した問題解決の過程をふり返って評価・改善しようとしている。
◇指導と評価の計画
単元の指導計画（全16時間）

第１次　二次方程式
第１時　二次方程式とその解
第２時　因数分解による解き方（本時）
第３時　平方根の考えを用いた解き方
第４時　二次方程式の解の公式
第５時　いろいろな二次方程式

第２次　二次方程式の利用
第１時　二次方程式の利用（１）
第２時　二次方程式の利用（２）

知識・技能…【知】　思考・判断・表現…【思】
主体的に学習に取り組む態度…【主】

時　間	◆目標　●活動	評価基準	評価方法
２時間目〈本時〉	◆因数分解による二次方程式の解法を考察することを通して，AB=0ならばA=0またはB=0であることをもとに，因数分解による解法を理解できるようにする。 ● AIタブレット教材を用いて問題演習を行う。	・因数分解による二次方程式の解法を理解する。【思】 ・因数分解を用いて，二次方程式の解を求めることができる。【知】 ・AIタブレット教材を用いて，積極的に問題演習を行う。【主】	行動観察 AIタブレット教材の個人データ

（他の時間については省略）

（２）学習指導案

1．日　時　令和〇〇年〇〇月〇〇日
2．対　象　第３学年〇組
3．指導者　〇〇中学校　〇〇　〇〇
4．単元名　二次方程式
5．教材観

本単元のねらいは，二次方程式を解く能力を身に付けさせるとともに，代数的操作の意味と有用性を理解させること，さらに様々な問題に活用できる能力を獲得させることである。

はじめに，方程式の解の意味を理解させ，因数分解による解法，平方根の考えを用いた解法へと進めていく。さらに，平方根の考えを用いた解法のプロセスから解の公式を導く。解の公式が暗記にならないように留意するとともに，計算力を定着させる。

続いて，一次方程式の単元で学んだ文字の意味（未知数）についてもう一度確認する。一元一次方程式では，等号を満たす値（方程式の解）は１つであるが，二次方程式では方程式の解は２つ（重解は１つ）であることを押さえる。

また，文字に様々な数を代入したときの解と，式変形を行って求めた解が等しいことから，式変形の有用性を実感させる。

６．生徒観

二次方程式の単元では，計算問題を機械的に解法し正解を得ることで満足している生徒が多い。なぜそのようにすれば解法できるのかという代数的な意味を理解できていない場合もある。認識調査では，方程式と関数の文字に関する概念が混同することも明らかとなっている。そこで，等式の性質や方程式と恒等式，未知数と変数の意味を十分に理解させながら授業を展開していくことが重要となる。

また，近年の生徒たちはパソコンやタブレットなどに接する機会が多いことを踏まえ，教育ソフトを積極的に活用することも重要である。

７．指導観

これまで学んできた一元一次方程式や連立二元一次方程式は，等式の性質を用いることや，加減法・代入法を一元一次方程式に帰着させることで解くことができたが，二次方程式は等式の性質や四則計算だけでは解くことはできない。そこで，これまでに学んだ因数分解や平方根の概念が，二次方程式の解法に有効であることを生徒に感得させるとともに，解の公式では，公式を導く過程を重視した指導を行うことで機械的な操作による解法に陥らないようにする。

上記の点を踏まえた上で，AI タブレット教材を活用し，生徒の計算力の向上を目指す。

さらには，高等学校の教育内容にもつながるように，方程式の概念を定着させることを念頭においた授業の構築を考える。

全体を通して，生徒の交流を活発にするアクティブラーニングの時間を設定することにより，表現力の育成を図る。

８．本時の目標

⑴　AB＝0 ならば A＝0 または B＝0 であることを理解させる。

⑵　(x－a)(x－b)＝0 ならば x＝a, b が解になることを理解させる。

⑶　(左辺)＝0 に変形すれば，方程式の解が求められることを理解させる。

⑷　AI タブレット教材を用いて問題演習を行い学力の定着を図る。

9．本時の展開

学習内容	学習活動	指導上の留意点・観点別評価	準備物 （評価方法）
1．導入 〈5分〉	□方程式 $x^2-6x+5=0$ の x に様々な数を代入し，等号が成り立つ場合をみつける。	・表を用いて，考えを整理して等号が成り立つ値をみつけさせる。	教科書 ノート
2．展開 〈35分〉 因数分解を用いた解法	□ AB＝0 ならばA＝0 またはB＝0 が成り立つことを理解する。 □方程式 $x^2-6x+5=0$ を解く。 左辺を因数分解すると，もとの方程式は $(x-5)(x-1)=0$ と変形できることを確認する。 $x-5=0$ または $x-1=0$ となることに気付く。 （これを解いて　x＝1, 5） □ x＝1, 5 をもとの方程式に代入すると等式が成り立つことを確認する。 □もとの方程式の左辺を因数分解することで二次方程式が解けることを理解する。 □方程式 $x^2+3x=28$ を解く。 $x^2+3x-28=0$ と変形できることを確認する。 $(x+7)(x-4)=0$ を解く。 x＝−7, 4	・5×0＝0　0×5＝0　0×0＝0などの具体例をあげて考えさせる。【思】 ・AB＝0 ならばA＝0 またはB＝0 が成り立つことを思い出させる。 ・解は x＝1, 5 と書くことを押さえておく。 ・方程式の文字の概念，未知数について理解させる。 ・方程式の解の意味を理解させる。【知】 ・（左辺）＝0 の形に変形すればよいことを理解させる。【知】 ・左辺が因数分解できることに気付かせる。【思】	（行動観察） （行動観察） （行動観察） （行動観察）
3．まとめ 〈10分〉	□ AI タブレット教材を用いて，問題演習を行う。	・机間巡視を行う。 ・適宜助言し，定着を図る。【主】	タブレット （個人データ）

10. 板書計画（本書では省略）

4　高等学校における数学科学習指導案の例

（1）評価基準とその計画

◇「データの分析」（内容のまとまり）の目標：省略（文部科学省，2019；文部科学省国立教育政策研究所教育課程研究センター，2021参照）

知識・技能	思考・判断・表現	主体的に学習に取り組む態度
○分散，標準偏差，散布図および相関係数の意味やその用い方を理解すること。 ○コンピュータなどの情報機器を用いるなどして，データを表やグラフに整理したり，分散や標準偏差などの基本的な統計量を求めたりすること。 ○具体的な事象において仮説検定の考え方を理解すること。	○データの散らばり具合や傾向を数値化する方法を考察すること。 ○目的に応じて複数の種類のデータを収集し，適切な統計量やグラフ，手法などを選択して分析を行い，データの傾向を把握して事象の特徴を表現すること。 ○不確実な事象の起こりやすさに着目し，主張の妥当性について，実験などを通して判断したり，批判的に考察したりすること。	○事象をデータの分析の考えを用いて考察するよさを認識し，問題解決にそれらを活用しようとしたり，粘り強く考え数学的論拠に基づき判断しようとすること。 ○問題解決の過程をふり返って考察を深めたり，評価・改善したりしようとすること。

◇「データの分析」の評価規準

知識・技能	思考・判断・表現	主体的に学習に取り組む態度
○分散，標準偏差，散布図および相関係数の意味やその用い方を理解している。 ○コンピュータなどの情報機器を用いるなどして，データを表やグラフに整理したり，分散や標準偏差などの基本的な統計量を求めたりすることができる。 ○具体的な事象において仮説検定の考え方を理解している。	○データの散らばり具合や傾向を数値化する方法を考察することができる。 ○目的に応じて複数の種類のデータを収集し，適切な統計量やグラフ，手法などを選択して分析を行い，データの傾向を把握して事象の特徴を表現することができる。 ○不確実な事象の起こりやすさに着目し，主張の妥当性について，実験などを通して判断したり，批判的に考察したりすることができる。	○事象をデータの分析の考えを用いて考察するよさを認識し，問題解決にそれらを活用しようとしたり，粘り強く考え数学的論拠に基づき判断しようとしたりしている。 ○問題解決の過程をふり返って考察を深めたり，評価・改善したりしようとしている。

（2）単元指導計画

◇単元名：コンピュータを用いた簡単な相関関係調べ

◇単元の目標

　コンピュータを用いたデータの数値化やグラフ化を通して，仮説についてデータを分析し，その傾向や相関関係を考察する。

◇単元の評価規準

【知識・技能】

○統計の用語の意味や式を理解した上で，相関係数や散布図など数値やグラフの用い方を理解している。

【思考・判断・表現】

○表計算ソフトや電卓を用いて，データの代表値を求めたり，グラフ化したりするなど，データの傾向を把握して表現することができる。

【主体的に学習に取り組む態度】

○自身の立てた仮説について，相関係数や散布図などを用いて，データの傾向や相関関係を分析し，それらを事象の考察に活用しようとしている。

◇指導と評価の計画

知識・技能…【知】　思考・判断・表現…【思】　主体的に学習に取り組む態度…【態】

◆目標，●活動	評価規準
◆表計算ソフトを用いてデータを数値化し，整理できる。データをグラフ等で表現できる。 ●コンピュータを用いてデータを代表値やグラフで表現する。	○代表値それぞれの意味や式を理解し，求めることができる。【知】 ○自身の仮説について，求めたデータの代表値やグラフ化を通して，データの傾向や相互の相関関係をつかむことができる。【思】
◆表計算ソフトを用いて，数値化，グラフ化されたデータの傾向を捉えて，それを的確に表現できる。 ●数値化，グラフ化されたデータの傾向や相関関係について調べる。	○相関係数や散布図などの数値化，グラフ化したデータの傾向を捉え，それを的確に表現することができる。【思】 ○自身の仮説について，データの傾向や相関関係を把握し，それらを事象の考察に活用し他者に論理立てて説明しようとしている。【態】

（3）学習指導案

1．日　時　令和〇〇年〇〇月〇〇日

2．対　象　第1学年〇組

3．指導者　〇〇高等学校　〇〇　〇〇

4．単元名　データの分析

5．教材観

目的に応じて，データの相関関係などについて仮説を立てた上で，データを整理し，代表値（四分位数，四分位範囲，四分位偏差，分散，標準偏差，相関係数等）をもとにグラフ等に表現して，そのデータの特徴を把握したり，相互のデータの相関関係等をつかむことは，社会の事象を数学的に捉えようとする活動として重要である。

6．生徒観

授業に対して積極的であり，教員の発問に対しても主体的に考え，発言する生徒が多い。数学に関する習熟度の差はみられるものの，理数分野に対する興味関心が高く，コンピュータを含むICT機器の活用に対して苦手意識をもった生徒は少ない。仮説に対してデータの分析をもとに課題解決に近づけるか生徒の様子をみながら進めたい。

7．指導観

コンピュータを用いて，データを数値化やグラフ化することで，データを把握する能力を育む。また，仮説を踏まえて相互のデータの相関関係などを分析し，その内容についての意見交流を通して，自分の考えを論理的に組み立てて，説明する力の育成を図りたい。こうした活動を通して社会の事象などにも興味関心をもたせ，課題解決能力を高めたい。

8．本時の目標

⑴コンピュータを用いてデータを数値化し，さらに箱ひげ図，散布図等のグラフで表すことで，データの傾向を分析するとともに，相互のデータの相関関係をつかむことができる。

⑵自身の仮説について，得られたデータをもとに分析し，成否を判断できる。

9．評価規準（本時の展開のなかで示してもよい）

○代表値それぞれの意味を理解し，求めることができる。【知】

○自身の仮説について，求めたデータの代表値やグラフ化を通して，データの傾向や相互の相関関係をつかむことができる。【思】

10．本時の展開

学習内容	学習項目 （指導のねらい）	学習活動 （□：指示·説明，○：発問·活動）	指導上の留意点・観点別評価 （⇨：評価方法）
1．導入 〈10分〉	目標を理解する。	□本時の目標を理解する。 ○5教科のテストの結果に相関関係があるかどうか予想してみよう。	・既習内容を生徒が理解しているか確認しながら進めさせる。
	表計算ソフトに関数を入力し，データを整理する。	課題1 あるクラス（40人）の生徒の5教科の期末テストの点数［架空のデータ］について，表計算ソフトに関数を入力し，代表値を求めよう。	

<table>
<tr><td rowspan="7">2．展開
〈35分〉</td><td rowspan="3">代表値とその役割について考察する。</td><td>□表計算ソフトを用いて，自分で関数を入力し，データの代表値（合計，平均，最大値最小値，四分位数，分散，標準偏差等）を求める。</td><td>・関数を数学的に理解して，表計算ソフトを用いて代表値を求めることができる。【知】
⇨行動観察</td></tr>
<tr><td>□表計算ソフトを用いて，自分で関数を入力し，標準偏差，偏差値，共分散，相関係数を求める。</td><td>・関数および公式を正しく理解できているかどうか確認させる。</td></tr>
<tr><td>□相関係数の式の成り立ちについて理解する。</td><td>・相関係数について，他者に説明できるようにさせる。</td></tr>
<tr><td rowspan="4">相関係数と散布図等の関係をもとに考察する。</td><td colspan="2">課題２
仮説をもとに選んだ２つのデータをもとに作成したグラフをみて，データを分析せよ。
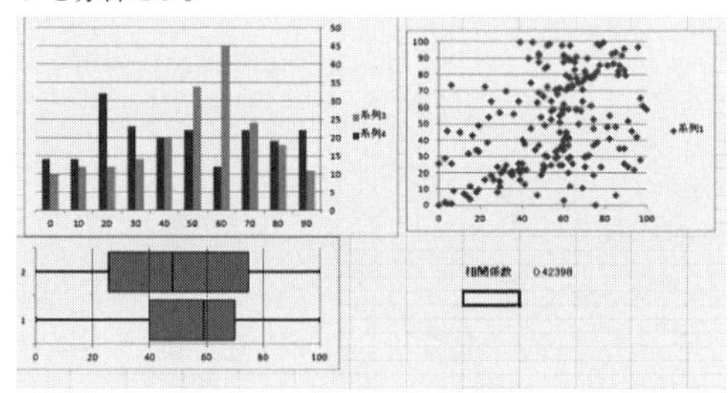</td></tr>
<tr><td>□データ（各々変量40）を２つ取り上げ，グラフ（棒グラフ，箱ひげ図，散布図）化により，相互のデータの相関関係について分析する。</td><td>・取り上げる２つのデータとその相関についてそれぞれ自身の仮説を確認させる。
・自身の立てた仮説について，求めたデータの代表値やグラフ化を通してデータの傾向や相互の相関関係をつかむことができる。【思】
⇨行動観察</td></tr>
<tr><td>□自身の仮説と調べた結果について，まとめる。
○わかったことについて，表計算ソフトのファイルにまとめてみよう。</td><td>・分析した内容をまとめることができたか確認させる。</td></tr>
<tr><td>□次回に向けて，どのようなことを報告できて，他の人のどんな分析について聞いてみたいかまとめる。</td><td>・他にどんな見方や仮説があるか予想させる。</td></tr>
</table>

3．まとめ〈5分〉	理解した内容を確認する。	□本時のまとめをする。 （アンケートの指示） ○本時においてわかったことや自己評価をアンケートに記入しよう。	・最後にデータの分析のしかたを再度確認する。【思】 ⇨ワークシート

11．板書計画（本書では省略）

引用・参考文献

文部科学省（2017）「中学校学習指導要領（平成29年告示）」．

文部科学省（2018a）「中学校学習指導要領（平成29年告示）解説　数学編」日本文教出版．

文部科学省（2018b）「高等学校学習指導要領（平成30年告示）」．

文部科学省（2019）「高等学校学習指導要領（平成30年告示）解説　数学編　理数編」学校図書．

文部科学省国立教育政策研究所教育課程研究センター（2021）「『指導と評価の一体化』のための学習評価に関する参考資料　高等学校　数学」．

※なお，本章の執筆にあたっては，岐阜県教育委員会学校支援課指導主事・田中聡和氏，岐阜県立加納高等学校教諭・山川雄司氏の助言を得た。ここに感謝の意を表したい。

（下野宗紀，井上雅喜）

第11章
数学教育史

数学教育を研究したり実践したりする上で，数学教育史を学ぶことは重要であるといわれる。しかし，日々の研究や教育実践と数学教育史を結び付けることは容易ではない。本章では，数学教育史の研究・教育実践へのいかし方について解説することを目的とする。その際，通常の歴史の流れとは逆に，現在から過去へと遡る形で歴史を解説していく。読者が体験してきた数学教育における様々な事実から過去へと向かうことで，常に実感をもちながら歴史を学んでもらいたいと願うからである。

●　●　●　学びのポイント　●　●　●

- 各年代の数学教育史の特徴を知る。
- 現行の学習指導要領の要点を理解する。
- 新学力観の課題について打開策を考案できる。

1　数学教育史を学ぶ意義

歴史を学ぶ意義としてよくいわれるのは,「過去を読み解くことで,未来を予測することが可能になること」であったり,「歴史のなかでよかれと思って実施されてきたことが,結果的にはよくなかったなどの教訓を読み取ること」であったりする。実際,それは正しいことであろうが,では,「どう過去を読み取ればよいのか」「どう教訓にすればよいのか」といった歴史の捉え方と未来の指針へのつなげ方を教わる機会は少ない。そのために,歴史の学びが,特徴的な出来事の羅列を記憶したり,歴史の変遷をドミノ倒しのように俯瞰したりすることに留まってしまいがちである。

では,数学教育史を学ぶ意義は,どこにあるのであろうか。筆者の捉える意義とは,読者である各自が数学教育に対する信念を改めて問い直すことと,それに基づく行動の一貫性をもたせることにあると考える。先人たちが開拓してきた数学教育の歴史のなかから,人の息吹を感じ取り,時代の軋轢や矛盾と拮抗しながらも,信念を貫くためにどのように舵取りをしながら歩んできたのかの足跡を科学的に解明することによって,自らの足取りを見つめ直し,新たな第一歩につなげる羅針盤としての役割を期待するからである。

その際,全くイメージの湧かない昔の出来事から年代を下って解説をされても,拠り所のない事柄の上に,新たな事柄が重ねられるために,事柄の機械的な暗記の活動に陥ってしまう可能性がある。そこで,本章では,日本の数学教育の歴史について時代を遡る方向で解説していくことにする。直近の数学教育の歴史は,まさに読者自身が歩んできた数学の学びであることから,その経験を土台として歴史を考えることで,地に足の着いた知識となるのではないかと考えるからである。なお,時代区分は,学習指導要領の改訂期を目安とするが,併せてそれらの時期をまたいだ取組みも積極的に紹介することで,歴史のうねりを感じ取っていただきたいと考えている。

2　2000年代以降の数学教育史

（1）社会に開かれた教育課程の実現を目指した学習指導要領

2017年には中学校学習指導要領，2018年には高等学校学習指導要領の改訂が実施された。

中学校の数学教育の目標は，次のように記されている。

数学的な見方・考え方を働かせ，数学的活動を通して，数学的に考える資質・能力を次のとおり育成することを目指す。

⑴数量や図形などについての基礎的な概念や原理・法則などを理解するとともに，事象を数学化したり，数学的に解釈したり，数学的に表現・処理したりする技能を身に付けるようにする。

⑵数学を活用して事象を論理的に考察する力，数量や図形などの性質を見いだし統合的・発展的に考察する力，数学的な表現を用いて事象を簡潔・明瞭・的確に表現する力を養う。

⑶数学的活動の楽しさや数学のよさを実感して粘り強く考え，数学を生活や学習に生かそうとする態度，問題解決の過程を振り返って評価・改善しようとする態度を養う（文部科学省，2018，p. 20）。

また，高等学校数学教育の目標は，次のように記されている。

数学的な見方・考え方を働かせ，数学的活動を通して，数学的に考える資質・能力を次のとおり育成することを目指す。

⑴数学における基本的な概念や原理・法則を体系的に理解するとともに，事象を数学化したり，数学的に解釈したり，数学的に表現・処理したりする技能を身に付けるようにする。

⑵数学を活用して事象を論理的に考察する力，事象の本質や他の事象との関係を認識し統合的・発展的に考察する力，数学的な表現を用いて事象を簡潔・明瞭・的確に表現する力を養う。

⑶数学のよさを認識し積極的に数学を活用しようとする態度，粘り強く考

え数学的論拠に基づいて判断しようとする態度，問題解決の過程を振り返って考察を深めたり，評価・改善したりしようとする態度や創造性の基礎を養う（文部科学省，2019，pp. 8-9）。

中学校，高等学校ともに，(1)では個々の数学の内容の理解と，事象を数学的に考えること，解釈すること，表現・処理することなどが記されており，(2)では論理的な考察力，様々な事象の統合的・発展的考察力，数学的な表現力が記されており，(3)では数学を様々な場面に活用する態度，数学的根拠に基づく判断の態度，内省・評価・改善する態度について記されている。

そして，この数学教育の目標設定の背景となったのが，中央教育審議会(2016)の答申で示された「よりよい学校教育を通じてよりよい社会を創る」という，「社会に開かれた教育課程（カリキュラム・マネジメント）」である。その具体化に向けては，下記の6点についての枠組みの改善が目指された。

①「何ができるようになるか」（育成を目指す資質・能力）

②「何を学ぶか」（教科等を学ぶ意義と，教科等間・学校段階間のつながりを踏まえた教育課程の編成）

③「どのように学ぶか」（各教科等の指導計画の作成と実施，学習・指導の改善・充実）

④「子供一人一人の発達をどのように支援するか」（子供の発達を踏まえた指導）

⑤「何が身に付いたか」（学習評価の充実）

⑥「実施するために何が必要か」（学習指導要領等の理念を実現するために必要な方策）（中央教育審議会，2016）

また，これら一連の動きを世界的視野から捉えると，2030年の世界予測のもと，2015年からスタートしたOECD(2018)の「OECD Education 2030プロジェクトについて」の影響をみて取ることができる。そこで求められたことは，「現代の生徒が成長して，世界を切り拓いていくためには，どのような知識や，スキル，態度及び価値が必要か。学校や授業の仕組みが，これらの知識や，スキル，態度及び価値を効果的に育成していくことができるようにするためには，どのようにしたらよいか」であり，未来を予測した汎用性の高さと柔軟な対応力が志向されたのである。

こうした様々な場面に適用可能な汎用的能力の育成を志向した目標が，数学教育の目標にも大きく影響しており，結果的に数学教育の独自色が薄まることとなった。

一方，環境面の変化に目を向けてみると，2020年からのコロナ禍により，2021年３月末までには全国の多くの中学生に対して１人１台のタブレットの配布，高校生に対してタブレットの購入の推奨が行われた。大学ではオンライン講義が主流となり，対面型授業が再開された状況にあっても，対面，同期型オンライン，非同期型オンラインを組み合わせたハイフレックス（HyFlex；Hybrid-Flexible）型授業なども実施されるようになった（黒田・オーバーマイヤー他，2021）。

ただし，大学とは異なり，中学校，高等学校では地域差が大きく，オンラインへの移行を推進した地域と，対面重視を継続した地域に大きく分かれるという結果となった。こうした格差が生徒の学力や生活にどのような影響を与えることになったのか，またオンライン学習により不登校の生徒が学習に参加するようになったという想定外の効果と，再度対面授業に戻ることによる不登校への逆戻りの影響などは，今後検証されるべき重要な事項である（葛城・黒田，2021；黒田・岡本，2021）。

（２）学力の三要素の育成を目指した学習指導要領

2008年には中学校学習指導要領，2009年には高等学校学習指導要領の改訂が実施された。

この改訂では，前学習指導要領（中学校，1998年改訂・高等学校，1999年改訂）における負の側面を払拭すべく，「脱ゆとり」の方向性が明確に示された。すなわち，前学習指導要領が「生きる力」の理念のもとで，教育内容の大幅な削減と上の学年への移行や，「総合的な学習の時間」の新設などが実施されたが，これらが，国際的な学力調査であるPISA（Programme for International Student

Assessment, 2003；2006）における日本の順位急落と時期を同じくしたために，学力低下問題として大いに批判されたことを踏まえ，軌道修正を行ったのである。

学習指導要領改訂におけるキーワードとしては，「学力の三要素」の育成があげられる。この背景には，学校教育法改正（2007年）があり，第30条②において「生涯にわたり学習する基盤が培われるよう，基礎的な知識及び技能を習得させるとともに，これらを活用して課題を解決するために必要な思考力，判断力，表現力その他の能力をはぐくみ，主体的に学習に取り組む態度を養うことに，特に意を用いなければならない」と規定された。

ここで規定された３つの項目を，学力の三要素と呼び，一般的に次のように簡略化して示される。

⑴基礎的な知識・技能

⑵思考力・判断力・表現力等の能力

⑶主体的に学習に取り組む態度

この学力の三要素の規定の背景には，これまでの学習指導要領をはじめとする日本の教育政策の歴史が，「詰め込み」か「ゆとり」か，という二項対立のなかで，振り子を揺らしてきたことへの終結の願いが込められていた。「脱ゆとり」が，「詰め込み」への回帰となることのないよう，細心の注意が払われた。最終の目標を「生涯にわたり学習する基盤」と遠くに設定することで，学年間の教育内容の移行（詰め込みへの回帰）という目先の事項にのみ腐心してしまうことを避けようとした意図が垣間みえるのである。「数学的活用」という用語が強調されたのも，個別の数学の内容に極端に目が向かないための布石と捉えれば，一連の改訂が通底する理念に基づいたものであったことがわかる。

こうした改訂は，数学教育研究の立場からみて，どう評価されるべきであろうか。「詰め込み」か「ゆとり」かの議論の終結は，意味深いものと評価できるものの，その一方で，数学の内容への言及の弱さに関する課題も少なくない。課題解決に向けた数学の安易な他の分野等への応用の議論は，結局のところ，数列，微分・積分，指数・対数，三角関数などは，社会や自然のこんなところに役立っていますといった紹介にとどまってしまう。実際，2002年から高等学校等において，先進的な理数教育を実施するとともに，大学との共同研究や，国際性を育むための取組みを推進する目的で始まったSSH（Super Science High Schools）においては，物理，化学，生物，地学の内容と比較して，数学の内容を取り上げることが少ないといった問題が指摘されてきた（葛城・黒田，2015）。高度な数学を駆使して現実場面に切り込むということが，理数に先進的なSSHの指定を受けた高等学校でも検討課題となっていることに鑑みれば，黒田他（2015）が指摘する高次な社会現象と高次な数学を直接結び付ける具体的な教育内容の開発と教育実践・検証が必要であり，その努力がなされなければ，生徒の数学の力の向上は期待できないのである。

（3）生きる力の育成を目指した学習指導要領

1998年には中学校学習指導要領，1999年には高等学校学習指導要領の改訂が実施された。

この改訂でのキーワードは，生きる力，基礎・基本の確実な定着であり，学校週五日制（土・日曜日休み）の完全実施がなされた。これに伴い，授業時数は約14％，教育内容は約3割が削減されるなど，大幅な変更がなされた。また，生きる力の育成に関わって「総合的な学習の時間」が新設された。

こうした大胆な変更の背景には，1994年11月に愛知県内の公立中学校の生徒が，同級生からのいじめや恐喝を訴える遺書を残して自殺したことなどに端を発して，いじめが社会問題化したことがあげられる。この時期，全国の学校教員は，生徒が安心して毎日学校に来てくれること自体が最大の目標となり，取り返しのつかない事件や事故を何としてでも食い止めたいという焦りや不安と闘っていた。

そのため，改訂に対して，学校関係者は概ね好意的に受け取ったが，その一方で，大学生になっても分数の問題が満足に解けないなどの学力低下の実情を大学教員が憂うなど，学習指導要領改訂を間接的に批判するなどの動きが広まった（岡部他，1999）。経済界（経団連，2002）からも，文部科学省との懇談のなかで,「今のんびりしていては国がつぶれる。子どもの意欲と上昇志向をかきたてることが重要である」といった国力の低下につながるとの強い批判が生じることとなった。

文部科学省は,その批判をかわすため,2003年に学習指導要領の一部改正を実施する。学習指導要領に記された事項は,指導すべき最大かつ最小であるというこれまでの範囲規定を見直し,「学校において特に必要がある場合等には,これらの事項にかかわらず指導することができる」と,指導内容の最小ではあるが最大ではない,すなわち記述を超える内容を指導してもよい(はどめ規定の見直し)としたのである。これにより,改訂時には,台形の面積の公式がすべての小学校教科書から削除されていたものが,一部改正以降6社中4社の教科書で復活するなど,わずか数年での揺り戻しにより,学校現場は振り回される結果となってしまった。

学力低下の議論に拍車をかけたのが,OECD(経済協力開発機構)が3年ごとに実施しているPISAの国際学力調査結果である。この調査では,高等学校第1学年(15歳)の生徒を対象に,主に数学的応用力を調査するものであるが,2000年の調査では日本は1位(32カ国中)であったが,2003年の調査では6位(41カ国中),2006年の調査では11位(56カ国中)まで順位を下げるなど,大幅な下降が続いた。これが学習指導要領改訂時期と重なったことにより,学習指導要領改訂が日本の学力低下の最大の要因とされたのである。

この批判に押されるようにして,2007年より全国学力・学習状況調査が小学校第6学年と中学校第3学年に実施されるようになった。競争意識をあおり教育的デメリットが大きいとして廃止された学力調査が,43年ぶりに復活したのである。こうした全国の小中学生全員を対象とした学力調査の実施に対して,愛知県犬山市(犬山市教育委員会,2007)は異を唱えたが,学力低下に対する批判の大勢に飲み込まれる形で日本全体が学力復活へとベクトルを向けることとなった。

さて,この時期,岸本裕史の開発した百個のマス目に単純な四則計算の解答を書く「百ます計算」が,陰山英男によって脚光を浴びることになった(陰山,

2002)。これに，医学研究者の川島隆太が，単純な読み書き計算が，自閉症の子どもや認知症の患者の認知機能の改善に効果があるとして，教育的価値を生理学的側面からサポートした（川島，2003)。授業時間数の大幅な削減がなされたなかにあって，短時間で実施可能な百ます計算は，全国の学校現場に瞬く間に普及し，教室には計算時間を測るストップウォッチが常備されるようになった。ゆとりをもって現実事象と数学の関わりを重視すべき方向で改訂された学習指導要領が，反復的な瞬発力によって計算結果を導き出す百ます計算を普及させるという結果を招いたのである。

学力低下の要因とされた「生きる力」の学習指導要領と，計算機のような訓練に特化した百ます計算とが併存したこの時期，横地他（2005）は数学教育について，「生徒が，現代並びに将来の高次の生活を実現していくために，体系的な数学の学力を保証する」ことを目標とすべきであると提唱した。「高次の生活」という概念を用いることで，「総合・生活」か「系統」かといった二項対立に対して，１つの打開策を提案したのである。横地は，高次の生活を「現代並びに将来必要とされる『生活』での『生活』の内容は，日常生活に留まるのではなく，数学それ自体の高次の学習の継続，専門職の基礎としての数学の学習，並びに社会人として必要な高次の教養としての数学の学習を含むものである」（p. 79）と位置付けた。

すなわち，数学を生活に役立てるといった場合，簡単な日常生活だけを対象にするのではなく，高度な自然現象，社会現象なども対象にしながら，中高等学校で学ぶ数学が，本来の意味で活用される「生活」を見いだし，教員の創意工夫によって教材化することが求められたのである。横地は，「現代並びに将来必要とされる生活の基礎としての数学は，現行の中学校の数学よりも一段と広範で，抽象化の高い数学を含むものである。抽象化が高ければ，生活から疎遠になるというのは皮相的で誤った考え方である」（横地他，2005，p. 79）と，低次の生活に数学を留めることの危険性と，高次な生活のなかに存在する数学を見いだし教材化する努力が必要であることを指摘した。その意味で，学習指導要領改訂の最大の問題点は，教育内容を低次の生活と結び付けるという発想から抜け出せなかったことにあるといえるのではないだろうか。

3 1960年代から1990年代の数学教育史

(1) 新学力観の育成を目指した学習指導要領

1988年には中学校学習指導要領，高等学校学習指導要領の改訂が実施された。

前述した「生きる力」の背景には，学習指導要領のキーワードである新学力観がある。新学力観は，臨時教育審議会答申および1987年の教育課程審議会答申で示され，学習指導要領に採用された。従来の学力観が，定型的な知識や技能を重視する傾向にあったのに対して，新学力観は，変化に対応できる能力，自ら学び考える力，問題解決能力，個性的能力などを重視した。評価においては，観点別学習評価や特に関心・意欲・態度が重視されることになった。一方で，基礎的・基本的な内容の重視も謳ってはいたものの，知識・技能とともに旧学力観の一部と捉えられてしまい敬遠されることとなった。

学校現場，とりわけ中学校，高等学校の教員の捉え方は複雑であったと推察される。新学力観は確かに教育の目標の理想の姿の一端を垣間みせてくれるものであったものの，高等学校や大学に進学するための入学試験は，旧学力観が依然として幅を利かせており，実際的には既存の数学の知識・技能の確実な習得が生徒や保護者から求められていたからである。

教育社会学者の苅谷・志水（2004）は，1989年と2001年に小中学生に実施した学力調査を比較することを通して，新学力観から始まる学力観の変容と，それに伴うカリキュラムの変更が，小中学生の学力にどのような影響を与えたのかを分析している。苅谷・志水（2004）は，「子どもが生まれ育つ家庭の社会・経済・文化的な環境によって，学業達成に差異が見られることは，一種の『定説』としてよい」（p. 127）とした上で，新学力観への転換により，どの階層の子どもたちに大きな影響が生じたのかを明らかにしようとした。この調査の背景には，「学校週５日制の完全実施や授業時数の削減，教育内容の削減は，公立学校に学力の形成を依存する度合いの高い家庭の子どもほど，学校による学力保障の役割が弱められることを意味するであろう。（中略）学校の教育力によって，ある程度縮小されていた学力の階層差が，学校の役割の縮減や変化によって，露呈しやすくなるということである」（苅谷・志水，2004，p. 129）との問題意識があり，理想論的に掲げられた新学力観が，新たな学力格差を生み出す要因となりうることを危惧していたのである。

苅谷・志水（2004）による学力の変化と学習課題に関する調査は，大阪府内の公立小学校第５学年と公立中学校第２学年に対して，1989年はそれぞれ2,227名，5,248名，2001年はそれぞれ921名，1,281名に対して実施された。算数・数学調査問題作成にあたっては，学識経験者・指導主事・現場教員による委員会を構成し，基礎的な内容を取り上げた。2001年調査では，学習指導要領の改訂に伴う未習項目部分を除外して実施した。併せて，生活・学習状況アンケートとして，児童生徒の生活・学習状況を把握するための質問紙調査を実施した。なお，1989年実施の調査は旧学力観に基づいて教育を受けた子ども，そして2001年実施の調査は新学力観に基づいて教育を受けた子どもと定義して，調査は分析された。

調査において，保護者の階層を問うことは困難であることから，階層と関連深いと考えられる生活・学習状況アンケートの項目（朝食を食べる，前日に学校の用意をする，決まった時間に寝るなど）をもとに，基本生活習慣上位群，中位群，下位群に分け学力調査を分析している。

分析のなかで特筆すべきことは，1989年と2001年を比較すると，すべての群において算数・数学の正答率が低下していることと，下位群においてその傾向がより顕著であるということである。また，家庭や塾等での学習を行わない，すなわち学校外での学習を全く行わない子どもの割合が，小学校第５学年で5.0%から15.0%，中学校第２学年で15.2%から23.8%といずれも増加している点である。すなわち，低位の階層に位置する子どもの学力に，大きな負の影響を及ぼしており，それは授業時間数の削減といった量的な問題のみならず，子どもが学習から遠ざかるという質の問題をはらむものであった。

新学力観は，理想的な学力のあり方を標榜しながらも，教育政策として実施された際には，社会階層間の学力格差を拡大する方向へと向かうことになってしまったのである。

（2）基礎・基本の習得とゆとりを目指した学習指導要領

1978年には中学校学習指導要領，1979年には高等学校学習指導要領の改訂が実施された。

改訂でのキーワードは，基礎・基本重視，教育内容の精選と各教科の標準授業時数の削減，ゆとり教育である。このとき，はじめて「ゆとり教育」という言葉が用いられた。その背景には，前学習指導要領でのキーワードであった数学教育の現代化に対する反省の側面がある。社会が高度化し科学技術教育へと重心が向かうなか，高度で現代的な数学を早期に取り入れた数学教育の現代化の内容が，生徒の理解を困難にしたため，内容の精選とゆとりをもった教育課程の編成につながったのである。

一方，横地（1998）は，この時期の学習から遠ざかろうとする子どもの実情を踏まえ，「生きる数学」とそれに続く「総合学習」を下記のように提唱し，事態の打開を図ろうとした。

> ここで「生きる数学」と「総合学習」の違いを端的に説明しておこう。
>
> 「生きる数学」では，数学が，子供にとって生きがいのある活動と結びつけて学習される。まず，数学の内容があって，それが活用出来るように生き甲斐のある問題が取り上げられる。子供は，その問題を解決していく過程で数学を学習することになる。
>
> 一方，「総合学習」では，まず，子供にとって意義のある活動が取り上げられる。その問題解決のために，数学を中心に，国語を初め，他教科の内容を含めて，これらを総合的に活用し，その問題解決に当たる。その過程で，活用された教科の学習が進められる。もっとも，無原則に意義のある問題が選ばれるわけではない。それぞれの時期に対応する各教科の内容が予定されていて，それらを総合的に活用出来る問題が選ばれる。また，私共は数学教育の観点から総合学習を考えるので，数学から遊離して，問

> 題を選ぶのではなく，数学を基礎の内容とする問題を選ぶことになる（横地，1998，p. 92）。

この背景には，子どもの退廃した心と，崩壊寸前の集団に対しては，もはや教科の枠に留まってカリキュラムの出し入れを考えて対処していただけでは解決に至ることはできないという強い危機意識がみられる。子どもの生き甲斐につながる内容がまずもって選択され，それを教科の枠を超えて総合的に学ぶことで，学ぶことへの価値と渇望を満たすことを最優先しなくてはならないという主張と捉えることができるのである。

数学の内容を精選し，学習にゆとりをもたせるといった方法で対処しようとした学習指導要領の方策は，先述の新学力観のところでみた，学びから遠ざかる子どもの姿に向かう綻（ほころ）びの始まりであったのではなかろうか。

（3）数学教育の現代化を目指した学習指導要領

1969年には中学校学習指導要領，1970年には高等学校学習指導要領の改訂が実施された。

改訂でのキーワードは，数学教育の現代化である。数学教育の現代化とは，現代数学を数学教育の内容に積極的に取り入れ，内容を高度化することで，最新の科学技術を活用できる人材の育成につなげることを目標とした教育政策である。

そのきっかけとなったのが，1957年のソビエト連邦共和国（現在のロシア）による人類初の人工衛星スプートニク１号の打ち上げ成功にあるとされ，当時，二大強国による冷戦時代のなかでの，もう一方のアメリカ合衆国や西欧諸国にとっては衝撃であったとされる。そして，宇宙開発競争時代の到来において，ソビエトが先行したことへのアメリカの焦りは，教育における科学技術教育の高度化や現代数学の早期導入を目指すことにつながったとされている。

しかし，実際のところは，その前段階から着々と数学教育の現代化に向けての準備が動き始めており，鈴木他（2000）は，その間の状況について下記のように要約している。

1951年から始まるイリノイ大学の学校数学委員会（略称 UICSM）などでは，代数構造を強調するなど，当時の現代数学の内容を含めた実験教科書が作成された。一方，1955年には大学入試委員会（略称 CEEB）の中に，数学委員会が設置され，集合・写像・構造を基盤に現代数学の概念を導入した公理体系と演繹論理を重視する第9学年から第12学年（中学校第3学年〜高等学校第3学年）までの数学科カリキュラムを作成した。ここでは，発見的方法の導入とスパイラル方式を取り入れており，これまでの進歩主義の教育を完全に払拭する意味も持ち合わせていた。スパイラル方式による教育は，その頃の心理学の研究とも関連するものであった。心理学者のB. F. スキナーは，1950年代半ばの動物の行動や学習をコントロールする方法の成功から，それを人間の教育にも応用するという，いわばプログラム学習の構想とティーチングマシーンというスタイルを生み出していった。また発達心理学者であるピアジェ（J. Piaget）や数学者のポリア（G. Polya）の発想もまた，創造力の開発や，発見的学習に生かされた。

一方，トランジスターを用いた計算機の開発等，急速な技術革新もこれらと並行して行われた。その結果，既存の知識が短期間で古くなってしまうという事態を引き起こすとともに，それを克服する手だてとして学習内容習得の効率化の開発が重視されることになった。「教育工学」の発想が生み出されたわけである（鈴木他，2000，p. 60-61）。

このように，数学，心理学，工学といった他分野の研究者らの協力も得て，数学教育を短期間で大きく様変わりさせたのである。その一方で，具体的なカリキュラム策定に際しては，第12学年（高等学校第3学年）から順次下の学年にくり下がる形で構成されていった。

第12学年（高3）から幼稚園までの教科書を作成した。ここで注意したいのは，その作成が第12学年を基準にして行われたということである。つまり，大学入学の段階で，この程度の内容の習得が必要であるので，そのために高等学校ではこれを，中学校ではこれをといったように，上学年から下学年の向きに教育内容が設定されていった。つまり，それらは子どもの認識の発達を中心としたものではなく，数学の体系の重視と当時の国が必要とする人間像に見合った教育を創り上げようとするものであった（鈴木他，2000，p. 61）。

こうしたアメリカの上から下に向けた改革のベクトルは，往々にして社会階層の低い子どもへの負の影響が少なくないことが容易に想像がつく。実際，1960年代後半には，多くの子どもたちが学習についていけないという問題や，人種問題による学力格差の拡大等，人間の成長・理解を踏まえたカリキュラムを構築しなかったことによる矛盾が噴出した。そして，未就学児の基礎学力を人種にかかわらず全体として底上げすることを企図した「ヘッドスタート計画」など，矢継ぎ早の政策によって事態の悪化に歯止めをかけようとした。全世界で放映された幼児向けの「セサミ・ストリート」は，テレビが各家庭に普及し始めたこの時期からアメリカで放映が開始され，英語の基本的な単語の発音とスペルや，数字の発音と記号などを，幼児が自然と楽しみながら学ぶことができるように企画されたヘッドスタート計画の要であった。

皮肉にも，この「数学教育の現代化」を前面に押し出した日本の学習指導要領は，アメリカでその反省に立ち，大幅な軌道修正を行っていた1960年代後半の1969年，1970年に告示されることとなった。

現代数学を積極的に取り入れるという方針のもと，集合の考えや式を構造的に捉えることなどが前面に押し出され，学習内容の前倒し（下の学年への移行）が行われた。当時の学校現場からは，授業進度が速く，教員が内容を一方的に教える傾向が強まったために「新幹線授業」「詰め込み教育」「教育内容の消化不良」といった批判的な言葉が聞かれるようになり，授業についていくことのできない生徒が，数学から「落ちこぼれ」てしまうことになった。

そして，このことは生徒の学習への意欲の減退に留まらず，学校と教員に対する不満として鬱積することとなり，生徒の「校内暴力」「非行行動」が日本全国で勃発し，授業の成立が困難な状況に陥ることとなった。

「校内暴力」に関する国としての量的データは，1982年度以降しかないために，総理府青少年対策本部編（1983）『青少年白書　昭和58年度版』をもとに，当時の「校内暴力」の広まりの状況を推測する。少年の初発型非行（万引き，オートバイ，自転車盗み等）による補導者数について，数学教育の現代化が始まった1973年には51,921名であったが，1978年には80,662名，1982年には116,749名（そのうち，中学生43.6％，高校生39.1％）と10年間で倍増している。また，シンナー等の乱用による補導者数について，中学生は，1973年2,163名，1978年5,549名，1982年11,637名と10年間で5倍以上の急増となった。一方，高校生は，1973年3,421名，1978年8,076名，1982年6,872名と10年間のなかで増加から減少に転じた。このように，数学教育の現代化の時代は，開始初期の段階では高等学校で様々な生徒の問題行動として顕在化し，その後，中学校において大きな影響が生じるという結果をもたらした。

4　1945年から1960年代の数学教育史

（1）系統学習を目指した学習指導要領

1958年には中学校学習指導要領，1960年には高等学校学習指導要領の改訂が実施された。

改訂に先立つ1951年には，国立教育研究所の久保舜一らのグループと日本数学教育会のグループが相次いで学力調査を実施した。また，翌年には日本教職員組合や文部省までもが学力調査を行った。1956年からは，小中高校生に対して，抽出調査による全国学力調査が開始され，合計11年間続けられることとなった。1961年からは中学生において全数調査が実施されたが，競争をあおるということで1965年には抽出調査に戻された。

これらの背景には，1945年の第二次世界大戦終了後の，アメリカ GHQ による日本の教育への強力な介入による学力の低下が深刻化することへの危機意識があった。まさに，2000年代に深刻化した学力低下問題と，2007年度から開始された全国学力・学習状況調査の前夜をみる思いである。

学習指導要領改訂のキーワードは，数学の系統性である。生活重視の前学習指導要領では，上述の学力低下の問題に歯止めがかからないと判断し，系統性を高めるものへと様変わりした。「数学的な考え方」の用語が登場したのも，この学習指導要領からである。

この時期の見逃せない事柄の１つに，進歩主義的な研究者や教員が，アメリカから押し付けられた様相のある低次な数学内容に留めた教育課程に対して，独自の理論と実践をもってして事態の打開に動いたことがあげられる。数学者かつ数学教育研究者であった遠山（1962）は，独自の筆算指導の体系化を行い，それを水道方式と名付けた。これは，数の1～9を一般，0を特殊と分類し，５を10の前段階での１つの数のまとまりとするという少数の原則により，独自の繰り上がりや繰り下がりの法則が導き出されるものであった。また，幾何においても，直線（線分）と，頂点での回転の向きと大きさ（外角）によって図形を構成するという少数の原則により，幾何教育の内容の体系化を行い，それらは折れ線の幾何と名付けられた（遠山，1960）。まさに，日本の数学教育の改善に向けて，研究者と教員が協働で，着実な歩みをすすめた時期であった。

しかし，ここで注意しなくてはならないのが，学習指導要領が，これまでの「試案」ではなく，法的拘束力をもつ「告示」に切り替えられたことであった。学習指導要領に記されたことは，過不足なく教えること，すなわち教える内容の下限であり，かつ上限であるということが明確にされた。これにより，教育内容が明確に指定されたなかにあって，教員は何を教えるかを問うことなく，どう教えるのかという，指導法の工夫に思考と活動を制限されていったのである。この下限かつ上限という学習指導要領の位置付けは，2003年に学習指導要領の一部改正による「はどめ規定」の見直しまでの45年間にわたって，各教員の教育観に大きな影響を及ぼし続けることになった。

ふり返れば，この間の文部省のアクセルとブレーキの踏み加減は，巧妙に計算されたものであったといえる。戦後，国内の進歩主義的な研究者や教員の動きを後押しすることで，アメリカの教育の支配下からの脱却，すなわち生活単元学習からの転換を成功させたとともに，同時に法的拘束力を付加することで，今度は進歩主義的な取組みへのブレーキ，すなわち教員の自由な教育活動への制限を課したのであった。

（2）生活単元学習を目指した学習指導要領

1947年には学習指導要領・数学科編（試案）が出された。

第二次世界大戦後，1872年の「学制」による教育改革以降の大胆な教育改革が，米国教育使節団の提言（1946年3月）に沿って矢継ぎ早に実行された。軍国主義，国粋主義の廃止はもとより，教育基本法，学校教育法の制定，小中学校の義務教育化，教科書の国定制度から検定制度への転換など，現在に至る日本の教育制度の骨格がこの時期に形作られたのである。

学習指導要領のキーワードは，新教育と生活単元学習である。新教育では，社会科を中核的なコア教科と位置付け，数学は社会の様々な問題を解決するための道具教科という扱いが取られた。数学の教科書も，社会の様々な問題を生活の一単元として位置付け，目次が構成された。

1949年には文部省が，新教育の理念に沿った「中学生の数学」（中学校第1学年用，全2巻）というモデル教科書を発行し，これを参考に教科書会社が検定教科書を作成した。

この時期に，高等学校教員として実際に新教育を教員として体験した横地（1978）は，当時多くの採択を得た，数学研究委員会編（1949）『日常の数学』中学校第1学年用1，大日本図書を例に，その特徴を以下のように指摘している。

> 1年用は，単元1　私たちの学校，単元2　よいからだ，単元3　時と私たちの生活，単元4　おべんとう，単元5　私たちのスポーツ，単元6　遠足，単元7　勉強室を整えよう，単元8　お使い，単元9　私たちの住居となっている．初めの3単元だけで，1冊分となり，146ページを占める，ぼう大なものである．当時の子どもたちが，内容を知る以前によみ切ることもできないといわれた悩みもうなづける（『日常の数学』中学校第1学年用1，p. 187）．

2022年からみると，これが中学校第1学年の数学の教科書の目次とは到底想像できないほどの生活への入り込みが実際に行われたのである。数学の内容は，社会問題解決のための断片と化してしまったのである。

続いて，1951年には中学校・高等学校学習指導要領・数学科編（試案）が出された。

この学習指導要領は，前回の新教育を基本的には踏襲した。しかし，この時期になると，数学の内容があまりにも乏しく生活場面に偏っていたために，生活単元学習に対する批判が全国の学校現場から聞かれるようになっていた。

研究者や教員の不満は，やがて組織的な動きへと向かうエネルギーにつながった。その際，学習指導要領が「試案」であり，教える内容についての法的拘束力をもち得なかったことは，この時期の不幸中の幸いであった。検定教科書は，あくまで教える内容の目安であって絶対ではないので，各教員の創意工夫が自由に発揮され，新たな教育実践やその成果が蓄積・共有される時代の潮流が生み出されていったからである。

本章では，2022年から1945年までを遡る形で数学教育史を解説した。

ここで，1945年から現在を簡単に概観しておく。戦後まもなく生活に基軸を置いた自由な新教育が導入されたが，学力低下の批判のもとで，系統性重視と法的拘束力の強化がなされ，さらには科学技術振興による数学内容の高度化へと進んだ。その結果，数学が理解できない，校内暴力などの問題が噴出し，ゆとり路線と新学力観へと方向転換がなされ，その流れは「生きる力」まで続くこととなった。その後，国際的な学力順位の低下などが契機となって，再び学力重視の方向性が示されたが，現在では汎用的能力の育成へと重心が移りつつある。

数学教育史は，それぞれの時代において，様々な人々の意図や，社会からの要請が絡み合い，歴史は思わぬ方向に動いたり，期待に反する結果を招いたりする。筆者がこの数学教育史の学びを通して読者に期待することは，「それぞれの時代のなかで努力してきた人の息吹を感じ取り，自身の数学教育に対する信念を改めて問い直し，それに基づく未来の行動への一貫性をもつこと」につながることである。

なお，1945年以前の数学教育史について学びたい場合には，富永（2022）を参照するとよい。

注

1947年からの文部省および文部科学省学習指導要領については，国立教育政策研究所教育情報データベースの「学習指導要領の一覧」より閲覧可能である。https://erid.nier.go.jp/guideline.html（2022年３月15日アクセス）.

引用・参考文献

中央教育審議会（2016）「幼稚園，小学校，中学校，高等学校及び特別支援学校の学習指導要領等の改善及び必要な方策等について（答申）」2016年12月21日.

学校教育法改正（2007）https://elaws.e-gov.go.jp/document?lawid=322AC0000000026（2022年３月15日アクセス）.

犬山市教育委員会（2007）「全国学力テスト，参加しません。」明石書店.

陰山英男（2002）『陰山メソッド　徹底反復「百ます計算」』小学館.

苅谷剛彦・志水宏吉編著（2004）『学力の社会学』岩波書店.

葛城元・黒田恭史（2015）「SSH 事業における『数学』の取り組みの実際とその検証——『生徒研究発表会』と『意識調査』を事例として」『数学教育学会夏季研究会（関西エリア）発表論文集』pp. 9-12.

葛城元・黒田恭史（2021）「ハイブリッド型数学授業がもたらす学習効果と学力格差——高校生の学力層に着目した分析を通して」『数学教育学会夏季研究会（関西エリア）予稿集』pp. 9-12.

川島隆太（2003）『子どもを賢くする脳の鍛え方——徹底反復読み書き計算』小学館.

経団連（2002）「初等中等教育改革について文部科学省と懇談」『経団連クリップ』No. 162，2002年１月10日 http://www.keidanren.or.jp/japanese//journal/CLIP/clip0162/cli014.html（2022年３月15日アクセス）.

黒田恭史・葛城元・林慶治（2015）「高等学校文系クラスにおけるオリガミクスを用いたSSHの授業の可能性——オイラー線とダイヤカット缶を題材として」『数学教育学会秋季例会発表論文集』pp. 8-10.

黒田恭史・オーバーマイヤー・アンドリュー・中俣尚己・小山宏之（2021）「ハイブリッド型講義を集約・整理・共有し組織的な大学教育の改善へとつなげるために」『令和３年度日本教育大学協会研究集会発表概要集』pp. 28-29.

黒田恭史・岡本尚子（2021）「一斉休校期間における保護者の意識調査をもとにした情報配信のあり方」『日本教育工学会2021年春季全国大会（第38回大会）講演論文

集』pp. 515-516.
文部科学省（2018）「中学校学習指導要領（平成29年告示）解説　数学編」日本文教出版.
文部科学省（2019）「高等学校学習指導要領（平成30年告示）解説　数学編　理数編」学校図書.
OECD（2018）「OECD Education 2030プロジェクトについて」https://www.oecd.org/education/2030/E2030%20Position%20Paper%20(05.04.2018).pdf（原文）https://www.oecd.org/education/2030-project/about/documents/OECD-Education-2030-Position-Paper_Japanese.pdf（日本語訳）（2022年3月15日アクセス）.
岡部恒治・西村和雄・戸瀬信之編（1999）『分数ができない大学生――21世紀の日本が危ない』東洋経済新報社.
総理府青少年対策本部編（1983）『青少年白書　昭和58年度版』大蔵省印刷局.
鈴木正彦・黒田恭史・李雪花（2000）「第二次大戦後のわが国における数学教育の発展について――『科学化運動』から『生きる数学』への飛翔」『大阪教育大学紀要第Ⅴ部門教科教育』第49巻，第1号，pp. 57-82.
富永雅（2022）「数学教育史」黒田恭史編著『中等数学科教育法序論』共立出版，pp. 21-50.
遠山啓（1960）「数学教育における分析と総合」『数学教育学会誌』第1巻，第1号，pp. 26-31.
遠山啓（1962）『お母さんもわかる水道方式の算数』明治図書.
横地清（1978）『算数・数学科教育』誠文堂新光社.
横地清（1998）『新版 21世紀への学校数学への展望』誠文堂新光社.
横地清・菊池乙夫・守屋誠司（2005）『算数・数学科の到達目標と学力保障　別巻理論編』明治図書.

（黒田恭史）

中学校学習指導要領
第2章　第3節　数　学

第1　目　標

数学的な見方・考え方を働かせ，数学的活動を通して，数学的に考える資質・能力を次のとおり育成することを目指す。

(1) 数量や図形などについての基礎的な概念や原理・法則などを理解するとともに，事象を数学化したり，数学的に解釈したり，数学的に表現・処理したりする技能を身に付けるようにする。

(2) 数学を活用して事象を論理的に考察する力，数量や図形などの性質を見いだし統合的・発展的に考察する力，数学的な表現を用いて事象を簡潔・明瞭・的確に表現する力を養う。

(3) 数学的活動の楽しさや数学のよさを実感して粘り強く考え，数学を生活や学習に生かそうとする態度，問題解決の過程を振り返って評価・改善しようとする態度を養う。

第2　各学年の目標及び内容

〔第1学年〕

1　目　標

(1) 正の数と負の数，文字を用いた式と一元一次方程式，平面図形と空間図形，比例と反比例，データの分布と確率などについての基礎的な概念や原理・法則などを理解するとともに，事象を数理的に捉えたり，数学的に解釈したり，数学的に表現・処理したりする技能を身に付けるようにする。

(2) 数の範囲を拡張し，数の性質や計算について考察したり，文字を用いて数量の関係や法則などを考察したりする力，図形の構成要素や構成の仕方に着目し，図形の性質や関係を直観的に捉え論理的に考察する力，数量の変化や対応に着目して関数関係を見いだし，その特徴を表，式，グラフなどで考察する力，データの分布に着目し，その傾向を読み取り批判的に考察して判断したり，不確定な事象の起こりやすさについて考察したりする力を養う。

(3) 数学的活動の楽しさや数学のよさに気付いて粘り強く考え，数学を生活や学習に生かそうとする態度，問題解決の過程を振り返って検討しようとする態度，多面的に捉え考えようとする態度を養う。

2　内　容

A　数と式

(1) 正の数と負の数について，数学的活動を通して，次の事項を身に付けることができるよう指導する。

ア　次のような知識及び技能を身に付けること。

(ア) 正の数と負の数の必要性と意味を理解すること。

(イ) 正の数と負の数の四則計算をすること。

(ウ) 具体的な場面で正の数と負の数を用いて表したり処理したりすること。

イ　次のような思考力，判断力，表現力等を身に付けること。

(ア) 算数で学習した数の四則計算と関連付けて，正の数と負の数の四則計算の方法を考察し表現すること。

(イ) 正の数と負の数を具体的な場面で活用すること。

(2) 文字を用いた式について，数学的活動を通して，次の事項を身に付けることができるよう指導する。

ア　次のような知識及び技能を身に付けること。

(ア) 文字を用いることの必要性と意味を理解すること。

(イ) 文字を用いた式における乗法と除法の表し方を知ること。

(ウ) 簡単な一次式の加法と減法の計算をすること。

(エ) 数量の関係や法則などを文字を用いた式に表すことができることを理解し，式を用いて表したり読み取ったりすること。

イ　次のような思考力，判断力，表現力等を身に付けること。

(ア) 具体的な場面と関連付けて，一次式の加法と減法の計算の方法を考察し表現すること。

(3) 一元一次方程式について，数学的活動を通して，次の事項を身に付けることができるよう指導する。

ア　次のような知識及び技能を身に付けること。

(ア) 方程式の必要性と意味及び方程式の中の文字や解の意味を理解すること。
(イ) 簡単な一元一次方程式を解くこと。
イ 次のような思考力，判断力，表現力等を身に付けること。
(ア) 等式の性質を基にして，一元一次方程式を解く方法を考察し表現すること。
(イ) 一元一次方程式を具体的な場面で活用すること。
〔用語・記号〕
自然数 素数 符号 絶対値 項 係数 移項 ≦ ≧
B 図 形
(1) 平面図形について，数学的活動を通して，次の事項を身に付けることができるよう指導する。
ア 次のような知識及び技能を身に付けること。
(ア) 角の二等分線，線分の垂直二等分線，垂線などの基本的な作図の方法を理解すること。
(イ) 平行移動，対称移動及び回転移動について理解すること。
イ 次のような思考力，判断力，表現力等を身に付けること。
(ア) 図形の性質に着目し，基本的な作図の方法を考察し表現すること。
(イ) 図形の移動に着目し，二つの図形の関係について考察し表現すること。
(ウ) 基本的な作図や図形の移動を具体的な場面で活用すること。
(2) 空間図形について，数学的活動を通して，次の事項を身に付けることができるよう指導する。
ア 次のような知識及び技能を身に付けること。
(ア) 空間における直線や平面の位置関係を知ること。
(イ) 扇形の弧の長さと面積，基本的な柱体や錐(すい)体，球の表面積と体積を求めること。
イ 次のような思考力，判断力，表現力等を身に付けること。
(ア) 空間図形を直線や平面図形の運動によって構成されるものと捉えたり，空間図形を平面上に表現して平面上の表現から空間図形の性質を見いだしたりすること。
(イ) 立体図形の表面積や体積の求め方を考察し表現すること。
〔用語・記号〕
弧 弦 回転体 ねじれの位置 π // ⊥ ∠ △
C 関 数
(1) 比例，反比例について，数学的活動を通して，次の事項を身に付けることができるよう指導する。
ア 次のような知識及び技能を身に付けること。
(ア) 関数関係の意味を理解すること。
(イ) 比例，反比例について理解すること。
(ウ) 座標の意味を理解すること。
(エ) 比例，反比例を表，式，グラフなどに表すこと。
イ 次のような思考力，判断力，表現力等を身に付けること。
(ア) 比例，反比例として捉えられる二つの数量について，表，式，グラフなどを用いて調べ，それらの変化や対応の特徴を見いだすこと。
(イ) 比例，反比例を用いて具体的な事象を捉え考察し表現すること。
〔用語・記号〕
関数 変数 変域
D データの活用
(1) データの分布について，数学的活動を通して，次の事項を身に付けることができるよう指導する。
ア 次のような知識及び技能を身に付けること。
(ア) ヒストグラムや相対度数などの必要性と意味を理解すること。
(イ) コンピュータなどの情報手段を用いるなどしてデータを表やグラフに整理すること。
イ 次のような思考力，判断力，表現力等を身に付けること。
(ア) 目的に応じてデータを収集して分析し，そのデータの分布の傾向を読み取り，批判的に考察し判断すること。
(2) 不確定な事象の起こりやすさについて，数学的活動を通して，次の事項を身に付けることができるよう指導する。

ア　次のような知識及び技能を身に付けること。

(ア)　多数の観察や多数回の試行によって得られる確率の必要性と意味を理解すること。

イ　次のような思考力，判断力，表現力等を身に付けること。

(ア)　多数の観察や多数回の試行の結果を基にして，不確定な事象の起こりやすさの傾向を読み取り表現すること。

〔用語・記号〕

範囲　累積度数

〔数学的活動〕

(1)「A数と式」，「B図形」，「C関数」及び「Dデータの活用」の学習やそれらを相互に関連付けた学習において，次のような数学的活動に取り組むものとする。

ア　日常の事象を数理的に捉え，数学的に表現・処理し，問題を解決したり，解決の過程や結果を振り返って考察したりする活動

イ　数学の事象から問題を見いだし解決したり，解決の過程や結果を振り返って統合的・発展的に考察したりする活動

ウ　数学的な表現を用いて筋道立てて説明し伝え合う活動

3　内容の取扱い

(1)　内容の「A数と式」の(1)に関連して，自然数を素数の積として表すことを取り扱うものとする。

(2)　内容の「A数と式」の(1)のアとイの(ア)に関連して，数の集合と四則計算の可能性を取り扱うものとする。

(3)　内容の「A数と式」の(2)のアの(エ)に関連して，大小関係を不等式を用いて表すことを取り扱うものとする。

(4)　内容の「A数と式」の(3)のアの(イ)とイの(イ)に関連して，簡単な比例式を解くことを取り扱うものとする。

(5)　内容の「B図形」の(1)のイの(ウ)に関連して，円の接線はその接点を通る半径に垂直であることを取り扱うものとする。

(6)　内容の「B図形」の(2)のイの(ア)については，見取図や展開図，投影図を取り扱うものとする。

〔第2学年〕

1　目　標

(1)　文字を用いた式と連立二元一次方程式，平面図形と数学的な推論，一次関数，データの分布と確率などについての基礎的な概念や原理・法則などを理解するとともに，事象を数学化したり，数学的に解釈したり，数学的に表現・処理したりする技能を身に付けるようにする。

(2)　文字を用いて数量の関係や法則などを考察する力，数学的な推論の過程に着目し，図形の性質や関係を論理的に考察し表現する力，関数関係に着目し，その特徴を表，式，グラフを相互に関連付けて考察する力，複数の集団のデータの分布に着目し，その傾向を比較して読み取り批判的に考察して判断したり，不確定な事象の起こりやすさについて考察したりする力を養う。

(3)　数学的活動の楽しさや数学のよさを実感して粘り強く考え，数学を生活や学習に生かそうとする態度，問題解決の過程を振り返って評価・改善しようとする態度，多様な考えを認め，よりよく問題解決しようとする態度を養う。

2　内　容

A　数と式

(1)　文字を用いた式について，数学的活動を通して，次の事項を身に付けることができるよう指導する。

ア　次のような知識及び技能を身に付けること。

(ア)　簡単な整式の加法と減法及び単項式の乗法と除法の計算をすること。

(イ)　具体的な事象の中の数量の関係を文字を用いた式で表したり，式の意味を読み取ったりすること。

(ウ)　文字を用いた式で数量及び数量の関係を捉え説明できることを理解すること。

(エ)　目的に応じて，簡単な式を変形すること。

イ　次のような思考力，判断力，表現力等を身に付けること。

(ア)　具体的な数の計算や既に学習した計算の方法と関連付けて，整式の加法と減法及び単項式の乗法と除法の計算の方法を考察し表現すること。

(イ)　文字を用いた式を具体的な場面で活用すること。

(2)　連立二元一次方程式について，数学的活動

を通して，次の事項を身に付けることができるよう指導する。

ア　次のような知識及び技能を身に付けること。

(ア)　二元一次方程式とその解の意味を理解すること。

(イ)　連立二元一次方程式の必要性と意味及びその解の意味を理解すること。

(ウ)　簡単な連立二元一次方程式を解くこと。

イ　次のような思考力，判断力，表現力等を身に付けること。

(ア)　一元一次方程式と関連付けて，連立二元一次方程式を解く方法を考察し表現すること。

(イ)　連立二元一次方程式を具体的な場面で活用すること。

〔用語・記号〕

同類項

B　図　形

(1)　基本的な平面図形の性質について，数学的活動を通して，次の事項を身に付けることができるよう指導する。

ア　次のような知識及び技能を身に付けること。

(ア)　平行線や角の性質を理解すること。

(イ)　多角形の角についての性質が見いだせることを知ること。

イ　次のような思考力，判断力，表現力等を身に付けること。

(ア)　基本的な平面図形の性質を見いだし，平行線や角の性質を基にしてそれらを確かめ説明すること。

(2)　図形の合同について，数学的活動を通して，次の事項を身に付けることができるよう指導する。

ア　次のような知識及び技能を身に付けること。

(ア)　平面図形の合同の意味及び三角形の合同条件について理解すること。

(イ)　証明の必要性と意味及びその方法について理解すること。

イ　次のような思考力，判断力，表現力等を身に付けること。

(ア)　三角形の合同条件などを基にして三角形や平行四辺形の基本的な性質を論理的に確かめたり，証明を読んで新たな性質を見いだしたりすること。

(イ)　三角形や平行四辺形の基本的な性質などを具体的な場面で活用すること。

〔用語・記号〕

対頂角　内角　外角　定義　証明　逆　反例　≡

C　関　数

(1)　一次関数について，数学的活動を通して，次の事項を身に付けることができるよう指導する。

ア　次のような知識及び技能を身に付けること。

(ア)　一次関数について理解すること。

(イ)　事象の中には一次関数として捉えられるものがあることを知ること。

(ウ)　二元一次方程式を関数を表す式とみること。

イ　次のような思考力，判断力，表現力等を身に付けること。

(ア)　一次関数として捉えられる二つの数量について，変化や対応の特徴を見いだし，表，式，グラフを相互に関連付けて考察し表現すること。

(イ)　一次関数を用いて具体的な事象を捉え考察し表現すること。

〔用語・記号〕

変化の割合　傾き

D　データの活用

(1)　データの分布について，数学的活動を通して，次の事項を身に付けることができるよう指導する。

ア　次のような知識及び技能を身に付けること。

(ア)　四分位範囲や箱ひげ図の必要性と意味を理解すること。

(イ)　コンピュータなどの情報手段を用いるなどしてデータを整理し箱ひげ図で表すこと。

イ　次のような思考力，判断力，表現力等を身に付けること。

(ア)　四分位範囲や箱ひげ図を用いてデータの分布の傾向を比較して読み取り，批判的に考察し判断すること。

(2)　不確定な事象の起こりやすさについて，数学的活動を通して，次の事項を身に付けることができるよう指導する。

ア　次のような知識及び技能を身に付けること。
(ア)　多数回の試行によって得られる確率と関連付けて，場合の数を基にして得られる確率の必要性と意味を理解すること。
(イ)　簡単な場合について確率を求めること。
イ　次のような思考力，判断力，表現力等を身に付けること。
(ア)　同様に確からしいことに着目し，場合の数を基にして得られる確率の求め方を考察し表現すること。
(イ)　確率を用いて不確定な事象を捉え考察し表現すること。
〔数学的活動〕
(1)「A数と式」,「B図形」,「C関数」及び「Dデータの活用」の学習やそれらを相互に関連付けた学習において，次のような数学的活動に取り組むものとする。
ア　日常の事象や社会の事象を数理的に捉え，数学的に表現・処理し，問題を解決したり，解決の過程や結果を振り返って考察したりする活動
イ　数学の事象から見通しをもって問題を見いだし解決したり，解決の過程や結果を振り返って統合的・発展的に考察したりする活動
ウ　数学的な表現を用いて論理的に説明し伝え合う活動
3　内容の取扱い
(1)　内容の「B図形」の(2)のイの(ア)に関連して，正方形，ひし形及び長方形が平行四辺形の特別な形であることを取り扱うものとする。
〔第3学年〕
1　目　標
(1)　数の平方根，多項式と二次方程式，図形の相似，円周角と中心角の関係，三平方の定理，関数$y=ax^2$，標本調査などについての基礎的な概念や原理・法則などを理解するとともに，事象を数学化したり，数学的に解釈したり，数学的に表現・処理したりする技能を身に付けるようにする。
(2)　数の範囲に着目し，数の性質や計算について考察したり，文字を用いて数量の関係や法則などを考察したりする力，図形の構成要素の関係に着目し，図形の性質や計量について論理的に考察し表現する力，関数関係に着目し，その特徴を表，式，グラフを相互に関連付けて考察する力，標本と母集団の関係に着目し，母集団の傾向を推定し判断したり，調査の方法や結果を批判的に考察したりする力を養う。
(3)　数学的活動の楽しさや数学のよさを実感して粘り強く考え，数学を生活や学習に生かそうとする態度，問題解決の過程を振り返って評価・改善しようとする態度，多様な考えを認め，よりよく問題解決しようとする態度を養う。
2　内　容
A　数と式
(1)　正の数の平方根について，数学的活動を通して，次の事項を身に付けることができるよう指導する。
ア　次のような知識及び技能を身に付けること。
(ア)　数の平方根の必要性と意味を理解すること。
(イ)　数の平方根を含む簡単な式の計算をすること。
(ウ)　具体的な場面で数の平方根を用いて表したり処理したりすること。
イ　次のような思考力，判断力，表現力等を身に付けること。
(ア)　既に学習した計算の方法と関連付けて，数の平方根を含む式の計算の方法を考察し表現すること。
(イ)　数の平方根を具体的な場面で活用すること。
(2)　簡単な多項式について，数学的活動を通して，次の事項を身に付けることができるよう指導する。
ア　次のような知識及び技能を身に付けること。
(ア)　単項式と多項式の乗法及び多項式を単項式で割る除法の計算をすること。
(イ)　簡単な一次式の乗法の計算及び次の公式を用いる簡単な式の展開や因数分解をすること。

$(a+b)^2=a^2+2ab+b^2$

$(a-b)^2=a^2-2ab+b^2$

$(a+b)(a-b)=a^2-b^2$

$(x+a)(x+b)=x^2+(a+b)x+ab$

イ　次のような思考力，判断力，表現力等を身

に付けること。

(ア) 既に学習した計算の方法と関連付けて，式の展開や因数分解をする方法を考察し表現すること。

(イ) 文字を用いた式で数量及び数量の関係を捉え説明すること。

(3) 二次方程式について，数学的活動を通して，次の事項を身に付けることができるよう指導する。

ア 次のような知識及び技能を身に付けること。

(ア) 二次方程式の必要性と意味及びその解の意味を理解すること。

(イ) 因数分解したり平方の形に変形したりして二次方程式を解くこと。

(ウ) 解の公式を知り，それを用いて二次方程式を解くこと。

イ 次のような思考力，判断力，表現力等を身に付けること。

(ア) 因数分解や平方根の考えを基にして，二次方程式を解く方法を考察し表現すること。

(イ) 二次方程式を具体的な場面で活用すること。

〔用語・記号〕

根号　有理数　無理数　因数　$\sqrt{\ }$

B 図 形

(1) 図形の相似について，数学的活動を通して，次の事項を身に付けることができるよう指導する。

ア 次のような知識及び技能を身に付けること。

(ア) 平面図形の相似の意味及び三角形の相似条件について理解すること。

(イ) 基本的な立体の相似の意味及び相似な図形の相似比と面積比や体積比との関係について理解すること。

イ 次のような思考力，判断力，表現力等を身に付けること。

(ア) 三角形の相似条件などを基にして図形の基本的な性質を論理的に確かめること。

(イ) 平行線と線分の比についての性質を見いだし，それらを確かめること。

(ウ) 相似な図形の性質を具体的な場面で活用すること。

(2) 円周角と中心角の関係について，数学的活動を通して，次の事項を身に付けることができるよう指導する。

ア 次のような知識及び技能を身に付けること。

(ア) 円周角と中心角の関係の意味を理解し，それが証明できることを知ること。

イ 次のような思考力，判断力，表現力等を身に付けること。

(ア) 円周角と中心角の関係を見いだすこと。

(イ) 円周角と中心角の関係を具体的な場面で活用すること。

(3) 三平方の定理について，数学的活動を通して，次の事項を身に付けることができるよう指導する。

ア 次のような知識及び技能を身に付けること。

(ア) 三平方の定理の意味を理解し，それが証明できることを知ること。

イ 次のような思考力，判断力，表現力等を身に付けること。

(ア) 三平方の定理を見いだすこと。

(イ) 三平方の定理を具体的な場面で活用すること。

〔用語・記号〕

∽

C 関 数

(1) 関数 $y=ax^2$ について，数学的活動を通して，次の事項を身に付けることができるよう指導する。

ア 次のような知識及び技能を身に付けること。

(ア) 関数 $y=ax^2$ について理解すること。

(イ) 事象の中には関数 $y=ax^2$ として捉えられるものがあることを知ること。

(ウ) いろいろな事象の中に，関数関係があることを理解すること。

イ 次のような思考力，判断力，表現力等を身に付けること。

(ア) 関数 $y=ax^2$ として捉えられる二つの数量について，変化や対応の特徴を見いだし，表，式，グラフを相互に関連付けて考察し表現すること。

(イ) 関数 $y=ax^2$ を用いて具体的な事象を捉え考察し表現すること。

D データの活用

(1) 標本調査について，数学的活動を通して，次の事項を身に付けることができるよう指導する。

ア　次のような知識及び技能を身に付けること。

(ｱ)　標本調査の必要性と意味を理解すること。

(ｲ)　コンピュータなどの情報手段を用いるなどして無作為に標本を取り出し，整理すること。

イ　次のような思考力，判断力，表現力等を身に付けること。

(ｱ)　標本調査の方法や結果を批判的に考察し表現すること。

(ｲ)　簡単な場合について標本調査を行い，母集団の傾向を推定し判断すること。

〔用語・記号〕

全数調査

〔数学的活動〕

(1)「Ａ数と式」，「Ｂ図形」，「Ｃ関数」及び「Ｄデータの活用」の学習やそれらを相互に関連付けた学習において，次のような数学的活動に取り組むものとする。

ア　日常の事象や社会の事象を数理的に捉え，数学的に表現・処理し，問題を解決したり，解決の過程や結果を振り返って考察したりする活動

イ　数学の事象から見通しをもって問題を見いだし解決したり，解決の過程や結果を振り返って統合的・発展的に考察したりする活動

ウ　数学的な表現を用いて論理的に説明し伝え合う活動

3　内容の取扱い

(1)　内容の「Ａ数と式」の(1)などに関連して，誤差や近似値，$a\times10^n$ の形の表現を取り扱うものとする。

(2)　内容の「Ａ数と式」の(3)については，実数の解をもつ二次方程式を取り扱うものとする。

(3)　内容の「Ａ数と式」の(3)のアの(ｲ)とイの(ｱ)については，$ax^2=b$（a，b は有理数）の二次方程式及び $x^2+px+q=0$（p，q は整数）の二次方程式を取り扱うものとする。因数分解して解くことの指導においては，内容の「Ａ数と式」の(2)のアの(ｲ)に示した公式を用いることができるものを中心に取り扱うものとする。また，平方の形に変形して解くことの指導においては，x の係数が偶数であるものを中心に取り扱うものとする。

(4)　内容の「Ｂ図形」の(2)に関連して，円周角の定理の逆を取り扱うものとする。

第3　指導計画の作成と内容の取扱い

1　指導計画の作成に当たっては，次の事項に配慮するものとする。

(1)　単元など内容や時間のまとまりを見通して，その中で育む資質・能力の育成に向けて，数学的活動を通して，生徒の主体的・対話的で深い学びの実現を図るようにすること。その際，数学的な見方・考え方を働かせながら，日常の事象や社会の事象を数理的に捉え，数学の問題を見いだし，問題を自立的，協働的に解決し，学習の過程を振り返り，概念を形成するなどの学習の充実を図ること。

(2)　第2の各学年の目標の達成に支障のない範囲内で，当該学年の内容の一部を軽く取り扱い，それを後の学年で指導することができるものとすること。また，学年の目標を逸脱しない範囲内で，後の学年の内容の一部を加えて指導することもできるものとすること。

(3)　生徒の学習を確実なものにするために，新たな内容を指導する際には，既に指導した関連する内容を意図的に再度取り上げ，学び直しの機会を設定することに配慮すること。

(4)　障害のある生徒などについては，学習活動を行う場合に生じる困難さに応じた指導内容や指導方法の工夫を計画的，組織的に行うこと。

(5)　第1章総則の第1の2の(2)に示す道徳教育の目標に基づき，道徳科などとの関連を考慮しながら，第3章特別の教科道徳の第2に示す内容について，数学科の特質に応じて適切な指導をすること。

2　第2の内容の取扱いについては，次の事項に配慮するものとする。

(1)　思考力，判断力，表現力等を育成するため，各学年の内容の指導に当たっては，数学的な表現を用いて簡潔・明瞭・的確に表現したり，互いに自分の考えを表現し伝え合ったりするなどの機会を設けること。

(2)　各領域の指導に当たっては，必要に応じ，

そろばんや電卓，コンピュータ，情報通信ネットワークなどの情報手段を適切に活用し，学習の効果を高めること。

(3) 各領域の指導に当たっては，具体物を操作して考えたり，データを収集して整理したりするなどの具体的な体験を伴う学習を充実すること。

(4) 第2の各学年の内容に示す〔用語・記号〕は，当該学年で取り扱う内容の程度や範囲を明確にするために示したものであり，その指導に当たっては，各学年の内容と密接に関連させて取り上げること。

3 数学的活動の取組においては，次の事項に配慮するものとする。

(1) 数学的活動を楽しめるようにするとともに，数学を学習することの意義や数学の必要性などを実感する機会を設けること。

(2) 数学を活用して問題解決する方法を理解するとともに，自ら問題を見いだし，解決するための構想を立て，実践し，その過程や結果を評価・改善する機会を設けること。

(3) 各領域の指導に当たっては，観察や操作，実験などの活動を通して，数量や図形などの性質を見いだしたり，発展させたりする機会を設けること。

(4) 数学的活動の過程を振り返り，レポートにまとめ発表することなどを通して，その成果を共有する機会を設けること。

4 生徒の数学的活動への取組を促し思考力，判断力，表現力等の育成を図るため，各領域の内容を総合したり日常の事象や他教科等での学習に関連付けたりするなどして見いだした問題を解決する学習を課題学習と言い，この実施に当たっては各学年で指導計画に適切に位置付けるものとする。

高等学校学習指導要領
第2章　第4節　数学

第1款　目　標

数学的な見方・考え方を働かせ，数学的活動を通して，数学的に考える資質・能力を次のとおり育成することを目指す。

(1) 数学における基本的な概念や原理・法則を体系的に理解するとともに，事象を数学化したり，数学的に解釈したり，数学的に表現・処理したりする技能を身に付けるようにする。

(2) 数学を活用して事象を論理的に考察する力，事象の本質や他の事象との関係を認識し統合的・発展的に考察する力，数学的な表現を用いて事象を簡潔・明瞭・的確に表現する力を養う。

(3) 数学のよさを認識し積極的に数学を活用しようとする態度，粘り強く考え数学的論拠に基づいて判断しようとする態度，問題解決の過程を振り返って考察を深めたり，評価・改善したりしようとする態度や創造性の基礎を養う。

第2款　各科目

第1　数学Ⅰ

1　目　標

数学的な見方・考え方を働かせ，数学的活動を通して，数学的に考える資質・能力を次のとおり育成することを目指す。

(1) 数と式，図形と計量，二次関数及びデータの分析についての基本的な概念や原理・法則を体系的に理解するとともに，事象を数学化したり，数学的に解釈したり，数学的に表現・処理したりする技能を身に付けるようにする。

(2) 命題の条件や結論に着目し，数や式を多面的にみたり目的に応じて適切に変形したりする力，図形の構成要素間の関係に着目し，図形の性質や計量について論理的に考察し表現する力，関数関係に着目し，事象を的確に表現してその特徴を表，式，グラフを相互に関連付けて考察する力，社会の事象などから設定した問題について，データの散らばりや変量間の関係などに着目し，適切な手法を選択して分析を行い，問題を解決したり，解決の過程や結果を批判的に考察し判断したりする力を養う。

(3) 数学のよさを認識し数学を活用しようとする態度，粘り強く考え数学的論拠に基づいて判断しようとする態度，問題解決の過程を振り返って考察を深めたり，評価・改善したりしようとする態度や創造性の基礎を養う。

2　内　容

(1) 数と式

数と式について，数学的活動を通して，次の事項を身に付けることができるよう指導する。

ア　次のような知識及び技能を身に付けること。

(ア)　数を実数まで拡張する意義を理解し，簡単な無理数の四則計算をすること。

(イ)　集合と命題に関する基本的な概念を理解すること。

(ウ)　二次の乗法公式及び因数分解の公式の理解を深めること。

(エ)　不等式の解の意味や不等式の性質について理解し，一次不等式の解を求めること。

イ　次のような思考力，判断力，表現力等を身に付けること。

(ア)　集合の考えを用いて論理的に考察し，簡単な命題を証明すること。

(イ)　問題を解決する際に，既に学習した計算の方法と関連付けて，式を多面的に捉えたり目的に応じて適切に変形したりすること。

(ウ)　不等式の性質を基に一次不等式を解く方法を考察すること。

(エ)　日常の事象や社会の事象などを数学的に捉え，一次不等式を問題解決に活用すること。

(2)　図形と計量

図形と計量について，数学的活動を通して，その有用性を認識するとともに，次の事項を身に付けることができるよう指導する。

ア　次のような知識及び技能を身に付けること。

(ア)　鋭角の三角比の意味と相互関係について理解すること。

(イ)　三角比を鈍角まで拡張する意義を理解し，鋭角の三角比の値を用いて鈍角の三角比の値を求める方法を理解すること。

(ウ)　正弦定理や余弦定理について三角形の決定条件や三平方の定理と関連付けて理解し，三角形の辺の長さや角の大きさなどを求めること。

イ　次のような思考力，判断力，表現力等を身に付けること。

(ア)　図形の構成要素間の関係を三角比を用いて表現するとともに，定理や公式として導くこと。

(イ)　図形の構成要素間の関係に着目し，日常の事象や社会の事象などを数学的に捉え，問題を解決したり，解決の過程を振り返って事象の数学的な特徴や他の事象との関係を考察したりすること。

［用語・記号］　正弦，sin，余弦，cos，正接，tan

(3)　二次関数

二次関数について，数学的活動を通して，その有用性を認識するとともに，次の事項を身に付けることができるよう指導する。

ア　次のような知識及び技能を身に付けること。

(ア)　二次関数の値の変化やグラフの特徴について理解すること。

(イ)　二次関数の最大値や最小値を求めること。

(ウ)　二次方程式の解と二次関数のグラフとの関係について理解すること。また，二次不等式の解と二次関数のグラフとの関係について理解し，二次関数のグラフを用いて二次不等式の解を求めること。

イ　次のような思考力，判断力，表現力等を身に付けること。

(ア)　二次関数の式とグラフとの関係について，コンピュータなどの情報機器を用いてグラフをかくなどして多面的に考察すること。

(イ)　二つの数量の関係に着目し，日常の事象や社会の事象などを数学的に捉え，問題を解決したり，解決の過程を振り返って事象の数学的な特徴や他の事象との関係を考察したりすること。

(4)　データの分析

データの分析について，数学的活動を通して，その有用性を認識するとともに，次の事項を身に付けることができるよう指導する。

ア　次のような知識及び技能を身に付けること。

(ア)　分散，標準偏差，散布図及び相関係数の意味やその用い方を理解すること。

(イ)　コンピュータなどの情報機器を用いるなどして，データを表やグラフに整理したり，分散や標準偏差などの基本的な統計量を求めたりすること。

(ウ)　具体的な事象において仮説検定の考え方を理解すること。

イ　次のような思考力，判断力，表現力等を身に付けること。

(ア) データの散らばり具合や傾向を数値化する方法を考察すること。

(イ) 目的に応じて複数の種類のデータを収集し，適切な統計量やグラフ，手法などを選択して分析を行い，データの傾向を把握して事象の特徴を表現すること。

(ウ) 不確実な事象の起こりやすさに着目し，主張の妥当性について，実験などを通して判断したり，批判的に考察したりすること。

［用語・記号］ 外れ値

〔課題学習〕

(1)から(4)までの内容又はそれらを相互に関連付けた内容を生活と関連付けたり発展させたりするなどした課題を設け，生徒の主体的な学習を促し，数学のよさを認識させ，学習意欲を含めた数学的に考える資質・能力を高めるようにする。

3 内容の取扱い

(1) 内容の(1)から(4)までについては，中学校数学科との関連を十分に考慮するものとする。

(2) 内容の(1)のアの(ア)については，分数が有限小数や循環小数で表される仕組みを扱うものとする。

(3) 内容の(2)のアの(イ)については，関連して0°，90°，180°の三角比を扱うものとする。

(4) 課題学習については，それぞれの内容との関連を踏まえ，学習効果を高めるよう指導計画に適切に位置付けるものとする。

第2 数学Ⅱ

1 目 標

数学的な見方・考え方を働かせ，数学的活動を通して，数学的に考える資質・能力を次のとおり育成することを目指す。

(1) いろいろな式，図形と方程式，指数関数・対数関数，三角関数及び微分・積分の考えについての基本的な概念や原理・法則を体系的に理解するとともに，事象を数学化したり，数学的に解釈したり，数学的に表現・処理したりする技能を身に付けるようにする。

(2) 数の範囲や式の性質に着目し，等式や不等式が成り立つことなどについて論理的に考察する力，座標平面上の図形について構成要素間の関係に着目し，方程式を用いて図形を簡潔・明瞭・的確に表現したり，図形の性質を論理的に考察したりする力，関数関係に着目し，事象を的確に表現してその特徴を数学的に考察する力，関数の局所的な変化に着目し，事象を数学的に考察したり，問題解決の過程や結果を振り返って統合的・発展的に考察したりする力を養う。

(3) 数学のよさを認識し数学を活用しようとする態度，粘り強く柔軟に考え数学的論拠に基づいて判断しようとする態度，問題解決の過程を振り返って考察を深めたり，評価・改善したりしようとする態度や創造性の基礎を養う。

2 内 容

(1) いろいろな式

いろいろな式について，数学的活動を通して，次の事項を身に付けることができるよう指導する。

ア 次のような知識及び技能を身に付けること。

(ア) 三次の乗法公式及び因数分解の公式を理解し，それらを用いて式の展開や因数分解をすること。

(イ) 多項式の除法や分数式の四則計算の方法について理解し，簡単な場合について計算をすること。

(ウ) 数を複素数まで拡張する意義を理解し，複素数の四則計算をすること。

(エ) 二次方程式の解の種類の判別及び解と係数の関係について理解すること。

(オ) 因数定理について理解し，簡単な高次方程式について因数定理などを用いてその解を求めること。

イ 次のような思考力，判断力，表現力等を身に付けること。

(ア) 式の計算の方法を既に学習した数や式の計算と関連付け多面的に考察すること。

(イ) 実数の性質や等式の性質，不等式の性質などを基に，等式や不等式が成り立つことを論理的に考察し，証明すること。

(ウ) 日常の事象や社会の事象などを数学的に捉え，方程式を問題解決に活用すること。

［用語・記号］ 二項定理，虚数，i

(2) 図形と方程式

図形と方程式について，数学的活動を通して，その有用性を認識するとともに，次の事項を身に付けることができるよう指導する。

ア　次のような知識及び技能を身に付けること。

(ｱ) 座標を用いて，平面上の線分を内分する点，外分する点の位置や二点間の距離を表すこと。

(ｲ) 座標平面上の直線や円を方程式で表すこと。

(ｳ) 軌跡について理解し，簡単な場合について軌跡を求めること。

(ｴ) 簡単な場合について，不等式の表す領域を求めたり領域を不等式で表したりすること。

イ　次のような思考力，判断力，表現力等を身に付けること。

(ｱ) 座標平面上の図形について構成要素間の関係に着目し，それを方程式を用いて表現し，図形の性質や位置関係について考察すること。

(ｲ) 数量と図形との関係などに着目し，日常の事象や社会の事象などを数学的に捉え，コンピュータなどの情報機器を用いて軌跡や不等式の表す領域を座標平面上に表すなどして，問題解決に活用したり，解決の過程を振り返って事象の数学的な特徴や他の事象との関係を考察したりすること。

(3) 指数関数・対数関数

指数関数及び対数関数について，数学的活動を通して，その有用性を認識するとともに，次の事項を身に付けることができるよう指導する。

ア　次のような知識及び技能を身に付けること。

(ｱ) 指数を正の整数から有理数へ拡張する意義を理解し，指数法則を用いて数や式の計算をすること。

(ｲ) 指数関数の値の変化やグラフの特徴について理解すること。

(ｳ) 対数の意味とその基本的な性質について理解し，簡単な対数の計算をすること。

(ｴ) 対数関数の値の変化やグラフの特徴について理解すること。

イ　次のような思考力，判断力，表現力等を身に付けること。

(ｱ) 指数と対数を相互に関連付けて考察すること。

(ｲ) 指数関数及び対数関数の式とグラフの関係について，多面的に考察すること。

(ｳ) 二つの数量の関係に着目し，日常の事象や社会の事象などを数学的に捉え，問題を解決したり，解決の過程を振り返って事象の数学的な特徴や他の事象との関係を考察したりすること。

［用語・記号］累乗根，$\log_a x$，常用対数

(4) 三角関数

三角関数について，数学的活動を通して，その有用性を認識するとともに，次の事項を身に付けることができるよう指導する。

ア　次のような知識及び技能を身に付けること。

(ｱ) 角の概念を一般角まで拡張する意義や弧度法による角度の表し方について理解すること。

(ｲ) 三角関数の値の変化やグラフの特徴について理解すること。

(ｳ) 三角関数の相互関係などの基本的な性質を理解すること。

(ｴ) 三角関数の加法定理や２倍角の公式，三角関数の合成について理解すること。

イ　次のような思考力，判断力，表現力等を身に付けること。

(ｱ) 三角関数に関する様々な性質について考察するとともに，三角関数の加法定理から新たな性質を導くこと。

(ｲ) 三角関数の式とグラフの関係について多面的に考察すること。

(ｳ) 二つの数量の関係に着目し，日常の事象や社会の事象などを数学的に捉え，問題を解決したり，解決の過程を振り返って事象の数学的な特徴や他の事象との関係を考察したりすること。

(5) 微分・積分の考え

微分と積分の考えについて，数学的活動を通して，その有用性を認識するとともに，次の事項を身に付けることができるよう指導する。

ア　次のような知識及び技能を身に付けること。

(ｱ) 微分係数や導関数の意味について理解し，関数の定数倍，和及び差の導関数を求めること。

(イ) 導関数を用いて関数の値の増減や極大・極小を調べ，グラフの概形をかく方法を理解すること。

(ウ) 不定積分及び定積分の意味について理解し，関数の定数倍，和及び差の不定積分や定積分の値を求めること。

イ 次のような思考力，判断力，表現力等を身に付けること。

(ア) 関数とその導関数との関係について考察すること。

(イ) 関数の局所的な変化に着目し，日常の事象や社会の事象などを数学的に捉え，問題を解決したり，解決の過程を振り返って事象の数学的な特徴や他の事象との関係を考察したりすること。

(ウ) 微分と積分の関係に着目し，積分の考えを用いて直線や関数のグラフで囲まれた図形の面積を求める方法について考察すること。

［用語・記号］ 極限値，lim

〔課題学習〕

(1)から(5)までの内容又はそれらを相互に関連付けた内容を生活と関連付けたり発展させたりするなどした課題を設け，生徒の主体的な学習を促し，数学のよさを認識させ，学習意欲を含めた数学的に考える資質・能力を高めるようにする。

3 内容の取扱い

(1) 内容の(5)のアの(ア)については，三次までの関数を中心に扱い，アの(ウ)については，二次までの関数を中心に扱うものとする。また，微分係数や導関数を求める際に必要となる極限については，直観的に理解させるよう扱うものとする。

(2) 課題学習については，それぞれの内容との関連を踏まえ，学習効果を高めるよう指導計画に適切に位置付けるものとする。

第3 数学Ⅲ

1 目 標

数学的な見方・考え方を働かせ，数学的活動を通して，数学的に考える資質・能力を次のとおり育成することを目指す。

(1) 極限，微分法及び積分法についての概念や原理・法則を体系的に理解するとともに，事象を数学化したり，数学的に解釈したり，数学的に表現・処理したりする技能を身に付けるようにする。

(2) 数列や関数の値の変化に着目し，極限について考察したり，関数関係をより深く捉えて事象を的確に表現し，数学的に考察したりする力，いろいろな関数の局所的な性質や大域的な性質に着目し，事象を数学的に考察したり，問題解決の過程や結果を振り返って統合的・発展的に考察したりする力を養う。

(3) 数学のよさを認識し積極的に数学を活用しようとする態度，粘り強く柔軟に考え数学的論拠に基づいて判断しようとする態度，問題解決の過程を振り返って考察を深めたり，評価・改善したりしようとする態度や創造性の基礎を養う。

2 内 容

(1) 極限

数列及び関数の値の極限について，数学的活動を通して，次の事項を身に付けることができるよう指導する。

ア 次のような知識及び技能を身に付けること。

(ア) 数列の極限について理解し，数列 $\{r^n\}$ の極限などを基に簡単な数列の極限を求めること。

(イ) 無限級数の収束，発散について理解し，無限等比級数などの簡単な無限級数の和を求めること。

(ウ) 簡単な分数関数と無理関数の値の変化やグラフの特徴について理解すること。

(エ) 合成関数や逆関数の意味を理解し，簡単な場合についてそれらを求めること。

(オ) 関数の値の極限について理解すること。

イ 次のような思考力，判断力，表現力等を身に付けること。

(ア) 式を多面的に捉えたり目的に応じて適切に変形したりして，極限を求める方法を考察すること。

(イ) 既に学習した関数の性質と関連付けて，簡単な分数関数と無理関数のグラフの特徴を多面的に考察すること。

(ウ) 数列や関数の値の極限に着目し，事象を数学的に捉え，コンピュータなどの情報機器を用いて極限を調べるなどして，問題を解決したり，解決の過程を振り返って事象の数学的な特徴や他の事象との関係を考察したりすること。

［用語・記号］ ∞

(2) 微分法

微分法について，数学的活動を通して，その有用性を認識するとともに，次の事項を身に付けることができるよう指導する。

ア　次のような知識及び技能を身に付けること。

(ア) 微分可能性，関数の積及び商の導関数について理解し，関数の和，差，積及び商の導関数を求めること。

(イ) 合成関数の導関数について理解し，それを求めること。

(ウ) 三角関数，指数関数及び対数関数の導関数について理解し，それらを求めること。

(エ) 導関数を用いて，いろいろな曲線の接線の方程式を求めたり，いろいろな関数の値の増減，極大・極小，グラフの凹凸などを調べグラフの概形をかいたりすること。

イ　次のような思考力，判断力，表現力等を身に付けること。

(ア) 導関数の定義に基づき，三角関数，指数関数及び対数関数の導関数を考察すること。

(イ) 関数の連続性と微分可能性，関数とその導関数や第二次導関数の関係について考察すること。

(ウ) 関数の局所的な変化や大域的な変化に着目し，事象を数学的に捉え，問題を解決したり，解決の過程を振り返って事象の数学的な特徴や他の事象との関係を考察したりすること。

［用語・記号］ 自然対数，e，変曲点

(3) 積分法

積分法について，数学的活動を通して，その有用性を認識するとともに，次の事項を身に付けることができるよう指導する。

ア　次のような知識及び技能を身に付けること。

(ア) 不定積分及び定積分の基本的な性質についての理解を深め，それらを用いて不定積分や定積分を求めること。

(イ) 置換積分法及び部分積分法について理解し，簡単な場合について，それらを用いて不定積分や定積分を求めること。

(ウ) 定積分を利用して，いろいろな曲線で囲まれた図形の面積や立体の体積及び曲線の長さなどを求めること。

イ　次のような思考力，判断力，表現力等を身に付けること。

(ア) 関数の式を多面的にみたり目的に応じて適切に変形したりして，いろいろな関数の不定積分や定積分を求める方法について考察すること。

(イ) 極限や定積分の考えを基に，立体の体積や曲線の長さなどを求める方法について考察すること。

(ウ) 微分と積分との関係に着目し，事象を数学的に捉え，問題を解決したり，解決の過程を振り返って事象の数学的な特徴や他の事象との関係を考察したりすること。

〔課題学習〕

(1)から(3)までの内容又はそれらを相互に関連付けた内容を生活と関連付けたり発展させたりするなどした課題を設け，生徒の主体的な学習を促し，数学のよさを認識させ，学習意欲を含めた数学的に考える資質・能力を高めるようにする。

3　内容の取扱い

(1) 内容の(2)のイの(ウ)については，関連して直線上の点の運動や平面上の点の運動の速度及び加速度を扱うものとする。

(2) 内容の(3)のアの(イ)については，置換積分法は $ax+b=t$，$x=a\sin\theta$ と置き換えるものを中心に扱うものとする。また，部分積分法は，簡単な関数について1回の適用で結果が得られるものを中心に扱うものとする。

(3) 課題学習については，それぞれの内容との関連を踏まえ，学習効果を高めるよう指導計画に適切に位置付けるものとする。

第4　数学A

1　目　標

数学的な見方・考え方を働かせ，数学的活動を通して，数学的に考える資質・能力を次のとおり育成することを目指す。

(1)　図形の性質，場合の数と確率についての基本的な概念や原理・法則を体系的に理解するとともに，数学と人間の活動の関係について認識を深め，事象を数学化したり，数学的に解釈したり，数学的に表現・処理したりする技能を身に付けるようにする。
(2)　図形の構成要素間の関係などに着目し，図形の性質を見いだし，論理的に考察する力，不確実な事象に着目し，確率の性質などに基づいて事象の起こりやすさを判断する力，数学と人間の活動との関わりに着目し，事象に数学の構造を見いだし，数理的に考察する力を養う。
(3)　数学のよさを認識し数学を活用しようとする態度，粘り強く考え数学的論拠に基づいて判断しようとする態度，問題解決の過程を振り返って考察を深めたり，評価・改善したりしようとする態度や創造性の基礎を養う。

2　内　容

(1)　図形の性質

図形の性質について，数学的活動を通して，その有用性を認識するとともに，次の事項を身に付けることができるよう指導する。

ア　次のような知識及び技能を身に付けること。
(ア)　三角形に関する基本的な性質について理解すること。
(イ)　円に関する基本的な性質について理解すること。
(ウ)　空間図形に関する基本的な性質について理解すること。

イ　次のような思考力，判断力，表現力等を身に付けること。
(ア)　図形の構成要素間の関係や既に学習した図形の性質に着目し，図形の新たな性質を見いだし，その性質について論理的に考察したり説明したりすること。
(イ)　コンピュータなどの情報機器を用いて図形を表すなどして，図形の性質や作図について統合的・発展的に考察すること。

(2)　場合の数と確率

場合の数と確率について，数学的活動を通して，その有用性を認識するとともに，次の事項を身に付けることができるよう指導する。

ア　次のような知識及び技能を身に付けること。
(ア)　集合の要素の個数に関する基本的な関係や和の法則，積の法則などの数え上げの原則について理解すること。
(イ)　具体的な事象を基に順列及び組合せの意味を理解し，順列の総数や組合せの総数を求めること。
(ウ)　確率の意味や基本的な法則についての理解を深め，それらを用いて事象の確率や期待値を求めること。
(エ)　独立な試行の意味を理解し，独立な試行の確率を求めること。
(オ)　条件付き確率の意味を理解し，簡単な場合について条件付き確率を求めること。

イ　次のような思考力，判断力，表現力等を身に付けること。
(ア)　事象の構造などに着目し，場合の数を求める方法を多面的に考察すること。
(イ)　確率の性質や法則に着目し，確率を求める方法を多面的に考察すること。
(ウ)　確率の性質などに基づいて事象の起こりやすさを判断したり，期待値を意思決定に活用したりすること。

［用語・記号］ $_nP_r$，$_nC_r$，階乗，$n!$，排反

(3)　数学と人間の活動

数学と人間の活動について，数学的活動を通して，それらを数理的に考察することの有用性を認識するとともに，次の事項を身に付けることができるよう指導する。

ア　次のような知識及び技能を身に付けること。
(ア)　数量や図形に関する概念などと人間の活動との関わりについて理解すること。
(イ)　数学史的な話題，数理的なゲームやパズルなどを通して，数学と文化との関わりについての理解を深めること。

イ　次のような思考力，判断力，表現力等を身に付けること。
(ア)　数量や図形に関する概念などを，関心に基づいて発展させ考察すること。
(イ)　パズルなどに数学的な要素を見いだし，目的に応じて数学を活用して考察すること。

3　内容の取扱い

(1)　この科目は，内容の(1)から(3)までの中から適宜選択させるものとする。

(2) 内容の(2)のアの(ウ)及び(オ)並びにイの(イ)の確率については，論理的な確率及び頻度確率を扱うものとする。
(3) 内容の(3)の指導に当たっては，数学的活動を一層重視し，生徒の関心や多様な考えを生かした学習が行われるよう配慮するものとする。
(4) 内容の(3)のアでは，整数の約数や倍数，ユークリッドの互除法や二進法，平面や空間において点の位置を表す座標の考え方などについても扱うものとする。

第５　数学Ｂ

１　目　標

数学的な見方・考え方を働かせ，数学的活動を通して，数学的に考える資質・能力を次のとおり育成することを目指す。

(1) 数列，統計的な推測についての基本的な概念や原理・法則を体系的に理解するとともに，数学と社会生活との関わりについて認識を深め，事象を数学化したり，数学的に解釈したり，数学的に表現・処理したりする技能を身に付けるようにする。
(2) 離散的な変化の規則性に着目し，事象を数学的に表現し考察する力，確率分布や標本分布の性質に着目し，母集団の傾向を推測し判断したり，標本調査の方法や結果を批判的に考察したりする力，日常の事象や社会の事象を数学化し，問題を解決したり，解決の過程や結果を振り返って考察したりする力を養う。
(3) 数学のよさを認識し数学を活用しようとする態度，粘り強く柔軟に考え数学的論拠に基づいて判断しようとする態度，問題解決の過程を振り返って考察を深めたり，評価・改善したりしようとする態度や創造性の基礎を養う。

２　内　容

(1) 数列

数列について，数学的活動を通して，その有用性を認識するとともに，次の事項を身に付けることができるよう指導する。

ア　次のような知識及び技能を身に付けること。
(ア) 等差数列と等比数列について理解し，それらの一般項や和を求めること。
(イ) いろいろな数列の一般項や和を求める方法について理解すること。
(ウ) 漸化式について理解し，事象の変化を漸化式で表したり，簡単な漸化式で表された数列の一般項を求めたりすること。
(エ) 数学的帰納法について理解すること。

イ　次のような思考力，判断力，表現力等を身に付けること。
(ア) 事象から離散的な変化を見いだし，それらの変化の規則性を数学的に表現し考察すること。
(イ) 事象の再帰的な関係に着目し，日常の事象や社会の事象などを数学的に捉え，数列の考えを問題解決に活用すること。
(ウ) 自然数の性質などを見いだし，それらを数学的帰納法を用いて証明するとともに，他の証明方法と比較し多面的に考察すること。

[用語・記号]　Σ

(2) 統計的な推測

統計的な推測について，数学的活動を通して，その有用性を認識するとともに，次の事項を身に付けることができるよう指導する。

ア　次のような知識及び技能を身に付けること。
(ア) 標本調査の考え方について理解を深めること。
(イ) 確率変数と確率分布について理解すること。
(ウ) 二項分布と正規分布の性質や特徴について理解すること。
(エ) 正規分布を用いた区間推定及び仮説検定の方法を理解すること。

イ　次のような思考力，判断力，表現力等を身に付けること。
(ア) 確率分布や標本分布の特徴を，確率変数の平均，分散，標準偏差などを用いて考察すること。
(イ) 目的に応じて標本調査を設計し，収集したデータを基にコンピュータなどの情報機器を用いて処理するなどして，母集団の特徴や傾向を推測し判断するとともに，標本調査の方法や結果を批判的に考察すること。

[用語・記号]　信頼区間，有意水準

(3) 数学と社会生活

数学と社会生活について，数学的活動を通して，それらを数理的に考察することの有用性を認識するとともに，次の事項を身に付けることができるよう指導する。

ア　次のような知識及び技能を身に付けること。

(ア)　社会生活などにおける問題を，数学を活用して解決する意義について理解すること。

(イ)　日常の事象や社会の事象などを数学化し，数理的に問題を解決する方法を知ること。

イ　次のような思考力，判断力，表現力等を身に付けること。

(ア)　日常の事象や社会の事象において，数・量・形やそれらの関係に着目し，理想化したり単純化したりして，問題を数学的に表現すること。

(イ)　数学化した問題の特徴を見いだし，解決すること。

(ウ)　問題解決の過程や結果の妥当性について批判的に考察すること。

(エ)　解決過程を振り返り，そこで用いた方法を一般化して，他の事象に活用すること。

3　内容の取扱い

(1)　この科目は，内容の(1)から(3)までの中から適宜選択させるものとする。

(2)　内容の(3)の指導に当たっては，数学的活動を一層重視し，生徒の関心や多様な考えを生かした学習が行われるよう配慮するものとする。

(3)　内容の(3)のアの(イ)については，散布図に表したデータを関数とみなして処理することも扱うものとする。

第6　数学C

1　目　標

数学的な見方・考え方を働かせ，数学的活動を通して，数学的に考える資質・能力を次のとおり育成することを目指す。

(1)　ベクトル，平面上の曲線と複素数平面についての基本的な概念や原理・法則を体系的に理解するとともに，数学的な表現の工夫について認識を深め，事象を数学化したり，数学的に解釈したり，数学的に表現・処理したりする技能を身に付けるようにする。

(2)　大きさと向きをもった量に着目し，演算法則やその図形的な意味を考察する力，図形や図形の構造に着目し，それらの性質を統合的・発展的に考察する力，数学的な表現を用いて事象を簡潔・明瞭・的確に表現する力を養う。

(3)　数学のよさを認識し数学を活用しようとする態度，粘り強く柔軟に考え数学的論拠に基づいて判断しようとする態度，問題解決の過程を振り返って考察を深めたり，評価・改善したりしようとする態度や創造性の基礎を養う。

2　内　容

(1)　ベクトル

ベクトルについて，数学的活動を通して，その有用性を認識するとともに，次の事項を身に付けることができるよう指導する。

ア　次のような知識及び技能を身に付けること。

(ア)　平面上のベクトルの意味，相等，和，差，実数倍，位置ベクトル，ベクトルの成分表示について理解すること。

(イ)　ベクトルの内積及びその基本的な性質について理解すること。

(ウ)　座標及びベクトルの考えが平面から空間に拡張できることを理解すること。

イ　次のような思考力，判断力，表現力等を身に付けること。

(ア)　実数などの演算の法則と関連付けて，ベクトルの演算法則を考察すること。

(イ)　ベクトルやその内積の基本的な性質などを用いて，平面図形や空間図形の性質を見いだしたり，多面的に考察したりすること。

(ウ)　数量や図形及びそれらの関係に着目し，日常の事象や社会の事象などを数学的に捉え，ベクトルやその内積の考えを問題解決に活用すること。

(2)　平面上の曲線と複素数平面

平面上の曲線と複素数平面について，数学的活動を通して，その有用性を認識するとともに，次の事項を身に付けることができるよう指導する。

ア　次のような知識及び技能を身に付けること。

(ア)　放物線，楕(だ)円，双曲線が二次式で表されること及びそれらの二次曲線の基本的な性質について理解すること。

(イ)　曲線の媒介変数表示について理解すること。

(ウ)　極座標の意味及び曲線が極方程式で表さ

れることについて理解すること。

(エ) 複素数平面と複素数の極形式，複素数の実数倍，和，差，積及び商の図形的な意味を理解すること。

(オ) ド・モアブルの定理について理解すること。

イ　次のような思考力，判断力，表現力等を身に付けること。

(ア) 放物線，楕円，双曲線を相互に関連付けて捉え，考察すること。

(イ) 複素数平面における図形の移動などと関連付けて，複素数の演算や累乗根などの意味を考察すること。

(ウ) 日常の事象や社会の事象などを数学的に捉え，コンピュータなどの情報機器を用いて曲線を表すなどして，媒介変数や極座標及び複素数平面の考えを問題解決に活用したり，解決の過程を振り返って事象の数学的な特徴や他の事象との関係を考察したりすること。

〔用語・記号〕 焦点，準線

(3) 数学的な表現の工夫

数学的な表現の工夫について，数学的活動を通して，その有用性を認識するとともに，次の事項を身に付けることができるよう指導する。

ア　次のような知識及び技能を身に付けること。

(ア) 日常の事象や社会の事象などを，図，表，統計グラフなどを用いて工夫して表現することの意義を理解すること。

(イ) 日常の事象や社会の事象などを，離散グラフや行列を用いて工夫して表現することの意義を理解すること。

イ　次のような思考力，判断力，表現力等を身に付けること。

(ア) 図，表，統計グラフ，離散グラフ及び行列などを用いて，日常の事象や社会の事象などを数学的に表現し，考察すること。

3　内容の取扱い

(1) この科目は，内容の(1)から(3)までの中から適宜選択させるものとする。

(2) 内容の(3)の指導に当たっては，数学的活動を一層重視し，生徒の関心や多様な考えを生かした学習が行われるよう配慮するものとする。

第3款　各科目にわたる指導計画の作成と内容の取扱い

1　指導計画の作成に当たっては，次の事項に配慮するものとする。

(1) 単元など内容や時間のまとまりを見通して，その中で育む資質・能力の育成に向けて，数学的活動を通して，生徒の主体的・対話的で深い学びの実現を図るようにすること。その際，数学的な見方・考え方を働かせながら，日常の事象や社会の事象を数理的に捉え，数学の問題を見いだし，問題を自立的，協働的に解決し，学習の過程を振り返り，概念を形成するなどの学習の充実を図ること。

(2) 「数学Ⅱ」，「数学Ⅲ」を履修させる場合は，「数学Ⅰ」，「数学Ⅱ」，「数学Ⅲ」の順に履修させることを原則とすること。

(3) 「数学Ａ」については，「数学Ⅰ」と並行してあるいは「数学Ⅰ」を履修した後に履修させ，「数学Ｂ」及び「数学Ｃ」については，「数学Ⅰ」を履修した後に履修させることを原則とすること。

(4) 各科目を履修させるに当たっては，当該科目や数学科に属する他の科目の内容及び理科，家庭科，情報科，この章に示す理数科等の内容を踏まえ，相互の関連を図るとともに，学習内容の系統性に留意すること。

(5) 障害のある生徒などについては，学習活動を行う場合に生じる困難さに応じた指導内容や指導方法の工夫を計画的，組織的に行うこと。

2　内容の取扱いに当たっては，次の事項に配慮するものとする。

(1) 各科目の指導に当たっては，思考力，判断力，表現力等を育成するため，数学的な表現を用いて簡潔・明瞭・的確に表現したり，数学的な表現を解釈したり，互いに自分の考えを表現し伝え合ったりするなどの機会を設けること。

(2) 各科目の指導に当たっては，必要に応じて，コンピュータや情報通信ネットワークなどを適切に活用し，学習の効果を高めるようにすること。

(3) 各科目の内容の〔用語・記号〕は，当該科目で扱う内容の程度や範囲を明確にするために示したものであり，内容と密接に関連させて扱うこと。

3　各科目の指導に当たっては，数学を学習する意義などを実感できるよう工夫するとともに，次のような数学的活動に取り組むものとする。

(1)　日常の事象や社会の事象などを数理的に捉え，数学的に表現・処理して問題を解決し，解決の過程や結果を振り返って考察する活動。

(2)　数学の事象から自ら問題を見いだし解決して，解決の過程や結果を振り返って統合的・発展的に考察する活動。

(3)　自らの考えを数学的に表現して説明したり，議論したりする活動。

索　引

あ　行

か　行

さ　行

た　行

な　行

は　行

ま　行

や　行

ら　行

欧　文

執筆者紹介（執筆順，＊は編者）

＊二澤善紀（にさわ・よしき）はじめに，第**1**章，第**2**章第**1**・**2**節，第**9**章第**1**・**3**節

編著者紹介参照

柳本　哲（やなぎもと・あきら）序章，第**3**章第**1**・**2**節，第**5**章第**1**・**2**節

京都教育大学教育学部教授，教育学修士
『中学校数学　授業力をみがく――よく考え，よくわかる授業づくり』（共著）啓林館，2022年
『数学教育実践入門』（共著）共立出版，2014年

牛瀧文宏（うしたき・ふみひろ）第**2**章第**3**節，第**4**章第**3**節

京都産業大学理学部教授，理学博士
『ドラゴン桜式　算数・数学力ドリルシリーズ』（共編著）講談社，2005年～
『なっとくする演習・行列ベクトル』講談社，2001年

深尾武史（ふかお・たけし）第**3**章第**3**節，第**5**章第**3**節，第**8**章第**3**節

京都教育大学教育学部教授，修士（教育学），博士（理学）
Nonlinear Analysis in Interdisciplinary Sciences — Modellings, Theory and Simulations（共著）学校図書，2013年

吉村　昇（よしむら・のぼる）第**4**章第**1**・**2**節

熊本大学大学院教育学研究科准教授，修士（教育学）
『新版 必ずうまくいく中学校数学全単元の導入ネタ事典』（共著）明治図書，2021年
『アクティブラーニングを位置づけた中学校数学科の授業プラン』（共著）明治図書，2016年

岡部恭幸（おかべ・やすゆき）第**6**章第**1**・**2**節，第**8**章第**1**・**2**節

神戸大学大学院人間環境学研究科教授，博士（学術）
『新しい教職教育講座　教科教育編３　算数科教育』（共著）玉川大学出版部，2019年
『新しい教職教育講座　教科教育編３　算数科教育』（共著）ミネルヴァ書房，2018年

竹内光悦（たけうち・あきのぶ）第**6**章第**3**節，第**7**章第**3**節

実践女子大学人間社会学部教授，博士（理学）
『スタンダード 文科系の統計学』（共著）培風館，2018年
『図解入門ビジネス アンケート調査とデータ解析の仕組みがよーくわかる本［第２版］』（共著）秀和システム，2012年

渡邉伸樹（わたなべ・のぶき）第**7**章第**1**・**2**節，第**9**章第**2**節

関西学院大学教育学部教授，博士（学術）
『新しい教職教育講座　教科教育編３　算数科教育』（共著）ミネルヴァ書房，2018年
『数学教育実践入門』（共著）共立出版，2014年

黒田恭史（くろだ・やすふみ）第**9**章第**4**節，第**11**章

京都教育大学教育学部教授，博士（人間科学）
『動画でわかる算数の教え方』明治図書，2022年
『中等数学科教育法序論』（編著）共立出版，2022年

下野宗紀（しもの・むねき）第**10**章第**1**・**4**節

岐阜県教育委員会学校支援課長，修士（教育学）
『数学教育の基礎』（共著）ミネルヴァ書房，2011年
『中学校数学＋総合学習４　情報教育の展開』（共著）明治図書，2002年

井上雅喜（いのうえ・まさよし）第**10**章第**2**・**3**節

雲雀丘学園中高等学校数学科教諭，修士（教育学）
『数学教育実践入門』（共著）共立出版，2014年

《編著者紹介》

二澤善紀（にさわ・よしき）

佛教大学教育学部教授，博士（教育学）
『算数・数学における関数概念の認識発達を培う理論と実践』ミネルヴァ書房，2020年
『新しい教職教育講座　教科教育編３　算数科教育』（共編著）ミネルヴァ書房，2018年

中等数学科教育の理論と実践

2022年9月20日　初版第１刷発行　〈検印省略〉

定価はカバーに
表示しています

編著者　二　澤　善　紀
発行者　杉　田　啓　三
印刷者　中　村　勝　弘

発行所　株式会社　ミネルヴァ書房
607-8494　京都市山科区日ノ岡堤谷町１
電話代表　075-581-5191
振替口座　01020-0-8076

中村印刷・藤沢製本

ISBN978-4-623-09408-0

Printed in Japan